*Тропа́рь
преподо́бному Паи́сию Святого́рцу
Глас 1:*

Фара́сския земли́ порожде́ние / и Афо́на сла́вное украше́ние, / блаже́нне о́тче Паи́сие, / преподо́бных изря́дный подража́телю, / я́ко всесве́тлое со́лнце просия́л еси́ / и благода́тию ве́рных мно́жества озари́л еси́: / сла́ва Да́вшему ти кре́пость, / сла́ва Венча́вшему тя, // сла́ва Дарова́вшему тобо́ю всем исцеле́ния.

*Конда́к
Глас 8. Подо́бен: Взбра́нной:*

Святы́я Горы́ подви́жника пресла́внаго / и Це́ркве моли́твенника те́плаго / восхва́лим в пе́снех всеусе́рдно, / ве́рныя к жи́зни изря́дней наставля́юща / и вся́кая проше́ния сих исполня́юща, / и та́ко ему́ возопии́м: // ра́дуйся, о́тче Паи́сие.

ПРЕПОДОБНЫЙ
ПАИСИЙ СВЯТОГОРЕЦ

СЛОВА

ТОМ IV

СЕМЕЙНАЯ ЖИЗНЬ

Перевод с греческого
Пятое издание

Орфограф

МОСКВА

УДК [271.22 – 475.5:271.22 – 534.3] Паисий Святогорец
ББК 86.372.33 – 43 + 86.372 – 503.1
П12

Рекомендовано к публикации
Издательским Советом Русской Православной Церкви
№ ИС Р16-627-3432

Перевод на русский язык выполнен
иеромонахом Доримедонтом (Сухининым) с издания:
Γέροντος Παϊσίου Ἁγιορείτου. Λόγοι. Τόμος Δ΄. Οἰκογενειακὴ ζωή.
Ἱερὸν Ἡσυχαστήριον Μοναζουσῶν "Εὐαγγελιστὴς Ἰωάννης ὁ Θεολόγος",
Σουρωτὴ Θεσσαλονίκης, 2003.

Паисий Святогорец, преподобный
П12   Слова. Т. 4 : Семейная жизнь / преподобный Паисий Святогорец ; перевод с греч. — 5-е издание. — М. : Орфограф, 2021. — 336 с. : ил.
ISBN 978-5-6052622-9-9

Преподобный Паисий хотел выпустить книгу, полезную всем: мирянам, монахам и священнослужителям, но не успел, отдав всё своё время и силы молитве и общению с приходившими к нему людьми. После преставления преподобного его письма, записи поучений и бесед были систематизированы для удобства использования в повседневной жизни, ибо сам старец говорил: «Задача в том, чтобы вы работали, применяли услышанное на деле».

Удивительна точность, с которой старец Паисий, с юности избравший монашеский путь, говорит о семейной жизни, об отношениях детей и родителей, мужа и жены. Выбор пути, трудности новобрачных, бесплодие, аборты, рождение и воспитание детей, особая роль материнства, скорби и испытания в семейной жизни — эти и многие другие темы старец Паисий раскрывает с присущей ему глубиной и ясностью.

УДК [271.22 – 475.5:271.22 – 534.3] Паисий Святогорец
ББК 86.372.33 – 43 + 86.372 – 503.1

© Ἱερὸν Ἡσυχαστήριον Μοναζουσῶν
"Εὐαγγελιστὴς Ἰωάννης
ὁ Θεολόγος", 2002
© Издательство «Орфограф»,
издание на русском языке, 2016

ISBN 978-5-6052622-9-9

СОДЕРЖАНИЕ

Предисловие — 9
Юные на жизненном распутье — 19

ЧАСТЬ ПЕРВАЯ
КАК СОЗДАТЬ КРЕПКУЮ СЕМЬЮ

ГЛАВА ПЕРВАЯ
О слаженной семье — 39

ГЛАВА ВТОРАЯ
О том, что терпение сохраняет семью от распада — 50

ЧАСТЬ ВТОРАЯ
О РОДИТЕЛЯХ И ИХ ОБЯЗАННОСТЯХ

ГЛАВА ПЕРВАЯ
О рождении детей — 67

ГЛАВА ВТОРАЯ
О роли матери в воспитании детей — 86

ГЛАВА ТРЕТЬЯ
Об ответственности родителей
за воспитание детей — 100

ЧАСТЬ ТРЕТЬЯ
ДЕТИ И ИХ ОБЯЗАННОСТИ

ГЛАВА ПЕРВАЯ
О детях, их радостях и их трудностях 129

ГЛАВА ВТОРАЯ
Об уважении и любви детей к родителям 144

ЧАСТЬ ЧЕТВЁРТАЯ
ДУХОВНАЯ ЖИЗНЬ

ГЛАВА ПЕРВАЯ
О духовной жизни в семье 159

ГЛАВА ВТОРАЯ
Работа и духовная жизнь 179

ГЛАВА ТРЕТЬЯ
О воздержании в повседневной жизни 193

ЧАСТЬ ПЯТАЯ
ОБ ИСПЫТАНИЯХ В НАШЕЙ ЖИЗНИ

ГЛАВА ПЕРВАЯ
Проидо́хом сквозе́ огнь и во́ду… 209

ГЛАВА ВТОРАЯ
О болезни 227

ГЛАВА ТРЕТЬЯ
О том, что телесное увечье —
это благословение Божие 253

ГЛАВА ЧЕТВЁРТАЯ
О духовных законах 264

ЧАСТЬ ШЕСТАЯ
**О СМЕРТИ
И БУДУЩЕЙ ЖИЗНИ**

ГЛАВА ПЕРВАЯ
Об отношении к смерти 275

ГЛАВА ВТОРАЯ
…Да не скорби́те, я́коже и про́чии
не иму́щии упова́ния 287

ГЛАВА ТРЕТЬЯ
О жизни после смерти 295

УКАЗАТЕЛИ

Именной указатель 313
Тематический указатель 315
Указатель ссылок на Священное Писание 329

ПРЕДИСЛОВИЕ

Четвёртый том продолжает публикацию «Слов» блаженного старца Паисия. В этой книге собраны поучения старца о семье и тех испытаниях, которым подвергается человек из-за кризиса, переживаемого семьёй в нашу эпоху. Старец говорил, что больше всего писем он получал от людей, имевших проблемы в семейной жизни, и подчёркивал, что причина этих проблем — удаление людей от Бога и их самолюбие. «В прежние времена, — говорил он, — жизнь была более умиротворённой и люди проявляли терпение. А сегодня все, кого ни возьми, словно зажигалки: сыпят искрами и не могут вынести ни единого слова. И после этого автоматически следует развод».

Войдя в самом раннем возрасте в великую семью Церкви как её старательный член, старец чувствовал, что уже не принадлежит своей маленькой семье. Стяжав божественную любовь, он стал Божиим чадом и поэтому — ощущая всех людей своими братьями и сёстрами — любил каждого *утро́бою Иису́с Христо́вою* (Флп. 1:8). «Видя пожилого человека, — говорил нам старец, — я говорю себе, что это мой отец. Видя старушку, я говорю, что это моя мать. Встречая ребёнка, гляжу на него как на своего маленького племянника. Я люблю всех. За одних мне радостно, за других — больно. Тебе знакомо подобное состояние?» Но и сам старец в каждом конкретном случае становился для всякого человека сыном, братом, отцом, дедом. Эта непритворная любовь помогала человеку, который сближался со старцем, измениться в лучшую сторону и, приняв слово Божие, жить в согласии с ним. Будучи членом Тела Христова, старец не только с болью молился за людей, у которых были трудности в семейной жизни, но — откликаясь на их просьбы — помогал им и своим словом. Он помогал людям даже в самых деликатных вопросах семейной жизни, несмотря на то что, как монах, сам проводил жизнь подвижническую.

Испытанный огнём искушений и закалённый в горниле болезни, которая в разных формах посещала его с 1947 года до самой кончины в 1994 году, старец сострадал каждому страждущему и с болью молился о тех, кто испытывал боль. О своём собственном здоровье он заботился лишь настолько, чтобы обслуживать себя самого и помочь тем, кто к нему приходил. Он верил, что если кто-то молится за других больных, не обращая внимания на свою собственную боль, то это приводит Бога в умиление и Он слышит такую молитву. Однако старец советовал больным людям сначала сделать всё по-человечески возможное для своего исцеления, а уже то, что выше человеческих сил, — оставить Богу. Одновременно он укреплял веру людей, чтобы они относились к своему недугу с надеждой на Бога, не забывали, что на протяжении жизни земной все мы — *пришéльцы и стрáнники* (ср. 1 Петр. 2:11), и готовились к жизни вечной.

Настоящий том издаётся по благословению нашего архипастыря, высокопреосвященнейшего митрополита Кассандрийского Никодима. Книга состоит из вводной главы и шести частей. Многие из вопросов были заданы старцу игуменьей и некоторыми сёстрами нашего монастыря. Старец благословлял нас отсылать людей, просящих нашей духовной помощи, к духовнику, однако часто в разговоре с игуменьей или с кем-то из старших сестёр люди, стесняемые затруднением, говорят о своей боли и спрашивают совета. Иногда, для того чтобы быть уверенными в том, что мы правильно ответили на тот или иной серьёзный или запутанный вопрос, мы обращались к старцу, и он говорил нам, как решить ту или иную проблему по-Божьему. Однако и сам старец во время общих монастырских собраний и в личных беседах с сёстрами, используя как повод какой-нибудь случай из жизни нашего монастырского общежития или заданный нами вопрос, нередко говорил о трудностях, с которыми встречаются христиане в миру. Он делал это для того, чтобы мы с болью молились о мире. Кроме того, старец приводил примеры из жизни отцов или матерей, которые, не имея тех благоприятных духовных возможностей, которые есть у монахов, жили святой жизнью. Таким образом отец Паисий побуждал нас подвизаться с большим любочестием. Некоторые из ответов старца обогащены отрывками из его писем, переданных нам теми священнослужителями и благоговейными мирянами, которым они были адресованы.

Том открывает вводная глава «Юные на жизненном распутье», цель которой помочь юношам и девушкам, колеблющимся в выборе жизненного пути. В этой главе особо отмечено, что оба пути, начертанные нашей Церковью, — семейная и монашеская жизнь — благословенны. Юные должны выбрать один путь в соответствии со своим призванием, силами и любочестием. Им следует сделать это независимо от чьих-либо «подталкиваний», а с доверием Богу. Целомудренная и духовная жизнь юных — основная предпосылка для их преуспеяния на выбранном пути — будь то жизнь монашеская или семейная.

В первой из шести частей настоящей книги определяются основы, на которых стоит семья: благородная, великодушная любовь и уважение супругов друг к другу. Терпение в трудностях, сопровождаемое молитвой, спасает семью от распада.

Во второй части идёт речь об обязанностях и ответственности родителей за правильное воспитание детей и особенно подчёркивается важность родительского примера, этого «молчаливого назидания», а также роль матери в семье. Старец подчёркивает и то, что родительская нежность, любовь к детям — основные предпосылки для их естественного и нормального развития.

Третья часть тома посвящена детям. В ней идёт речь об их радостях и трудностях, а также об их обязанностях перед родителями. Уважение и любовь детей к родителям — не только в детском, но и в зрелом возрасте — есть залог того, что они получат благословение Божие.

В четвёртой части приведены простые и практические советы старца о духовной жизни в семье. Эти советы помогают детям и родителям ежедневно опытно переживать Евангелие — независимо от того, находятся они дома или на работе. Старец говорит и о том, что работа, которой занимается человек, не должна мучить его постоянной душевной тревогой, но содействовать его духовному совершенству.

Пятая часть посвящена различным испытаниям, которым подвергаются люди в своей жизни. Старец подчёркивает то, какое великое утешение и силу Бог даёт людям, если они не просто терпят ниспосланные им испытания, но и славословят за них Бога. Болезнь, увечье, клевета — это благословения для человека, который уловил глубочайший смысл жизни. Переживаемыми страданиями человек расплачивается за свои грехи или же зарабатывает себе небесную мзду.

Наконец, в шестой части собраны ответы старца на вопросы о том, как правильно относиться к смерти и как к ней готовиться. Старец разъясняет, в чём состоит истинное утешение людей, скорбящих о потере близких, и подчёркивает, насколько помогают усопшим заупокойные службы, молитва и милостыня, совершаемые об их упокоении. Просто и образно старец рисует картину будущего Страшного Суда и вечной жизни.

Собранные в настоящем томе поучения старца могут, с одной стороны, помочь подвизающимся мирянам с большой верностью продолжить свой *до́брый по́двиг* (ср. 1 Тим. 6:12). С другой стороны, они могут разбудить совесть людей, мучающихся вдали от Бога, возжечь в них желание стать сознательными членами Церкви и радоваться в маленькой общинке своей семьи тому миру, который даёт духовная жизнь. Одновременно старец подчёркивает, что в браке необходимо соблюдение всех заповедей Божиих, которые *тя́жки не суть* (1 Ин. 5:3). К примеру, если один из супругов жертвует собственной волей и оказывает послушание другому, то он поступает так от любви и поэтому не чувствует себя угнетённым, но переживает сладкое утешение.

Возможно, современному человеку, привыкшему к «расхлябанным законам» нынешнего общества, некоторые суждения старца Паисия покажутся максималистскими и невыполнимыми. Но, взглянув на слова старца в свете Евангелия, читатель убедится, что они являются его точным, бескомпромиссным выражением. То, к чему всегда стремится старец, — это совершенство во Христе. Однако его богопросвещённое пастырство долготерпит человеческую немощь и использует святоотеческую икономи́ю[1], разумеется, не опускаясь при этом до компромисса с грехом. Примерами из жизни прошедших времён старец помогает современному человеку понять, что Бог есть Бог Живой и *действуяй вся во всех* (1 Кор. 12:6). Он действует не только в будущей жизни как Мздовоздаятель, но и в жизни настоящей — как нежный, любящий Отец. Однако человек должен показать своё благое произволение и подъять свой малый подвиг. Немного потрудившись, мы многое принимаем. Подъять этот малый труд человеку необходимо — чтобы дать Богу «право вмешиваться» в его жизнь многой Божественной помощью.

Благодарим тех, кто, прочитав рукопись настоящего тома перед изданием, с уважением выразили свои замечания и помогли сделать книгу лучше.

Молитвенно желаем, чтобы слова старца помогли семье, которая — в наши дни особенно — страдает по причине забвения или попрания заповедей Божиих, обрести в недрах Православной Церкви своё истинное предназначение, чтобы родители и дети начали жить в раю уже в сей жизни. Аминь.

16 (29) сентября 2002 года
Память святой великомученицы Евфимии

Игумения обители святого апостола
и евангелиста Иоанна Богослова
монахиня Филофея с сёстрами во Христе

---

[1] *Икономи́я* (греч. οἰκονομία — домостроительство) — отклонение в исключительных случаях от точного смысла священных канонов в их практическом применении. Церковь пользуется икономией по образу неизреченного снисхождения и человеколюбия Божия, и цель её применения — духовная польза и спасение человека. (Далее примечания греческих издателей даются без указания.)

Родители, которые рождают детей и дают им тело, должны, насколько возможно, содействовать их духовному возрождению. То, что родители не в силах сделать для своих детей сами, им следует впоследствии возложить на учителей. Поэтому наша Церковь и молится «о роди́телех и учи́телех». Однако, кроме телесных отцов, есть и отцы духовные. Духовные отцы трудятся над духовным возрождением людей и содействуют воспитанию детей более действенно.

ЮНЫЕ НА ЖИЗНЕННОМ РАСПУТЬЕ

И семейная и монашеская жизнь благословенны

— Геронда, что отвечать юношам и девушкам, которые спрашивают, стои́т ли монашеская жизнь выше, чем жизнь семейная?

— Прежде всего следует дать им понять, каково предназначение человека и в чём смысл его жизни. Затем следует разъяснить юным, что оба начертанных нашей Церковью пути благословенны, поскольку если выбравшие их живут по Богу, то оба этих пути могут привести в рай. Предположим, что два человека отправляются в паломничество. Один идёт по наезженной дороге, другой — по тропинке. Однако оба идущих имеют одну и ту же цель. Бог радуется первому и любуется вторым. Дело станет худым лишь в том случае, когда тот, кто идёт по тропинке, станет осуждать в своём сердце того, кто идёт по шоссе, или наоборот.

Хорошо, чтобы те юные, кто задумывается о монашестве, знали, что назначение монаха очень велико. Назначение монаха в том, чтобы стать ангелом. «В жизни иной, на Небесах, мы будем жить как ангелы», — сказал

Христос саддукею[1]. Поэтому некоторые очень любочестные юноши и девушки становятся монахами и начинают жить ангельской жизнью уже в жизни земной.

Однако не следует думать, что все поступающие в монастырь спасутся лишь потому, что они стали монахами. Каждый человек даст Богу ответ за то, освятил ли он избранную им жизнь. В любой жизни необходимо любочестие[2]. Бог не творит людей предопределёнными к преуспеянию или к неуспеху. Тот, у кого нет любочестия, не преуспеет сам — какой бы путь он ни избрал. Тогда как человек любочестный преуспевает, где бы ни оказался, поскольку с ним пребывает Божественная благодать. Некоторые семейные люди живут очень добродетельно и освящаются. Если глава семейства любит Бога, если его влечёт божественное рачение, то духовно он может весьма преуспеть. Кроме того, такой человек наделяет своих детей добродетелями, создаёт добрую семью и получает от Бога двойную мзду.

Поэтому каждый юноша должен иметь перед собой следующую цель: подвизаться с любочестием и без душевной тревоги — так, чтобы освятить избранную им жизнь. Ему хочется вступить в брак? Пусть женится, но с усердием постарается стать добрым главой семьи и жить свято. Ему хочется принять монашество? Пусть уходит в монахи, но усердно старается стать монахом хорошим. Пусть взвесит свои силы, примерится к тому, какая жизнь ему по плечу, и в соответствии со сделанными выводами идёт по избранной дороге. К примеру, если девушка видит, что у неё не хватает сил стать монахиней,

---

[1] См. Мф. 22:30.
[2] *Любочестие* (греч. φυλότιμο) — великодушие, расположенность к жертвенности, презрение к материальному ради нравственного или духовного идеала. — *Прим. пер.*

ей следует смиренно попросить Бога: «Боже мой, я человек слабый и жить как монахиня не смогу. Пошли мне человека, который бы мне помогал, чтобы я создала добрую семью и жила духовно». В этом случае Бог её не оставит. Если, выйдя замуж и создав добрую семью, она будет жить по Евангелию, то Бог не спросит с неё ничего больше.

Конечно, есть такие юные, от которых Бог не требует многого. Однако из любочестия они берут на себя многий подвиг и, выбирая монашескую жизнь, приносят Ему больше того, чего Он от них ожидает. Такие люди увенчаются двойными венцами. То есть если кто-то, имея склонность к семейной жизни, от многого любочестия захочет пожертвовать всем и встать на путь жизни монашеской, то это приводит Бога в великое умиление. Однако такому человеку следует внимательно следить, чтобы его побудительные причины были очень чисты: он не должен поступать так от гордости. Если человек соблюдает это условие, то Бог рассеет все его трудности.

Беспокойство юных по поводу вступления на избранный путь

— Геронда, если юноша или девушка беспокоятся по поводу своего брака или ухода в монастырь, то причина этого в их неверии?

— Не всегда. Часто юные переживают, думая о том, как лучше вступить на избранный путь и идти по нему, всегда пребывая с Богом. Это признак здравия. Если юноша не думает и не беспокоится о вступлении на избранный путь, это прежде всего свидетельствует о том, что он — человек равнодушный, а вследствие этого он, естественно, и не преуспеет. Однако надо быть внимательным к тому, чтобы беспокойство по поводу брака или монашества не стало чрезмерным, потому что диавол старается исказить это беспокойство, превратить его в душевную тревогу и держать ум юношей и девушек в постоянном смущении.

Чтобы оставаться умиротворёнными, молодым следует вверять себя Богу. Ведь Благий Бог, как нежный Отец, действует там, где мы уже не можем ничего сделать по-человечески. Юным не следует торопиться и принимать незрелые решения о том, по какому пути они пойдут. Я знаком с молодыми ребятами, которые очень тревожатся и стараются разрешить все свои проблемы сразу. В конечном итоге они запутываются и оставляют учёбу. К примеру, им надо заканчивать университет, а они чрезмерно беспокоятся по поводу создания семьи или ухода в монастырь. В результате они отстают в учёбе и запутываются ещё больше. Всё сразу сделать нельзя, и проблемы таким образом не разрешаются. Для того чтобы помочь себе, они должны как следует в себе разобраться и разложить всё по полочкам. Сперва нужно получить диплом, потом найти работу (юношам кроме этого ещё и отслужить в армии). И только после этого, уже будучи зрелым, можно принимать решение и, с помощью Божией, либо вступать в брак и создавать добрую семью, либо, если человек избрал монашескую жизнь, — поступать в монастырь, который им выбран.

Поэтому я советую тем молодым, которые учатся и имеют подобное беспокойство, продолжать учёбу, поскольку у них ещё не созрело решение, какой путь следует избрать. Я советую принять то решение, которое созреет у них впоследствии и придётся им по душе. Если они расположены по-доброму, то с помощью Божией потихоньку разобравшись в том, как им жить — в браке или безбрачно, в монастыре, — они ощутят душевный покой.

Мы должны помочь юным последовать своему призванию

У каждого человека своё призвание. Благий Бог сотворил человека свободным. Бог благороден: Он чтит свободу человека и оставляет каждого свободно идти по тому пути, который ему по душе. Бог не выстраивает всех в одну шеренгу по законам казарменной дисциплины. Поэтому пусть юные оставят себя свободными в духовном пространстве свободы Божией. Если они будут равняться на то, какую жизнь избрал для себя такой-то или такая-то, это не пойдёт им на пользу. В выборе жизненного пути человек не должен быть подвержен какому-либо воздействию.

Родители, духовники, педагоги, не оказывая давления на юного человека, не наступая ему на горло, должны помочь ему избрать ту жизнь, которая ему по плечу, последовать своему призванию. Решение о выборе жизненного пути должно приниматься самими юными. Мы — все остальные — можем просто выражать своё мнение. Мы имеем право лишь на то, чтобы помочь душам юных самим найти свой путь.

Иногда, беседуя с юными, которые затрудняются в выборе жизненного пути, я вижу, в какую сторону склоняются весы, но не говорю им об этом, чтобы не повлиять на их собственный выбор. Я стараюсь сделать лишь одно: помочь им, насколько возможно, обрести правильный путь и внутренний мир. Из того, что приходится им по душе, я стараюсь исключить всё вредное и оставить доброе, святое, чтобы уже в этой жизни они жили радостно, с Богом, а в жизни вечной радовались ещё больше. Говорю вам искренне: какую бы жизнь ни избрал тот или иной знакомый мне юноша, я в любом случае буду рад. Я буду одинаково заботиться о спасении его души — лишь бы он был со Христом, жил в Церкви.

Я буду чувствовать себя его братом, потому что такой человек — чадо нашей Матери Церкви.

Конечно, я особенно радуюсь за тех юных, которые вступают на путь монашества. Ведь поистине мудр человек, который следует этой ангельской жизни, поскольку он не попадается на диавольскую удочку, где на крючок в качестве наживки насажен мир. Однако нельзя равнять всех под одну гребёнку. Ведь и Христос, не желая принуждать всех людей к несению тяжкой ноши, не дал всем заповеди о монашестве, несмотря на то что монашество — это путь к совершенству. Поэтому, когда евангельский юноша спросил Христа, как ему спастись, Христос ответил ему: *Соблюди́ за́поведи*. Когда юноша сказал Христу, что он соблюдает заповеди, и спросил: *Что есмь ещё́ не доконча́л?* — Христос ответил: *Еди́наго еси́ не доконча́л: а́ще хо́щеши соверше́н бы́ти, иди́, ели́ка и́маши, прода́ждь… и прииди́ и ходи́ вслед Мене́…*[3] То есть Христос говорил человеку о совершенстве, видя, что он любочестен, но не тащил людей к совершенству на аркане. Монашеству Христос тоже не учил, потому что тем самым Он разжигал бы сердца людей, и возможно, что многие нерассудительно спешили бы становиться монахами, а это приводило бы ко злу. Христос только заронил искру совершенного жития, а когда пришло благоприятное время, появилось монашество.

Так и мы не имеем права насиловать других людей. Мы имеем право понуждать только себя, но и это должны делать с рассуждением. Я до сих пор ни одному юноше не сказал определённо: «Женись» или «Иди в монастырь». Если кто-то спрашивает меня, какой путь ему избрать, я отвечаю: «Поступи так, как тебе по душе, лишь бы ты был со Христом». И если юноша ответит

---

[3] Мф. 19:17-21.

мне, что в миру ему не по сердцу, то я говорю ему о монашестве — чтобы помочь человеку найти свой путь.

Принятие решения о выборе жизненного пути

Годы проходят быстро. Лучше, чтобы юный не стоял в нерешительности на перекрёстке долгое время. Пусть в соответствии с призванием и любочестием он изберёт свой крест — один из двух путей — и идёт по нему, имея доверие Христу. Пусть он последует за Христом на распятие, если хочет возрадоваться радостью Его Воскресения. И в семейной, и в монашеской жизни есть своя горечь, но если человек живёт с Богом, то эту горечь услаждает Сладкий Иисус.

После тридцати лет выбрать жизненный путь уже непросто. И чем больше прожитых лет остаётся у человека за спиной, тем больше трудностей он испытывает. Юному легче приспособиться к выбранной жизни — будь то брак или монашество. Ведь взрослый человек всё меряет и щупает посредством здравого смысла. У него уже сформировавшийся характер, подобный литой бетонной конструкции, — такой непросто изменить. Погляди: люди, вступившие на путь семейной или монашеской жизни в молодом возрасте, до самой старости сохраняют детскую простоту. Я был знаком с супругами, поженившимися юными. Жена во всём — в манере говорить, в поступках — была подобна мужу. Поскольку они поженились молодыми, один из супругов перенял все привычки другого: и в речи, и в манере поведения. Но и притереться друг к другу им было легче, чем тем, кто женится поздно.

«Или в юности женись, или юным постригись», — гласит пословица. Девушке особенно важно принять решение о выборе жизненного пути до того, как ей исполнится двадцать пять лет. После двадцати пяти уже не так просто выйти замуж или уйти в монастырь, потому что девушка начинает думать о том, что будет подчиняться чужой воле. Чем старше становится девушка, тем больше у неё появляется прихотей и капризов. А кому она такая нужна? И если годы упущены, то она хочет выйти замуж уже не для того, чтобы создать семью, а главным образом чтобы находиться под чьей-то защитой, опекой.

Замечено, что если юноша или девушка постоянно откладывают свою женитьбу или замужество «на потом», то после того, как годы ушли, он или она ищут себе пару и не находят. В юности выбирали они сами, но вот годы ушли, и их теперь выбирают другие. Поэтому я и говорю, что в создании семьи иногда необходимо немножко сумасбродства. На некоторые несущественные мелочи надо закрыть глаза, потому что не бывает такого, чтобы всё было так, как нам хочется.

Как-то начался дождь, и по руслу горной реки побежала вода. На берегу стояли два человека, им надо было перейти на противоположную сторону. Один был очень умный, а другой дурачок. «Дождь кончится, — стал размышлять умный, — вода спадёт, и после этого я смогу перейти на другой берег». А дурачок ждать не стал — сиганул в воду и вброд перешёл через речку. Конечно, его одежда намокла, но он смог попасть туда, куда хотел. А дождь, вместо того чтобы перестать, лил всё сильнее и сильнее. Поток становился бурным и полноводным. И в конце концов умный так и остался стоять на своём берегу — потому что переходить через реку было уже опасно.

У некоторых людей есть большая гордость, эгоизм, и потому Бог им не помогает. Некоторые ребята из года в год приезжают на Афон, приходят ко мне в каливу и спрашивают: «Что же хочет от меня Бог, отче?» Можно подумать, что Бог испытывает в них нужду! Ни монахами они не стали, ни семью не создали. Можно подумать, что они золотые и боятся, что их — словно простую железку — используют в какой-нибудь железобетонной конструкции! А есть и такие, что спрашивают меня: «Геронда, что мне делать: стать монахом или жениться? Скажи мне, в чём моё призвание?» — «А чего хочется тебе самому?» — спрашиваю я. «И жениться, — отвечают, — и в монахи уйти». То есть им хочется и того и другого! Но если я выскажу им свой помысел о том, что, к примеру, их призвание — семейная жизнь, и они женятся, а семейная жизнь придётся им не по душе, то потом они будут приезжать ко мне и высказывать свои претензии: «Это ты сказал, чтобы я выбрал этот путь, а сейчас я мучаюсь!»

— Геронда, как такое может произойти?

— Ну вот предположим, что призвание молодого человека — семейная жизнь, однако и о монашестве он тоже задумывается. Если, женившись, он будет невнимателен, не создаст хорошей семьи и у него возникнут проблемы, разрешать которые он будет недуховно, то лукавый поднимет против него брань помыслов. «Твоё призвание было в монашестве, — станет говорить ему враг. — Но раз ты женился, то так тебе и надо». То есть враг ни днём ни ночью не оставит такого человека в покое.

А некоторые сами не знают, чего хотят. Несколько лет назад одна девушка приехала сюда и начала говорить мне: «Геронда, я не могу решить, какой жизненный путь мне выбрать. Я хочу выйти замуж, но подумываю также о монашестве. Что мне делать?» — «Присмотрись, — ответил я ей, — к тому, какой путь больше по душе тебе самой, и избери его». — «Не знаю… — сказала она. — Иногда мне кажется, что больше я склоняюсь к браку. Я тебя прошу, геронда, лучше ты сам мне скажи, что мне делать». — «Ну, — посоветовал я ей, — раз ты видишь, что больше склоняешься к браку, то тебе лучше выйти замуж, и Бог устроит твою жизнь». — «По твоему благословению, геронда, — ответила она мне, — я так и сделаю». И вот сегодня она приходила снова. «Геронда, — говорит, — а я вышла замуж. За моряка. Хороший человек, слава Богу, не могу ничего сказать. Но маюсь я страшно. А разве не мука: шесть месяцев живём вместе, шесть месяцев — порознь. Он как уйдёт в плаванье — так его полгода не видно». — «Благословенная душа! — ответил я ей. — Разве не ты мне говорила, что тебе по сердцу и семейная, и монашеская жизнь? Ну вот, пожалуйста: у тебя сейчас есть и одно и другое. Почему же ты не славословишь Бога за то, что Он устроил твою жизнь подобным образом?»

— Геронда, однако сегодня мы переживаем нелёгкие времена, поэтому некоторые юноши и девушки не решаются создать семью.

— Нет, это неправильная постановка вопроса. Если у них есть доверие Христу, то им нечего бояться. А годы гонений? Что, они были лёгкими? Но разве в те времена христиане не вступали в брак и не создавали семьи? Сколько в нашей Церкви святых, которые приняли мучение вместе со своими детьми и супругами!

Учёба молодых и вступление на избранный ими путь

— Геронда, многие юноши и девушки, не решив, какой жизненный путь им избрать, не могут как следует заниматься учёбой. Этот вопрос их постоянно тревожит, и они не могут сосредоточиться на учёбе.

— Когда молодой человек имеет подобные проблемы, я говорю ему так: «Видел ли ты когда-нибудь большие современные холодильные камеры? Ну так вот: положи в такой холодильник свои проблемы, и пусть они полежат там, пока ты не закончишь учёбу. Я не говорю, чтобы ты совсем не думал о том, что тебя беспокоит. Нет — убери всё это в холодильник до тех пор, пока не получишь образование. Если сейчас ты будешь невнимателен к своему образованию, к своей учёбе, то твои друзья, отучившись, найдя своё место в жизни и успокоившись, будут потом молиться по чёткам, чтобы нашёл своё место в жизни и ты». Юные должны быть очень внимательными, потому что такое беспокойство — уловка врага, с помощью которой он их смущает и рассеивает внимание.

— Геронда, а я посоветовала одной девушке: «Если ты думаешь выходить замуж, то учиться тебе ни к чему».

— Но пока она не выйдет замуж, чем ей прикажешь заниматься? Карамельками торговать? Пусть она лучше закончит высшее учебное заведение или же приобретёт какую-то специальность, потому что, если в её жизни произойдёт что-то непредвиденное, приобретённые знания или профессия ей могут пригодиться. Одна девушка как-то сказала мне: «Я задумываюсь о монашестве, но постоянно меняю своё мнение». — «А в каком ты классе учишься?» — спросил я. «Во втором классе лицея[4], — ответила она, — но дальше учиться не хочу». — «Не хочешь учиться? — сказал я. — Тогда я скажу твоему отцу, чтобы он купил тебе коз, пастушью собаку и дудочку. Собака будет охранять стадо, а ты — играть на дудочке и его пасти. Ну как, нравится? Вот что: давай-ка постарайся получить высшее образование или приобрести какую-то практическую специальность». — «Тогда, геронда, — ответила она, — давайте, пока я не решу, уходить мне

---

[4] Второй класс лицея в Греции соответствует одиннадцатому классу средней школы в России. — *Прим. пер.*

в монастырь или выходить замуж, я поживу в монастыре как кандидатка в послушницы, для того чтобы научиться искусству смиренномудрия». — «Ну, уж этому-то искусству, — ответил я, — ты можешь выучиться у себя дома — если с радостью будешь принимать то, что говорят тебе твои родные. Так что давай-ка так: сперва ты закончишь школу, потом сдашь экзамены в университет, а когда закончишь его, поглядим, что тебе делать дальше». — «Разве пять лет, геронда, — ответила она, — это не слишком много?» — «Много, — говорю, — но что остаётся делать, раз ты ещё не пришла к окончательному решению?» — «Я сама виновата в этом из-за своего непостоянства?» — спросила она. «Нет, — говорю, — но твои весы пока не наклоняются ни в ту, ни в другую сторону».

В подобных случаях мы должны подсказать юным, чтобы они были внимательными и не теряли времени бесцельно. Во время учёбы они должны жить, насколько это возможно, более духовно, постараться побыстрее получить диплом, который необходим, а потом Бог всё устроит. Во время учёбы им нужно найти хорошего духовника, чтобы он помогал им избегать поверхностной восторженности от монашеской или от семейной жизни и не впадать в отчаяние. Пусть они потерпят, пока не закончат учёбу. Закончив её, став уже зрелыми людьми, они будут иметь предпосылки для той или другой жизни. Вот тогда пусть и примут решение о выборе жизненного пути и сделают во славу Божию то, что посчитают лучшим.

Мир дошёл сегодня до такого состояния, что чем более зрелыми они будут принимать решение о выборе жизненного пути, тем лучше. Знаете, какие случаются неприятные истории? Человеку нужно быть очень внимательным и не принимать незрелых решений — особенно если он подвержен восторженности, легко увлекается чем-то.

— Геронда, некоторые юные не учат уроки, потому что предпочитают духовное чтение и молитвы.

— Нет, запускать уроки не нужно. Чтобы поддерживать духовный тонус, пусть они одновременно с учебниками прочитают отрывок из какой-нибудь святоотеческой книги, немножко помолятся, сделают несколько поклонов. А когда им приходится учить и читать много, они могут устраивать себе перемены и творить в это время Иисусову молитву или же петь что-то церковное. Ведь если во время учёбы они хотят заняться высоким духовным деланием — которым они могли бы заняться впоследствии, — то с мыслями об уроках и учёбе они и это духовное делание не смогут совершить как следует, и успевать в учёбе будут не способны. В конце концов они ничего не добьются. А вот читая и занимаясь уроками, они быстро получат диплом и после этого будут делать то, что им хочется. Я, находясь в больнице[5], на несколько дней оставил и чётки, и поклоны, и посты: ел то, что давали. «Сейчас, — говорил я себе, — мне нужно немножко помочь врачам, чтобы и они помогли мне выздороветь. А потом я буду делать то, что хочу».

Некоторые ребята приходят ко мне и жалуются, что их родители стоят у них над душой, принуждая готовить уроки. Если я тоже встану у этих ребят над душой, то пользы им не принесу. Чтобы они поняли, что им не следует запускать учёбу, я привожу им в пример их

---

[5] В 1966 году преподобный Паисий лежал в больнице, где ему была сделана операция на лёгких, поскольку он страдал от бронхоэктаза — хронического заболевания, характеризующегося нагноительным процессом в необратимо расширенных бронхах (преимущественно нижних отделов лёгких). Бронхоэктаз сопровождается кашлем с гнойной мокротой, кровохарканьем, повышенной температурой. — *Прим. пер.*

сверстников, которые не радели об учёбе, и потом всё у них пошло наперекосяк, а также тех ребят, которые относились к учёбе с прилежанием и поэтому преуспели. Помню такой случай: в одном городе по соседству росли два мальчика. Один, очень сообразительный, быстро справлялся с уроками, в младших и средних классах он получал пятёрки с плюсом. Другой был не столь умён, и, чтобы не отставать от первого, ему требовалось большое усердие. Перейдя в старшие классы, отличник отучился только один год, спутался с дурной компанией, забросил школу и в конце концов был вынужден устроиться уборщиком на какое-то предприятие. Он был уже женатым, имел двоих детей и с трудом сводил концы с концами. А его сосед закончил юридический факультет, потом ещё учился в Европе и получил диплом предпринимателя. Однажды на предприятии, где работал уборщиком бывший отличник, ждали нового управляющего. Все говорили, что он прекрасно образован. Когда новый управляющий приехал, уборщик сразу же узнал в нём своего бывшего одноклассника. Этим уборщиком так сильно овладело отчаяние, что он несколько раз пытался покончить жизнь самоубийством. Кто-то посоветовал ему приехать на Святую Гору и встретиться со мной. Когда он рассказывал мне о своей жизни, у него вырвалось: «Ты только погляди, эта бестолочь стал моим управляющим!» Ух, ну и трёпку я ему задал! «Ах ты, — говорю, — такой-сякой! Да ведь ты же мог подняться выше, чем он! И сам бы жил хорошо, и дети твои не нуждались бы, и добрые дела ты бы делал! Тебе мало, что из-за тебя мучается твоя семья? Сейчас ты хочешь ещё наложить на себя руки, чтобы её окончательно добить и чтобы твои дети остались сиротами? Тебя-то мне не жалко, потому что ты расплачиваешься сейчас за собственную дурость, но мне жалко твоих детей. Тебе это понятно? Давай-ка запасайся терпением, и, я думаю, с помощью Божией новый управляющий тоже отнесётся к тебе хорошо. Он может перевести тебя на другую должность, получше прежней. А если случится так, что на этом предприятии тебе придётся не по душе, найди другую работу, не доводи до того, чтобы твои дети остались под открытым небом». После этого он как-то образумился.

Вот и получается, что если во время учёбы ребята будут как следует заниматься, то, хотя они и устанут немного, у них не будет задолженностей, они быстро получат диплом, и впоследствии им не о чем будет печалиться. Я вижу, что ребята, которые во время учёбы имели задолженности по разным предметам, заканчивая университет и получая назначение на место, тоже продолжают ходить в должниках — то у одного, то у другого — и имеют множество проблем.

— Геронда, а если юноша, учась в высшем учебном заведении, знакомится с девушкой и из этого знакомства может получиться семья, есть ли смысл жениться, не закончив учёбу?

— Я думаю, что каким бы хорошим, добрым ни было это знакомство, оно станет мешать учёбе. Если студент женится, то такой брак будет мучить и его жену, и его детей — хотя бы его избранница и оказалась самой лучшей спутницей жизни. Такому молодому человеку лучше сконцентрировать душевные и телесные силы на том, чтобы получить образование и, не надрываясь, окончить университет. А потом пусть устраивает и личную жизнь. Ведь если его силы будут рассеянны, то он будет постоянно пребывать в состоянии душевного и телесного надлома.

*Главная предпосылка
для правильного вступления
на избранный путь — это духовная жизнь*

— Геронда, помните девушку, которая сказала Вам, что она думает о монашестве? Она рассказала мне, что её однокурсник стал приставать к ней с вопросами, почему она не ходит в кино и не гуляет с мальчиками. Что ей надо было ему ответить?

— Надо было сказать ему: «Да мне таких вопросов даже родной брат не задаёт! Ты, что ли, будешь меня об этом спрашивать?»

— А он несколько дней спустя снова встретил её возле университета и схватил за плечо. Она сказала ему только: «Привет» — и тут же вошла внутрь.

— Нет, она поступила плохо! В этом случае надо было дать ему отпор. Она повела себя так, что у него могло создаться впечатление, будто бы ей по душе его выходка, так что он повторит её снова. Она сейчас находится в несколько трудном возрасте, и поэтому, если начнёт водить дружбу с юношами, это не пойдёт ей на пользу. И беседовать с ними якобы для того, чтобы им помочь, ей тоже не нужно. Если она, познакомившись с добрым, хорошим юношей, решит вступить в брак, то должна поставить об этом в известность своих родителей. Они разберутся, обладает ли молодой человек качествами, необходимыми для создания хорошей семьи. Но сейчас, когда она ещё не решила, по какому жизненному пути пойти, беседовать с юношами ей не на пользу, потому что это просто вскружит ей голову и она потеряет покой. Несчастные юноши и девушки, невнимательные в этом отношении, пребывают в очень неуравновешенном состоянии, постоянно взбудоражены и не имеют покоя. Тревога, беспокойство написаны на их лицах и отражаются в глазах.

Тяга женского пола к мужскому, и наоборот, свойственна человеческой природе. Но ты скажи этой девушке, что сейчас для этого не время. Пусть она следит за своей учёбой. Юноши и девушки, с раннего возраста культивирующие в себе тягу к противоположному полу, «нажимают на кнопку», не дожидаясь, когда придёт подходящий для этого час. А потом, когда благоприятный час приходит, их «кнопка» уже нажата и они не способны пережить радость, потому что пережили её раньше — в неподходящее время. А вот те юные, которые внимательны к себе в этом отношении, дождавшись благоприятного времени, радуются больше, и пока это время не придёт, они пребывают в душевном покое. Погляди на тех матерей, которые до брака жили в целомудрии. Они чувствуют в душе мир, несмотря на то что обременены кучей хлопот.

Я всегда подчёркиваю, что до брака юный должен стараться жить, насколько возможно, более духовно и беречь своё целомудрие, которое обеспечивает ему двойное здравие. Духовная жизнь есть основная предпосылка и для семейной и для монашеской жизни. Нынешний мир похож на засеянное пшеницей поле. Пшеница начала колоситься, но на поле зашли свиньи и всю её истоптали, перерыли. И сейчас это поле выглядит так: перепаханная трава, земля, втоптанные в грязь колосья, и лишь кое-где по краям высятся нетронутые колоски пшеницы.

Чем большим духовным деланием занимается человек в юношеские годы, тем легче ему потом — какую бы жизнь он ни избрал. Чем лучше он вооружится перед боем и подготовится к нему, тем легче ему будет во время сражения, когда вокруг будут свистеть пули и рваться бомбы. Пока девушка не решит, становиться ли ей монахиней или же доброй и хорошей матерью, ей необходимо жить целомудренно. Поэтому сейчас она должна постараться, насколько возможно, отдать всю себя учёбе. Если она внимательно сохраняет в чистоте своё зрение и слух, если она изгоняет скверные помыслы, то впоследствии ей будет нужно выбрасывать из себя меньше, чем если бы она была невнимательна. Или юноша, встречая, к примеру, красивую девушку, должен стараться включать в работу добрые помыслы. Он должен смотреть на неё как на живой образ какой-то святой. А встретив девушку распущенную, он должен посмотреть на неё как на свою сестру. Все мы — дети Адама. Ему до́лжно её пожалеть, подобно тому как он огорчился бы, если бы его родная сестра докатилась до такого состояния.

— Геронда, однако сегодня в университетах и в других учебных заведениях юного подстерегает множество искушений.

— Надо подружиться с ребятами, которые живут духовно, для того чтобы помогать друг другу и находиться в духовной атмосфере. Не надо сгущать краски. Я знаком со многими ребятами, которые учатся в университете и живут целомудренно. Они добиваются этого с помощью маленького собственного старания и великой помощи Божией.

ЧАСТЬ ПЕРВАЯ

КАК СОЗДАТЬ КРЕПКУЮ СЕМЬЮ

«Супруги, насколько возможно, должны возделать добродетель любви, чтобы двое всегда были слиты воедино и чтобы вместе с ними всегда пребывал Третий — наш Сладчайший Христос».

ГЛАВА ПЕРВАЯ
О СЛАЖЕННОЙ СЕМЬЕ

Доброе начало семейной жизни

Геронда, один юноша, решивший вступить на путь семейной жизни, спросил меня, как правильно её начать.

— Прежде всего нужно постараться найти хорошую девушку, которая придётся ему по сердцу. Потому что сердце каждого располагается к людям по-своему. Кто-то испытывает приязнь к одному человеку, кто-то — к другому. Надо смотреть не на то, чтобы невеста была богата и красива, а прежде всего на то, чтобы она была проста и смиренна. То есть больше внимания надо обратить не на внешнюю, а на внутреннюю красоту будущей невесты. Если девушка — человек надёжный, если она наделена мужеством — но не больше, чем оно необходимо женскому характеру, — это очень поможет будущему супругу во всех трудностях приходить с ней к полному взаимопониманию и не мучиться головной болью. Если же у неё есть ещё и страх Божий и смирение, то они могут, взявшись за руки, перейти на противоположный берег злой реки этого мира.

Если молодой человек всерьёз смотрит на какую-то девушку как на свою будущую невесту, то я думаю, ему лучше сначала через кого-то из своих близких известить об этом родителей девушки. Затем ему лично надо побеседовать с родителями девушки и с ней самой о своём намерении. Впоследствии, когда они будут помолвлены и обручены — хорошо, чтобы время между обручением и свадьбой не было долгим, — он должен смотреть на невесту как на свою сестру и относиться к ней с уважением. Если и жених и невеста с любочестием, изо всех сил, постараются до свадьбы сохранить своё девство, то в таинстве брака, когда священник возложит на них венцы, они обильно приимут благодать Божию. Потому что, как говорит святой Иоанн Златоуст, венцы таинства брака — это символы победы над наслаждением[1].

Впоследствии супруги должны, насколько это возможно, возделывать добродетель любви, чтобы двое всегда были слиты воедино и чтобы вместе с ними пребывал Третий — наш Сладчайший Христос. Конечно, вначале, пока семейная жизнь новобрачных не войдёт в нормальное русло и пока они не узнают друг друга как следует, они могут испытывать некоторые трудности. Такое происходит в начале любого дела. Несколько дней назад я наблюдал за одним птенцом. Он в первый раз вылетел из гнезда, чтобы найти себе пищу. Бедняжка не умел ловить насекомых и, летая низко над землёй, потратил целый час, пока не поймал какую-то козявку. Глядя на птичку, я размышлял о том, что любое дело начать непросто. Выпускник университета, получив диплом и

---

[1] «Венцы возлагаются на головы новобрачных, символизируя победу — то, что, не подвергшись поражению, они приступают к брачному ложу, то, что они не побеждены наслаждением». См. *Святитель Иоанн Златоуст. Творения.* Т. XI, кн. 2. Толкование на 1-е Послание к Тимофею. Беседа 9, п. 2.

начав работать, на первых порах испытывает трудности. Послушник в монастыре в начале своей иноческой жизни тоже испытывает трудности. И молодой человек, вступивший в брак, тоже будет испытывать трудности на первых порах.

— Геронда, допустимо ли, чтобы невеста была старше жениха?

— Нет такого правила Церкви, которое говорило бы, что если девушка на два, три или даже на пять лет старше молодого человека, то им нельзя вступить в брак.

В разнице характеров кроется божественное согласие

Однажды ко мне в каливу пришёл человек и стал жаловаться, что он очень расстроен из-за постоянных разногласий с женой. Однако я понял, что между ним и его супругой не было чего-либо действительно серьёзного. У этого человека есть свои «сучки» и «шишки», у его жены — свои, поэтому они не могут приладиться друг к другу. И того, и другого надо немножко «построгать». Возьми две неструганые доски. У одной сучок в одном месте, у другой — в другом. И если ты хочешь соединить их как есть, нестругаными, то между ними останется щель. Однако если ты чуть построгаешь первую доску в одном месте, вторую — в другом, они тут же прилягут одна к другой. Только строгать надо одним и тем же рубанком[2].

---

[2] Преподобный Паисий имеет в виду работу духовника с супругами. Эта работа оказывается результативной в том случае, когда муж и жена имеют одного духовника, то есть их «сучки» и «шишки» обстругиваются одним «рубанком». См. об этом *Преподобный Паисий Святогорец*. Слова. Т. III, ч. 5, гл. 1, подглавка «Духовник в семье».

«Я не нахожу общего языка со своей женой! — жалуются мне некоторые мужья. — Мы совершенно разные по характеру! Она человек совершенно другого склада. Как же Бог допускает такие несуразицы? Неужели Он не мог устроить всё таким образом, чтобы у супругов были одинаковые характеры, так, чтобы они могли жить духовно?» — «Неужели вы не понимаете, — отвечаю им я, — что в разнице характеров кроется божественная гармония? Разные характеры слагаются в гармонию. Представь, если бы и у тебя, и у твоей жены были одинаковые характеры! Да Боже упаси! Представь, что бы было, если бы, к примеру, и ты, и твоя жена легко приходили в негодование. Вы бы не оставили от вашего дома камня на камне! А если бы у обоих супругов были одинаково мягкие, кроткие характеры? Да вы бы спали на ходу! Если бы ни у тебя, ни у твоей жены нельзя было зимой выпросить снега — то вы бы, конечно, подходили друг к другу, но и пошли бы оба в адскую муку. А если бы оба были расточительными? Разве вы смогли бы вести домашнее хозяйство? Вы пустили бы ваше состояние на ветер, а дети остались бы под открытым небом».

Если тяжёлый, своенравный человек найдёт и жену себе под стать — такую, что хоть кол ей на голове теши, а она будет делать по-своему, — то они, конечно, друг другу подойдут. Разве не так? Однако через день совместной жизни они вцепятся друг другу в волосы! Поэтому смотри, как всё устраивает Бог: Он делает так, чтобы хороший, добрый человек вступил в брак со строптивым, и тогда второй из супругов сможет получить помощь, если изначально он был расположен по-доброму, но в молодом возрасте увлёкся злым.

Небольшая разница в характерах супругов помогает создать гармоничную семью, потому что один из супругов дополняет другого. В автомобиле необходимы обе педали: и газ, для того чтобы ехать, и тормоз, чтобы вовремя остановиться. Если бы у машины был один тормоз, она не двигалась бы с места, а если бы у неё имелась только педаль газа, то она не могла бы остановиться. «Вы — оба на одну ногу, — сказал я одной супружеской чете, — и поэтому друг другу не подходите!» Оба этих человека были очень впечатлительными. Если у них дома что-то случалось, то оба бросали поводья и начинали причитать. «Ох, какая же с нами случилась напасть!» — причитает муж. «Ох, что ж это за горюшко горькое!» — всхлипывает жена. То есть один супруг «помогает» другому впасть в ещё большее отчаяние! Муж не может подбодрить жену и сказать ей: «Постой-ка, да ведь то, что с нами произошло, не так уж и серьёзно». Я видел такое во многих семьях.

Имея разные характеры, супруги могут большего достичь и в воспитании детей. Один из супругов станет их немножко притормаживать, а другой будет говорить: «Ну дай ты детям немножко свободы». Если и муж, и жена закрутят все гайки своим детям, то потеряют их. Но они потеряют детей и в том случае, если оба будут позволять им делать что вздумается. Если же мать и отец обладают разными характерами, то дети их пребывают в равновесии.

Я хочу сказать, что в семье необходимо всё. Конечно, супруги не должны перегибать палку в отношении особенностей своего характера, но каждый из них в соответствии со складом своего характера должен помогать другому. Если съесть, к примеру, что-нибудь очень сладкое, то захочется чего-нибудь солёненького. Когда наешься винограда, хочется заесть его кусочком сыра, чтобы перебить сладость. Если огородная зелень слишком горькая, её невозможно есть; но если овощи будут чуть с горчинкой или с кислинкой, то они и вкусны, и полезны. Но вот если человек кислого склада станет говорить, что всем остальным надо стать такими же кислыми, а тот, у кого горький норов, будет призывать всех становиться горькими, третий — солёный — будет настаивать на том, чтобы все стали солёными, — то к взаимопониманию они не придут.

Уважение между супругами

Бог премудро распорядился всем. Мужчину он наделил одними дарованиями, женщину — другими. Он дал мужчине мужество для того, чтобы тот находил выход из трудных ситуаций, и для того, чтобы женщина повиновалась ему. Ведь если бы Бог дал такое же мужество женщине, то семья не могла бы устоять.

В Эпи́ре[3] рассказывали истории об одной женщине, которая была грозой всей округи. Она одевалась в длинную белую рубаху и за поясом всегда носила ятаган. Разбойники брали её с собой на дело. Представьте: женщина в разбойничьей шайке! Однажды она пришла в глухую деревушку, лежащую в нескольких часах пешего пути от её села, чтобы взять одного валашского паренька и женить его на своей дочери. Поскольку парень начал ерепениться, она скрутила его, взвалила себе на плечи и притащила в своё село! Однако такие случаи — исключение из правила. Попробуй призови женщин в армию и составь из них женскую роту. А потом возьми десяток подростков в форме скаутов и попроси их издалека показаться воительницам. Тут же вся рота задаст стрекача! Подумают, что враг идёт в наступление!

---

[3] *Эпи́р* — область в западной Греции. — *Прим. пер.*

Муж, говорит Священное Писание, *глава́ есть жены́*[4]. То есть Бог определил, чтобы муж властвовал над женой. Властвование жены над мужем есть оскорбление Бога. Сначала Бог сотворил Адама, который сказал о жене: *Се ны́не кость от косте́й мои́х и плоть от пло́ти моея́*[5]. Жена, говорит Евангелие, должна бояться мужа — то есть она должна его чтить. А муж должен любить жену[6]. В любви присутствует уважение. В уважении присутствует любовь. То, что я люблю, я одновременно и чту. То, что я чту, я люблю. То есть любовь и почтение — это не разные вещи. Это одно и то же.

Однако люди уклоняются от этой гармонии Божией и не понимают смысла евангельских слов. Так муж, превратно истолковывая Евангелие, говорит жене: «Ты должна меня бояться!» Чудак человек, да если бы она тебя боялась, она бы за тебя и замуж не пошла! А некоторые женщины говорят своё: «А почему это жена должна бояться мужа? Нет, такого я принять не могу. Что это ещё за религия такая? Дискриминация!» Но посмотри, что говорит Священное Писание: *Нача́ло прему́дрости страх Госпо́день*[7]. Страх Божий есть почтение к Богу, благоговение, духовная скромность. Этот страх приводит тебя к благоговейному трепету, это что-то священное.

То равенство с мужчинами, к которому стремятся некоторые женщины, может быть оправдано лишь до какого-то предела. Сегодня женщины работают и участвуют в голосовании наравне с мужчинами. Поэтому они заразились каким-то нездоровым духом и думают, что равны с мужчинами во всём. Конечно, души мужчин и женщин одинаковы. Но если муж не любит жену,

---

[4] Еф. 5:23.
[5] Быт. 2:23.
[6] См. Еф. 5:33.
[7] Притч. 1:7.

а жена не чтит мужа, то в семье возникает разлад. В прежние времена считалось никуда не годным делом, если жена перечила мужу. А сейчас появился наглый, развязный дух. Как же прекрасно было в те времена! Я был знаком с одной супружеской парой. Муж был низеньким невзрачным человечком, а жена — высоченная, богатырского роста. Она одна играючи сгружала с телеги центнер зерна! Как-то раз один рабочий — тоже дюжий парень — стал к ней приставать и она, схватив его, отшвырнула на несколько метров в сторону, как спичку! Но если бы вы видели, какое послушание эта женщина оказывала своему мужу, как она его чтила! Вот таким образом семья бывает крепкой, нерушимой. А иначе ей не устоять.

Любовь между супругами

— Ну что, матушка, написала поздравление Димитрию, который женится?
— Написала, геронда.
— Дай-ка мне открытку, и я припишу от себя: «Да будет с вами Христос и Пресвятая Богородица! Димитрий, даю тебе благословение ругаться с целым светом, кроме Марии! И Марии то же самое благословение: ругаться со всеми, но не с тобой!» Вот поглядим, поймут ли они, что я имею в виду. Один человек спросил меня: «Геронда, что больше всего соединяет мужа с женой?» — «Признательность», — ответил я ему. Один человек любит другого за то, что тот ему дарит. Жена даёт мужу доверие, преданность, послушание. Муж даёт жене уверенность в том, что она находится под его покровом, защитой. Жена — хозяйка дома, но и главная служанка в нём. Муж — властитель дома, но и носильщик его тяжестей.

Между собой супруги должны иметь очищенную любовь — для того чтобы получать друг от друга взаимное утешение и быть в состоянии исполнять свои духовные обязанности. Чтобы прожить в согласии, они должны, прежде всего, положить в основание жизни любовь — ту драгоценную любовь, которая заключается в духовном благородстве, в жертвенности, а не любовь ложную, мирскую, плотскую. Если присутствует любовь и жертвенность, то один человек всегда ставит себя на место другого, понимает его, испытывает за него боль. А принимая ближнего в своё страдающее сердце, человек принимает в своё сердце Христа, Который вновь исполняет его Своим невыразимым радованием.

Когда один из супругов любит другого, то, даже находясь вдали от него — если этого потребуют обстоятельства, — он всё равно будет близко, потому что для любви Христовой не существует расстояний. Однако если, Боже упаси, между супругами нет любви, то они, даже находясь рядом, могут быть, по сути, друг от друга далеко. Поэтому каждый из супругов должен стараться всю свою жизнь сохранить любовь к другому, принося себя в жертву ради него.

Плотская любовь соединяет мирских людей внешне, только до тех пор, пока они обладают необходимыми для такой плотской любви мирскими качествами. Когда эти мирские качества теряются, плотская любовь разъединяет людей, и они скатываются в погибель. А вот когда между супругами есть настоящая драгоценная духовная любовь, то, если один из них потеряет свои мирские качества, это не только не разъединит их, но объединит ещё крепче. Если есть только плотская любовь, то жена, узнав, что, к примеру, спутник её жизни поглядел на другую женщину, плещет ему в глаза серной кислотой и лишает его зрения. А если она любит его чистой любовью, она испытывает за него ещё бо́льшую боль и тонко, аккуратно старается вновь вернуть его на правильный путь. Таким образом приходит благодать Божия.

Однажды ко мне в каливу пришёл один американец греческого происхождения, врач. Я увидел, что его лицо было светлым, и поэтому деликатно спросил о его жизни. «Отче, — сказал он мне, — я православный христианин, но до последнего времени и пост не соблюдал, и в церковь заглядывал нечасто. Когда однажды ночью, опустившись у себя в комнате на колени, я просил Бога помочь мне в одном важном вопросе, комната наполнилась каким-то сладким Светом. Это продолжалось достаточно долго: я не видел ничего, кроме Света, и чувствовал в себе какой-то неизреченный мир». Я был поражён, потому что понял, что этот человек удостоился увидеть нетварный Свет. Поэтому я попросил его рассказать, что предшествовало этому событию. «Отче, — стал рассказывать он, — я человек женатый и имею троих детей. Начало нашей семейной жизни было хорошим. Однако потом моя жена, не имея терпения заниматься домом и детьми, стала просить у меня, чтобы мы ездили развлекаться вместе с её подругами. Я пошёл ей на уступки. Прошло время, и она заявила, что хочет развлекаться с подругами одна. Я смирился и с этим, а сам стал заниматься детьми. После этого ей расхотелось ездить в отпуск со мной, и она стала просить у меня деньги, чтобы ездить в отпуск одной. Затем попросила снять для неё отдельную квартиру. Я пошёл и на это. Но она собирала в этой квартире своих любовников. Всё это время я старался различными способами — советами, уговорами — помочь ей, чтобы она пожалела наших детей. Но она не принимала никаких советов. В конечном итоге, взяв у меня значительную сумму денег, она исчезла. Я искал её, расспрашивал о ней где только можно — но всё было безуспешно, я потерял даже её следы. И вот однажды мне сообщили, что она приехала сюда, в Грецию, и стала торговать собой в одном из развратных притонов. Невозможно описать ту скорбь о её жалком падении, которая мной овладела. В скорби я опустился на колени и стал молиться. „Боже мой, — просил я, — помоги мне её найти, и я сделаю всё, что смогу, для того, чтобы она не погубила свою душу. Я не могу вынести того состояния, до которого она опустилась". И вот тогда меня омыл этот Свет и моё сердце преисполнилось миром». — «Брате! — сказал я ему. — Бог увидел твоё терпение, твоё незлобие, твою любовь и подал тебе это утешение».

Поэтому я и говорю, что миряне станут нас судить. Видите как? Врач где-то в Америке, имея такую жену, такие условия и такое окружение, — и, однако, чего удостоился!

ГЛАВА ВТОРАЯ
О ТОМ, ЧТО ТЕРПЕНИЕ СОХРАНЯЕТ СЕМЬЮ ОТ РАСПАДА

Как поживает твоя сестра? Ладит она со своим мужем?

— Геронда, до меня доходят слухи, что у них не всё гладко. Но она терпит, а когда требуется, тянет воз на себе.

— Так оно и бывает. Если пара быков впряжена в одно ярмо и один из них отличается слабинкой или ленцой, то другое животное упирается с большей силой и некоторым образом тащит, увлекает за собой первое. Видишь как: мирские люди, а занимаются работой над собой. А вы здесь как принцессы всё равно! Ты вот представь мать, у которой четверо детей: один ребёнок умственно отсталый, другой — душевнобольной, третий страдает малокровием, четвёртый шляется по ночам неизвестно где, с супругом несчастная тоже мучается. Сколько же ей приходится всего терпеть! Да так, что хоть криком кричи, так, что никому о своей боли и не расскажешь, потому что о некоторых вещах, происходящих в семье, нельзя рассказать за порогом дома. К примеру, её муж может жить совершенно обособленной жизнью, а на неё не обращать никакого внимания. У несчастной нет денег даже заплатить за жильё, её хотят выселить из дома.

Она вынуждена искать работу, подвергаться различным опасностям и просить тебя: «Помолись, чтобы хоть от этих опасностей я избавилась!»

Или её муж пьёт, не работает и она вынуждена работать сама, к примеру, мыть лестницы в многоэтажках. А муж ходит по тавернам, пьяный возвращается домой за полночь, бьет её, требует у неё деньги или даже сам идёт к её начальству и забирает то, что она заработала. Ах, какая же это мука!

С некоторыми женщинами всё понятно — у них есть какие-то грехи и, мучаясь таким образом, они за них расплачиваются. Но ведь есть и другие — у которых таких грехов нет. Эти последние будут иметь чистую мзду за переживаемые ими страдания. Я знаком с одной матерью. В детстве она была подобна ангелу! Добрейшая душа, самый тихий ребёнок в семье. И какому же она досталась страшному скандалисту! Как обманулись её родные! Она вышла замуж за пьяницу, который ещё в детстве был отъявленным озорником. Его отец пил, и он тоже перенял эту дурную привычку. И вот сейчас несчастная женщина ходит, горбатится по чужим домам, убивается на работе, а муж избивает её и угрожает ножом. Сколько раз он кричал: «Я тебя зарежу!» И она боится, как бы он и вправду её не зарезал! Она переживает настоящие мучения! А ведь у неё четверо детей. Родные этой несчастной дошли до того, что советуют ей развестись, но она отвечает им: «Я думаю ещё потерпеть». И терпит. Вам это понятно? Эта женщина не читала ни патериков, ни житий святых, и, однако, она терпит! «Хорошо, — сказал я ей как-то раз. — А что же ребята-то твои, на всё это смотрят и не вмешиваются?» — «Им ещё по пятнадцать-шестнадцать лет, — ответила она. — Пусть сперва отслужат в армии, а когда вернутся, так и отца немножко укоротят!» То есть пока они не отслужат в армии, ей придётся терпеть побои!

Терпение исполняет человека Божественной благодатью

— Геронда, как вести себя с человеком, когда он раздражён, взвинчен?

— С терпением.

— А если у меня его нет?

— Надо пойти купить! Продаётся в супермаркетах!.. Понимаешь, если человек кипит гневом, что бы ты ему ни говорил, никакого толку не будет. В такой момент лучше замолчать и творить Иисусову молитву. От молитвы он утихнет, успокоится, и потом можно прийти с ним к взаимопониманию. Посмотри, ведь и рыбаки не выходят рыбачить, если на море волнение. Они терпеливо ждут, пока погода не наладится.

— Геронда, а чем объясняется нетерпение людей?

— Оно объясняется тем, что у них внутри очень много... мирского! Бог поставил спасение людей в зависимость от их терпения. *Претерпе́вый же до конца́, той спасе́н бу́дет*[1] — говорит Евангелие. Бог даёт людям трудности, различные испытания ради того, чтобы они поднаторели в терпении.

Терпение начинается с любви. Чтобы ты терпел человека, тебе должно быть за него больно. Терпение спасает семью от разрушения. Мне приходилось видеть, как дикие звери становились агнцами. Если доверять Богу, то все проблемы разрешаются гладко и духовно. Однажды, живя в монастыре Сто́мион, я встретил в Ко́нице[2] женщину, лицо которой сияло. Она была матерью пятерых детей. Потом я её вспомнил. Её муж был

---

[1] Мф. 10:22.
[2] *Ко́ница* — городок в Западной Греции. Там прошли детские и юношеские годы преподобного Паисия. В 1958–1960 гг. он подвизался в монастыре Стомион, расположенном неподалеку от Коницы. — *Прим. пер.*

плотником и часто работал вместе с моим мастером³. Если заказчики делали этому человеку какое-нибудь пустяковое замечание, например: «Мастер Янис, может быть, сделаем это вот так?» — то он точно с цепи срывался. «Это ты меня, что ли, будешь учить?!» — кричал он, ломал свои инструменты, швырял их в угол и уходил. Ты теперь представляешь, что он творил в собственном доме, если и в чужих-то домах он всё крушил! С этим человеком невозможно было провести вместе ни одного дня, а его жена жила с ним годы. Каждый день она переживала мучения, однако ко всему относилась со многой добротой и покрывала всё терпением. Я знал о том, что происходит у них в доме, и поэтому, встречая её, спрашивал: «Как поживает господин Янис? Работает?» — «Э-э, — отвечала она. — Когда работает, а когда — сядет посидит маленечко!» — «А как ваше житьё-бытьё?» — снова спрашивал я. «Очень хорошо, отче!» — отвечала она. И она говорила это от сердца. Она не брала в расчёт того, что её муж ломал свои инструменты — и ведь дорогие инструменты! — так что бедняжка была вынуждена наниматься на работу в чужие дома, чтобы заработать им на жизнь. Видите, со скольким терпением, с какой добротой и благородством она ко всему относилась! Она его даже нисколечко не осуждала! Поэтому Бог исполнил её благодатью, и её лицо сияло. Она смогла воспитать пятерых детей, вырастила их, и из всех пятерых получились очень хорошие люди.

— Геронда, а как ей удавалось оправдывать своего мужа?

— Добрым помыслом. «Ведь это мой муж, — думала она. — Ну что же, пускай поругает меня маленько. Может быть, и я, будь на его месте, вела бы себя точно так

---

³ В юности преподобный Паисий выучился ремеслу плотника.

же». Эта женщина применяла Евангелие к своей жизни, и поэтому Бог ниспосылал ей Свою Божественную благодать. И если уж люди мирские терпят и исполняются благодатью, то насколько больше должны терпеть мы, монахи, имеющие для духовной жизни все возможности!

Насколько я понял, самые большие скандалы — и не только в семьях, но и в жизни государств — происходят от малозначащих вещей. В семье один из супругов должен смиряться перед другим, он должен не только подражать его добродетелям, но и терпеть его причуды. Относиться к происходящему подобным образом очень помогает размышление о том, что Христос принёс Себя в жертву за наши грехи и что Он, будучи Безгрешным, терпит нас всех — миллиарды людей — тогда как мы, мучаясь от чужих причуд, погашаем задолженности за собственные грехи. Благий Бог устроил всё так, чтобы, имея дарование, человек помогал другому, а имея недостаток, смирялся перед ним. Ведь у каждого есть свои дарования. Однако и недостатки у каждого тоже есть, и надо подвизаться для того, чтобы их отсечь.

Одному человеку я задал хорошую взбучку! Видели бы вы, какое послушание оказывает ему жена, несмотря на то что она наделена многими способностями и дарованиями. Рядом с ней он всё равно что дитя малое. И вот эта женщина, оказывая мужу послушание, постоянно приемлет Божественную благодать, откладывает её на свой духовный счёт, тогда как её муж своим эгоизмом постоянно отгоняет от себя Божественную благодать и становится всё более и более пустым. И кто в конечном итоге останется в выигрыше? Видишь: весь секрет в смирении. В нём — вся основа. Послушание, смирение. А вот если бы этот человек признавал свою слабость и просил помощи у Бога, то к нему тоже пришла бы Божественная благодать.

Верная жена

— Геронда, одна женщина спрашивает у меня совета, как ей поступить. Муж бросил её, забрал ребёнка и связался с двумя другими женщинами.

— Скажи ей, чтобы она, насколько возможно, терпела, молилась и вела себя с ним по-доброму. Пусть подождёт и не расторгает брака сама. Один человек обращался со своей женой презрительно, бил, обижал её, а она ко всему этому относилась с терпением и добротой, пока не умерла в сравнительно молодом возрасте. Когда через несколько лет после кончины её останки извлекали из могилы, все почувствовали благоухание[4]. Те, кто присутствовал при этом, удивились. Видите: эта женщина ко всему относилась с терпением, и поэтому она была оправдана в жизни иной.

Был ещё один подобный случай. Юноша, живший по-мирски, стал испытывать чувства к девушке, которая жила духовной жизнью. Чтобы девушка ответила ему взаимностью, он тоже старался вести духовную жизнь, ходить в церковь. Они поженились. Но прошли годы, и он вернулся к прежней мирской жизни. У них уже были взрослые дети — старший учился в университете, одна дочка — в лицее, другая — в гимназии. Но, несмотря ни на что, этот человек продолжал жить распутно. Он зарабатывал много денег, но почти всё тратил на свою развратную жизнь. Бережливость несчастной супруги удерживала их домашнее хозяйство от краха, своими советами она помогала детям устоять на верном пути.

---

[4] В Греции останки усопших через 3–4 года после кончины извлекают из могилы, омывают и складывают в особых усыпальницах. Если тело усопшего не разложилось, то его вновь закапывают в могилу и усугубляют молитву об упокоении почившего. — *Прим. пер.*

Она не осуждала отца, чтобы дети не начали испытывать к нему неприязни и не получили душевную травму, а также для того, чтобы они не были увлечены тем образом жизни, который он вёл. Когда муж приходил домой поздно ночью, ей было сравнительно легко оправдать его перед детьми: она говорила, что у него много работы. Но что ей было говорить, когда средь бела дня он заявлялся в дом со своей любовницей? Знаете, что творил этот не боявшийся Бога человек? Хотя он не стоил и того, чтобы называть его человеком, потому что у него совсем не было человечности. Он звонил своей жене и заказывал разные кушанья, а днём приезжал обедать с одной из любовниц. Несчастная мать, желая уберечь детей от дурных помыслов, принимала их радушно. Она представляла дело таким образом, что любовница мужа якобы была её подругой и муж заезжал к «подруге» домой, чтобы привезти её к ним в гости на машине. Она отправляла детей в другие комнаты учить уроки, чтобы они не увидели какую-нибудь неприличную сцену, ведь её муж, не обращая внимания на детей, даже при них позволял себе непристойности. Это повторялось изо дня в день. То и дело он приезжал с новой любовницей. Дело дошло до того, что дети стали спрашивать её: «Мама, сколько же у тебя подруг?» — «Ах, это просто старые знакомые!» — отвечала она. И кроме того, муж относился к ней как к служанке, и даже хуже. Он обращался с ней очень жестоко и бесчеловечно. Вы только подумайте о том, как эта женщина каждый день обслуживала двух скотов, которые покрывали её дом бесчестием, и постоянно внушала своим детям добрые помыслы! И ведь она не могла рассчитывать, что эта беда когда-то закончится, чтобы сказать себе: «Потерплю ещё немного», — и этим утешиться. Этот кошмар продолжался несколько лет. Однако, поскольку этот окаянный человек дал диаволу много прав над собой, он стал принимать страшные бесовские воздействия. Он начинал вести себя как сумасшедший, терял контроль над собой, обвинял всех и вся. И вот однажды, будучи опьянён хмелем плотской страсти, он мчался на машине и сорвался в пропасть. Машина разбилась в лепёшку, а сам он получил очень серьёзные увечья. Его отвезли в больницу, и врачи, сделав что могли, отправили его домой. Он стал калекой. Ни одна из любовниц его даже не навестила, потому что больших денег у него уже не было, а лицо его было изувечено. Однако добрая супруга заботливо ухаживала за ним, не напоминая ему ни о чём из его блудной жизни. Он был потрясён, и это изменило его духовно. Он искренне покаялся, попросил пригласить к нему священника, поисповедовался, несколько лет прожил по-христиански, имея внутренний мир, и упокоился о Господе. После его кончины старший сын занял его место в бизнесе и содержал семью. Дети этого человека жили очень дружно, потому что они унаследовали от своей матери добрые принципы. Эта женщина — мать-героиня. Для того чтобы спасти семью от распада, а своих детей от горькой печали, она выпила их горькие чаши сама. Она удержала семью от распада, спасла своего мужа и сама заработала небесную мзду. Бог даст этой женщине лучшее место в раю.

Дети из распавшихся семей

— Геронда, если в семье муж, имея какую-то страсть, признаёт свою вину, исповедуется, но продолжает принимать воздействие этой страсти и говорит своей жене: «Я мучаю вас: и тебя, и детей. Лучше я уйду и буду, живя вдали от вас, присылать вам деньги, чтобы вы не мучились», как поступать его жене?

— Если муж действительно чувствует то, что говорит, это показывает, что у него много любочестия, и его жена должна терпеть. Однако лучше, если она не будет с ходу верить услышанному. Пусть она всмотрится в суть дела поглубже. Ведь подчас бывает и такое: муж якобы от благородства говорит: «Уйду, чтобы вас не мучить», тогда как на самом деле хочет уйти, поскольку спутался с другой женщиной.

Брак, дойдя сегодня до такого состояния, которое мы видим, потерял свой смысл. Семьи распадаются ни с того ни с сего. Несколько дней назад ко мне в каливу пришёл один совершенно замороченный человек. Сперва у него было двое детей от одной любовницы. Потом он ушёл к другой. Та родила ему ребёнка, и он с ней развёлся. После этого он женился в третий раз. Его третья жена тоже была разведённой и тоже имела трёх детей: двух от первого брака и одного внебрачного. От этой женщины у него родилось ещё двое детей. «Постой-ка, постой, — остановил его я, слушая всё это. — От скольких же мам все эти дети и от скольких отцов?»

Так вот и гибнут несчастные дети. Те из них, кто, отличаясь чуткостью, не может преодолеть расстройство от случившейся с ними беды, впадает в отчаяние, а некоторые даже кончают жизнь самоубийством. Другие, чтобы забыться, начинают пить. Третьи связываются с наркотиками. И где только они находят на всё это деньги? Самая маленькая доза героина стоит четыре тысячи драхм. Большая доза — шесть или семь тысяч[5].

Таковы вольные, распущенные дети прежнего поколения. Во что же превратятся другие — те малыши, родители которых развелись по закону об автоматическом разво-

---

[5] Произнесено в 1990 году, когда 4000 греческих драхм были равны примерно 12 долларам США. — *Прим. пер.*

де? Сколько же молодых, принимающих наркотики, прошли нынешним летом через мою каливу! Большинство этих несчастных — дети из распавшихся семей. Парню двадцать семь лет, а он находится в отчаянии и просит помощи! И знаешь, ведь детей из распавшихся семей видно издалека. У меня возле каливы на лавочке стоит банка с лукумом. И вот когда приходят такие ребята, они берут из банки кусочек лукума и начинают его есть, а потом, увидев, как я выхожу из каливы на крыльцо, ещё не доев сладость, сразу подбегают, чтобы меня поцеловать. Руки у них все в сахарной пудре от лукума, вот и уделают меня всего! Эти дети лишены любви и нежности. Для них нет никакой разницы, есть у них родители или нет. Приходит ли домой их отец, уходит ли, живёт ли с ними, не живёт ли — для несчастных ничего не меняется.

«Прав» и «виноват» в супружеской жизни

Я обратил внимание на то, что некоторые духовники говорят мужьям, которые живут в неладах со своими жёнами: «Потерпи, такой уж у тебя крест. Что тут поделать? За такое терпение Бог даст тебе мзду». Потом к этим духовникам идут жёны, которым они говорят то же самое: «Терпи, терпи, чтобы иметь мзду от Бога». То есть оба супруга могут быть виноватыми и обоих при этом духовник уговаривает терпеть. Или же виноват один из супругов, а духовник говорит ему: «Терпи, терпи». Таким образом супруг, виновный в том, что в семье нет мира, успокаивает свой помысел тем, что он якобы терпит другого супруга, тогда как на самом деле он его ежедневно терзает.

Однажды ко мне в каливу пришёл некий человек и стал жаловаться на то, что плохо живёт с женой. В их семье дело пахло разводом. Ни он, ни его жена не хотели друг друга видеть. Оба были учителями, у них было двое детей. Дома они никогда не ели: муж после уроков шёл обедать в один ресторан, а жена — в другой. А для детей они покупали какие-нибудь сэндвичи, и несчастные дети, когда их родители приходили домой, лезли к ним в карманы и в сумки, чтобы посмотреть, что папа и мама принесли поесть! Дети переживали большую драму! Помимо всего прочего, этот человек пел в церкви, однако в ту церковь, где он пел, его жена не ходила — она ходила в другой храм. Настолько сильной была их неприязнь друг к другу! «Что тут поделать, отче, — говорил он мне, — я несу большой крест. Очень большой. Каждый день у нас в доме скандалы». — «А к духовнику ты ходил?» — спросил его я. «Да, — ответил он, — ходил. Духовник сказал мне: „Терпи, терпи. Ты несёшь большой крест"». — «А ну-ка, — говорю я ему тогда, — сейчас посмотрим, кто несёт большой крест. Давай начнём сначала. Когда вы поженились, тоже так ругались?» — «Нет, — отвечает. — Восемь лет мы прожили очень дружно. Я обожал мою жену! Я благоговел перед ней больше, чем перед Богом! Потом она стала другим человеком! Стала изводить меня своим нытьём, придирками, странностями…» Слышишь, что творится! Он благоговел перед ней больше, чем перед Богом! «А ну-ка, — говорю, — иди-ка сюда, голубчик! Так, значит, ты благоговел перед женой больше, чем перед Богом? Ну и кто же теперь виноват в том, что вы дошли до такого состояния: ты или она? Это из-за тебя Бог забрал Свою благодать от твоей жены». Потом я его спросил: «И что же ты теперь думаешь делать?» — «Скорее всего, мы разведёмся», — сказал он. «Может быть, — спрашиваю, — ты завёл себе роман на стороне?» — «Да, — отвечает, — я думаю уйти к одной женщине». — «Опомнись! — говорю. — Приди в себя! Неужели ты не понимаешь, что во всём виноват ты сам? И прежде всего тебе надо попросить прощения у Бога за то, что ты благоговел перед своей женой больше, чем перед Ним. Потом пойди к своей жене и попроси у неё прощения. Скажи ей: „Прости меня. Это я виноват в том, что наши отношения дошли до такого состояния, и в том, что теперь мучаются наши дети". Потом пойди поисповедуйся — и благоговей перед Богом как перед Богом, а жену свою люби как жену. И ты увидишь, что у вас всё наладится». Моя взбучка пошла ему на пользу. Он начал плакать и пообещал, что послушается моего совета. В скором времени он снова приехал ко мне, уже радостный: «Благодарю тебя, отче, ты спас нашу семью. Всё у нас прекрасно: и у меня с женой, и у наших детей». Видишь как? Сам во всём виноват, а при этом думает, что «несёт очень большой крест»!

И вы никогда не оправдывайте женщин, которые приходят к вам в монастырь и жалуются на мужей. Я в подобных случаях не оправдываю ни мужей, ни жён. Напротив: заставляю задуматься и тех и других. К примеру, женщина начинает жаловаться: «Мой муж пьёт, приходит домой поздно ночью, сквернословит...» — «Слушай, — советую я ей, — когда он ночью приходит домой пьяный, веди себя с ним по-доброму. Если ты встречаешь его с кислой физиономией и начинаешь пилить: „Что же ты так поздно? Да разве можно приходить домой в такое время? Да когда же ты наконец изменишься? Да что же это за горюшко горькое? Да ведь это уже не день и не два продолжается! И сколько я буду всё это терпеть?" — то диавол посоветует ему: „Да совсем ты, что ли, больной, что никак не расстанешься с этой дурой? Не лучше ли пойти и весело провести время с какой-нибудь другой?" То есть ты, может быть, права, но диавол подловит его с другого бока. А вот если ты поведёшь себя с ним по-доброму, немножко перетерпишь происходящее и помолишься, не высказывая ему своих претензий, то, увидев от тебя немного тепла и света, он задумается и исправится».

А потом приходит муж и начинает своё: «Моя жена пилит меня, изводит своим нытьём...» — «Ах ты, — говорю, — бесстыдник! Твои дети и страдалица-жена с нетерпением ждут тебя до полуночи, а ты заваливаешься домой пьяным, начинаешь сквернословить! Стыд тебе и позор! Ты что, женился для того, чтобы мучить свою семью?»

Но бывают случаи, когда могут быть правы и муж и жена. Однажды ко мне пришла группа паломников, и я рассказывал им о том, насколько целомудренным человеком был Макриянис[6]. Он отличался и телесной, и душевной чистотой. Услышав это, один из моих слушателей подскочил и закричал: «Не бывать тому, чтобы из Макрияниса ещё и святого сделали!» — «Почему, — говорю, — не бывать?» — «Потому, — отвечает, — что он бил свою жену». — «Послушай, — говорю, — я объясню тебе, что происходило между ним и его женой. Когда у Макрияниса заводился в кармане грош и к нему приходила какая-нибудь вдова, у которой были дети, то он отдавал ей деньги. Его несчастная жена роптала и начинала его пилить. „Ведь у тебя, — говорила она ему, — есть свои дети. Зачем ты отдал деньги ей?" Тут он давал ей затрещину и говорил: „У тебя есть муж, который тебя обеспечит. А у этой несчастной мужа нет. Кто о

---

[6] *Макриянис Иоаннис* (1797–1864) — генерал-майор, национальный герой Эллады. Один из самоотверженнейших борцов против турок в годы Греческой революции (1821–1830). Автор «Воспоминаний» о революции и освободительной борьбе. Жизнь И. Макрияниса — прекрасный образец жертвенной христианской любви к Богу, ближнему и Отечеству. — *Прим. пер.*

ней позаботится?" То есть был прав и Макриянис, и его жена».

Кроме того, если один из супругов живёт духовно, то, даже будучи прав, он «не имеет права» быть правым. Ведь, будучи духовным человеком, он должен отнестись к несправедливости духовно. То есть он должен относиться ко всему так, как этого требует Божественная справедливость. Он должен стремиться к тому, что доставляет покой другому. Ведь если кто-то совершает ошибку, будучи слабым, то он имеет смягчающие вину обстоятельства. Однако другой — тот, кто находится в лучшем духовном состоянии и не относится к первому с пониманием, не идёт к нему навстречу, — согрешает намного больше. Если даже духовные люди относятся ко всему по-мирски — с позиции мирской, человеческой справедливости, — то к чему это приведёт? К тому, что они будут постоянно бегать по мирским судам. Вот от этого люди и мучаются.

ЧАСТЬ ВТОРАЯ

О РОДИТЕЛЯХ И ИХ ОБЯЗАННОСТЯХ

«Родители, которые рождают детей и дают им тело, должны, насколько возможно, содействовать и их духовному возрождению».

ГЛАВА ПЕРВАЯ
О РОЖДЕНИИ ДЕТЕЙ

*Святые Иоаким и Анна —
самая бесстрастная супружеская пара*

Геронда, расскажите нам что-нибудь о святой Анне и о святом Иоакиме, о Богоотцах. Как-то Вы уже начинали о них рассказывать…

— С детского возраста я относился к святым Богоотцам с великим благоговением. Я даже просил о том, чтобы в монашестве мне дали имя Иоаким. Сколь многим мы им обязаны! Святые Иоаким и Анна были самой бесстрастной супружеской парой из когда-либо существовавших. У них совершенно не было мирского мудрования.

Именно так Бог сотворил человека. И Он хотел, чтобы люди рождались так же — бесстрастно. Но после грехопадения в отношениях между мужчиной и женщиной появилась страсть. И как только появилась бесстрастная супружеская пара — где оба были такими, каким сотворил человека Бог, и у них могло родиться чадо так, как это должно было происходить по замыслу Божию, — тогда и родилась Пресвятая Богородица — это Чистое Создание, а впоследствии от Неё воплотился Христос. Помысел говорит мне, что Христос пришёл бы на Землю и раньше — если бы раньше на Земле появилась чистая целомудренная супружеская пара, какой были святые Иоаким и Анна.

Римо-католики впадают в прелесть. Якобы от благоговения они верят в то, что Божия Матерь родилась, не имея первородного греха, тогда как Она не была освобождена от первородного греха. Однако родилась Она именно таким образом, каким Бог хотел, чтобы люди рождались после творения. Она была Всечистой, потому что Её зачатие произошло без наслаждения. Святые Богоотцы горячо молились Богу о том, чтобы Он даровал им дитя. И после этой молитвы они сошлись как супруги — но не по плотской похоти, а по послушанию Богу. Я убедился в этом после одного чудесного события, которое пережил на Синае[1].

Воздержание в брачной жизни

Бог *сотвори́ вся добра́ зело́*[2]. Мужчина чувствует естественную тягу к женщине, а женщина — к мужчине. Если бы не было этой тяги, то никто никогда не решился бы создать семью. Люди думали бы о тех трудностях, которые впоследствии ожидают их в семье и связаны с воспитанием детей и другими семейными делами, а поэтому не решались бы вступить в брак.

После падения первозданных некоторые люди могут иметь мирское мудрование на пять процентов, другие — на десять, на тридцать и так далее. Но где сегодня найдёшь людей, у которых мирского мудрования было

---

[1] С 1962 по 1964 год преподобный Паисий подвизался на Синае в аскетерии святых Епистимии и Галактиона. В чём заключалось упоминаемое им чудесное событие, он нам не открыл.

[2] Ср. Быт. 1:31.

бы только пять процентов, — то есть людей с чистым целомудренным мудрованием! Однако, как бы то ни было, всем людям от Бога дана возможность достичь бесстрастия — если они предпримут любочестный подвиг.

Избрание пути семейной жизни не даёт женатым людям оправдания забывать, что человек — это не одна только плоть, но и дух. Нельзя забывать об этом и оставлять свою страсть необузданной[3]. Супруги должны

---

[3] В одном из своих писем преподобный Паисий пишет относительно супружеских отношений следующее: «Ты спрашиваешь меня о супружеских отношениях женатых священников и мирян. Святые отцы не дают точных определений о том, как должны строиться эти отношения. Это значит, что супружеские отношения есть тема, которая не может быть чётко определена, поскольку все люди не могут жить по одному шаблону. Вопрос супружеских отношений Отцы оставляют на рассуждение, любочестие, духовную чуткость и силу каждого человека. Для того чтобы быть более понятным, приведу примеры из жизни людей подвизающихся — женатых священников и мирян. Эти люди до сих пор живы, и я с ними знаком. Среди них есть такие, кто, создав семью, вступили в супружескую близость и родили одного, двух или трёх детей, после чего живут в девстве. Другие раз в год вступают в супружескую близость ради рождения детей, а всё остальное время живут как брат и сестра. Третьи воздерживаются от супружеских отношений во время постов, а потом вступают в супружескую близость. Четвёртым не удаётся исполнить даже этого. Есть супруги, имеющие общение в середине недели, чтобы три дня перед Божественным Причащением и три дня после него быть в чистоте. Иные спотыкаются и на этом. Потому, явившись после Своего Воскресения апостолам, Христос, дав им власть оставлять грехи, прежде всего сказал им: *Я́коже посла́ Мя Оте́ц, и Аз посыла́ю вы… Приими́те Дух Свят: И́мже отпусти́те грехи́, отпу́стятся им: и и́мже держи́те, держа́тся*. Цель в том, чтобы каждый подвизался с рассуждением и любочестием, в соответствии со своими духовными силами. Конечно, вначале мешает молодость. Но с течением времени плоть ослабевает и дух может занять господствующее положение. А когда это происходит, то даже женатые люди начинают вкушать что-то малое от божественных наслаждений. Они естественным путём отходят от наслаждений плотских, на которые смотрят уже как на совершенно ничтожные. Так люди, живущие в браке, некоторым образом очищаются и, поднимаясь по лёгкой, пологой, вьющейся тропе, приходят в рай. Тогда как монахи восходят в рай, идя напрямую — по вертикали, карабкаясь по скалам. Ты должен иметь в виду и то, что проблема супружеских отношений —

подъять подвиг, чтобы подчинить плоть духу. Если под руководством духовника супруги стараются жить духовно, то постепенно они начнут вкушать и высших радостей — радостей духовных, небесных. К радостям плотским они больше не будут стремиться. Супруги обязаны подвизаться в воздержании, чтобы не передать плотскую страсть и своим детям. Если родители отличаются очень плотским мудрованием, то их ребёнок с малого возраста имеет аналогичные склонности.

это не только твоя проблема, и ты не имеешь права регулировать этот вопрос сам, но, как пишет апостол Павел: *по согла́сию*. Но и когда супруги приступают к этому воздержанию *по согла́сию*, тоже необходимо внимание. Сильный супруг должен ставить себя на место немощного. Часто бывает так: одна половина соглашается воздерживаться, чтобы не огорчить другую, но внутренне страдает. Чаще всего это случается с женщинами, которые имеют в известной мере страх Божий, однако у них играет плоть. Часто по нерассудительности некоторые благоговейные мужья, слыша от своих жён слова согласия, нерассудительно воздерживаются от супружеских отношений на долгое время. А жёны в этом случае страдают и находят разрядку в нервных срывах и тому подобном. Мужья думают, что их жёны преуспели в добродетели, и хотят жить более чисто, вступая в близкие отношения через более длительные периоды. А потом у жён начинаются искушения и они хотят найти кого-то на стороне. Когда случаются падения, они начинают мучиться угрызениями совести, а мужья, видя, что жёны не расположены к супружеским отношениям, стараются жить ещё в большей чистоте. Они думают, что их жёны преуспели духовно и не желают плотских отношений. Конечно, причина всего этого в женском эгоизме, который объясним, и в ревности, которую испытывает женщина, чувствуя себя ущербной. Видя, что муж хочет жить духовной жизнью, супруга начинает ломать себя, желая его обогнать. Прости меня за то, что я зашёл в чужой огород, ибо дело монаха — чётки, а не подобные темы. Но, чтобы тебя не огорчать, я был вынужден написать немного об этом (о чём знаю издалека), о том, что мучает наших братьев и сестёр в миру и даёт врагу возможность действовать против них. Большое значение имеет то, похожи ли супруги друг на друга по своему складу, типу. Когда один из супругов — человек мягкий, а другой — живой, энергичный, то надо, чтобы более сильный приносил себя в жертву немощному. И постепенно, с помощью сильного, станет здоровым и немощный. И тогда, будучи здоровыми, оба должны продвигаться вперёд». (Из книги *п. Δ. Τάτση*. Ὁ Γέροντας Παΐσιος. Κόνιτσα, 1995. Σ. 176–178.)

Это происходит потому, что он наследует от родителей плотское мудрование. Вначале, как все унаследованные от родителей страсти, плотское мудрование ещё мягко, нежно, подобно молодой крапиве, которая не обжигает, и ты можешь легко браться за её листья. Но когда она подрастает, её листья начинают жечь. Так и плотское мудрование — вначале оно может быть исцелено хорошим, имеющим рассуждение духовником. Однако если не отсечь мирское мудрование в молодом возрасте, то, когда станешь взрослым, для этого понадобится подъять немалый подвиг.

Человеческая логика относительно воли Божией о рождении детей

Часто супруги, обращающиеся ко мне, делятся своим беспокойством относительно рождения детей и спрашивают моего мнения. Некоторые супружеские пары хотят родить одного-двух детей, а другие — стать многодетными. Однако лучше, если они возложат проблему деторождения на Бога. Супруги должны вверять свою жизнь Божественному Промыслу и не составлять собственных планов. Они должны верить в то, что Бог, заботящийся и о птицах небесных, проявит намного большую заботу об их детях. Помню одного моряка, который женился, будучи восемнадцати лет от роду. И сам он был бедняк, и девушку взял из бедной семьи. Сняли они какой-то подвал и там ютились. У жены его тоже была низкооплачиваемая работа, и жили они очень скудно. Представьте: вместо стола у них был ящик от персиков, которые им как-то посчастливилось купить! Потом у них появились дети. Для того чтобы их вырастить, они перебивались с хлеба на воду. И, однако, постепенно они разбогатели и стали жить хорошо.

Есть супруги, которые в первую очередь стараются упорядочить все прочие проблемы и лишь затем начинают думать о детях. Такие люди совсем не берут в расчёт Бога. А другие супружеские пары говорят: «Нынешняя жизнь нелегка. Пусть у нас будет один ребёнок — и хватит. Тут и одного-то попробуй вырасти!» И не рожают других детей. Эти люди не понимают, насколько они согрешают, думая подобным образом, не полагаясь с доверием на Бога. Бог сердоболен. Ему легко перестать давать супругам детей, если Он увидит, что их вырастить им уже не под силу.

Многие стремятся вступить в брак, не думая о том, что рождение детей и их воспитание в христианском духе должно быть целью супружеской жизни. Люди не хотят иметь много детей, чтобы не обременять себя хлопотами, а потом держат в своих квартирах собак и кошек. Мне рассказывали, что сейчас в Америке вместо собак люди держат в домах свинок очень дорогой породы[4]. Эти свинки остаются маленькими, не вырастают. Их специально вывели такими, чтобы можно было держать их в квартирах. Люди не хотят заводить детей, потому что им хлопотно мыть их, ухаживать за ними. А поросят они — что, не моют? Собака — ладно, она, по крайней мере, сторож. Но держать в доме свинью! Страшное дело! Будучи в Австралии[5], я видел «дом престарелых» для собак и кошек. Там было даже кладбище для животных! Всё идёт к тому, что люди будут разводить мышей и закатывать их в консервы, чтобы кормить кошек, а зайцев и кроликов будут разводить и закатывать в консервные банки, чтобы

---

[4] Произнесено в ноябре 1990 года.
[5] В 1977 году по приглашению Церкви преподобный Паисий посетил Австралию для того, чтобы оказать духовную помощь живущим там православным грекам.

кормить собак! А в это самое время другие люди будут умирать от голода. И погляди: если кто-то убьёт собаку, не исключено, что он заплатит за это денег больше, чем если бы убил человека (конечно, зависит и от того, кому этот пёс принадлежал). До чего же мы дошли!.. Человек в наши дни стоит дешевле, чем собака. Я удивляюсь тому, что говорят некоторые духовники. Как-то раз ко мне в каливу пришли паломники и спросили меня: «Геронда, разве святой Иоанн Златоуст где-то пишет, что супруги не должны рожать детей?» — «Что же вы такое городите? — удивился я. — Где вы такое услышали?» — «Да вот, — говорят, — отец такой-то нам сказал». Встретив этого отца, я спросил у него: «Ты что, правда такое сказал?» — «Да», — ответил он. «Где же ты такое вычитал?» — «Святой Иоанн Златоуст говорит об этом в своём „Слове о девстве"», — ответил он мне. «Слушай-ка, — говорю ему. — Я у святого Иоанна Златоуста такого не читал, но святой таких вещей говорить не может. Он имеет в виду что-то другое. Принеси книжку, чтобы я посмотрел, что там написано». Приносит он книгу и показывает место. Начинаю читать и вижу, что святой пишет следующее: «Сейчас люди умножились и возможность жить в девстве у вас тоже есть: это не как раньше, когда люди должны были оставлять после себя потомков»[6]. То есть святой не говорит «не рожайте детей». Но этот батюшка настаивал на своём. Священник, имеющий богословское образование, а несёт такую чушь! Ему хочется представить себя начитанным, показать, что он — исследователь богословского наследия Иоанна Златоуста, чтобы люди считали его хорошим духовником. Знаете, какой вред наносят такие извращённые толкования людям, которые хотят успокоить свои помыслы?

---

[6] См. *Святитель Иоанн Златоуст*. Творения. Т. I, кн. 1. О девстве, п. 17.

Для многих людей, живущих по-мирски, семья сегодня лишена смысла. Поэтому такие люди не вступают в брак, или же, вступив в него, избегают деторождения, либо убивают детей абортами и таким образом сами истребляют свой род. То есть не Бог уничтожает людей — люди уничтожают себя сами. Тогда как люди верующие, соблюдающие заповеди Божии, приемлют Божественную благодать, поскольку Бог, если можно так выразиться, обязан помогать им в трудные годы, которые мы переживаем. Мы видим христиан, имеющих семьи и воспитывающих своих детей в страхе Божием, сколько бы детей Он им ни дал. И все дети таких родителей уравновешенны, радостны. Эти дети — благословение Божие. Они вырастают хорошими, старательными людьми. Мы вот всё говорим: «Что же будет с миром?» — но одновременно видим, как благодатью Божией сейчас набирает силу, подрастает доброе поколение. Диавол старается всё разрушить, но и Благий Бог тоже трудится. Он не допустит того, чтобы наш народ исчез с лица земли.

Трудности в деторождении

— Геронда, если неправославная женщина бездетна, то допустимо ли, если она попросит, дать ей в благословение поясок, который мы крестообразно прикладываем к святым мощам преподобного Арсения Каппадокийского?[7]

— А верит ли она в силу святого или же хочет получить помощь магическим способом? Если верит, то носить такой поясок ей можно.

---

[7] В житии преподобного Арсения Каппадокийского упоминается о том, что в случаях бесплодия преподобный благословлял какую-нибудь верёвочку и давал её бесплодной женщине, чтобы она ей подпоясалась и бесплодие разрешилось. Преподобный Паисий советовал поступать так же, благословляя ленточный поясок у мощей святого Арсения.

Некоторые бесплодные женщины не вступили в брак тогда, когда это нужно было сделать, и поэтому сейчас по отношению к ним действуют духовные законы[8]. Некоторые привередливые девушки начинают выбирать женихов: «Нет, этот мне не нравится, а тот мне не по вкусу». Пообещав парню выйти за него замуж, такая девушка одновременно глядит и на другого, потом говорит первому «нет», и он хочет покончить жизнь самоубийством, вместо того чтобы посчитать благословением то, что она обманула его ещё, по крайней мере, до того, как они поженились, а не после. Э-э, ну какую семью создаст такая девушка? А есть женщины, которые бесплодны, потому что в юности они жили беспорядочной греховной жизнью. Есть и такие, причина бесплодия которых — в дурном питании, потому что многие продукты содержат в себе целую кучу химикатов и гормонов.

Есть и такие супружеские пары, которые хотят иметь ребёнка сразу, как только поженятся. А если рождение ребёнка задерживается, то они начинают тревожиться и беспокоиться. Как же они родят ребёнка, если сами полны беспокойства и душевной тревоги? Они родят ребёнка тогда, когда изгонят из себя беспокойство и душевную тревогу и направят свою жизнь по правильной духовной колее.

Иногда Бог сознательно медлит и не даёт какой-то супружеской паре детей. Поглядите: ведь и святым Богоотцам Иоакиму и Анне, и святым пророку Захарии и Елизавете Он дал ребёнка в старости, дабы исполнить Свой предвечный план о спасении людей.

Супруги всегда должны быть готовы принять в свою жизнь волю Божию. Бог не оставляет человека, который

---

[8] О духовных законах смотри в четвёртой главе пятой части настоящего тома, стр. 264 и далее.

с доверием вручает себя Ему. Мы не делаем ничего, а сколько делает для нас Бог! Со сколькой любовью и щедростью Он даёт нам всё! Разве есть что-то такое, что будет Богу не под силу? У одной супружеской пары было пять детей, но, придя в совершенный возраст, их дети создали свои собственные семьи и выпорхнули из родительского гнезда. Отец и мать остались одни. Тогда они решили родить ещё одного ребёнка, чтобы в старости иметь его рядом с собой. Жена была уже в том возрасте, когда зачатие невозможно, и желание их по-человечески казалось недостижимым. Однако, несмотря на это, супруги имели великую веру в Бога, и у них родился сын, который был для них утешением в старости. И его они тоже поставили на ноги, вывели в люди.

Рождение детей зависит не только от человека. Оно зависит и от Бога. Видя, что у супругов, испытывающих затруднения в связи с рождением детей, есть смирение, Бог может не только дать им ребёнка, но и сделать их многодетными. Однако, видя в супругах настырность и эгоизм, Бог не исполняет их желания, потому что, исполнив их прошение о рождении детей, Он удовлетворит их настырность и эгоизм. Супруги должны всецело предать себя Богу. Они должны сказать: «Боже мой, Ты печёшься о нашем благе, *да бу́дет во́ля Твоя́*[9]». В этом случае их прошение исполнится. Ведь воля Божия исполняется в том случае, когда мы говорим *да бу́дет во́ля Твоя́* и с доверием к Богу вверяем себя Ему. Но мы, хотя и говорим *да бу́дет во́ля Твоя́*, одновременно настаиваем на нашей собственной воле. Ну а что может сделать для нас Бог в этом случае?

---

[9] Мф. 6:10.

Супружеское бесплодие

— Геронда, к нам обратилась одна супружеская пара. И он, и она имеют скрытый симптом малокровия. Эти люди спросили нас, следует ли им заводить детей. Мы предложили посоветоваться с их духовником.

— Духовники не могут запретить таким супружеским парам заводить детей. Духовные наставники должны возделывать в таких супругах любочестие, чтобы они прикладывали старание к воздержанию. И с рассуждением духовники должны оказывать им снисхождение.

— Геронда, есть супружеские пары, которые, живя очень духовно и желая завести ребёнка, не могут этого сделать.

— Многим людям Бог не даёт детей, для того чтобы, возлюбив детей всего мира как своих собственных, эти люди помогли их духовному возрождению. Один человек не имел детей, но, когда он выходил из дома, дети из соседских домов сбегались к нему и с любовью окружали его. Они не давали ему идти на работу. Видите: Бог не дал этому человеку своих детей, но Он дал ему благословение, чтобы все соседские дети любили его как отца, а он по-своему помогал им духовно. Суды Божии — это бездна.

А в других случаях Бог не даёт супругам детей, чтобы пристроить какую-нибудь сиротку. Я был знаком с одним добрым христианином, адвокатом. Оказавшись однажды в городе, где он жил, я посетил его дом. Он очень радушно принял меня, и я остался у него на денёк погостить. Я познакомился и с его супругой. Она была похожа добродетелями на своего мужа. От неё я узнал, какую духовную жизнь ведёт её муж, а от него — о том, в каком духовном состоянии находится жена.

Впоследствии я узнал об этих людях от других христиан, знавших их и принимавших от них различные благодеяния. Этот человек Божий честно занимался адвокатской практикой. Видя, что подсудимый был действительно мошенником, он не только не брался его защищать, но и строго обличал, дабы привести его в чувство. Видя, что человек виноват, но у него есть покаяние, он пытался уладить его дело или старался, чтобы ему вынесли более мягкий приговор. Видя, что несправедливое обвинение падает на какого-нибудь бедняка, он совершенно безвозмездно вставал на его защиту и старался оправдать несчастного на суде. Этот человек жил очень просто, поэтому тех немногих денег, которые он зарабатывал, ему хватало на жизнь и ещё на то, чтобы помогать бедным семьям. Дом этого верующего адвоката был настоящим духовным оазисом среди духовной Сахары города, где он жил. Там собирались страждущие, бедные, безработные люди, приходили те, у кого были проблемы в семье. И всем этим несчастным он приходил на помощь, поддерживал их, как добрый отец. У этого человека были знакомые, занимавшие ответственные должности. Они любили и ценили его, и поэтому, когда он звонил своим высокопоставленным знакомым, чтобы помочь бедняку в каком-то деле или в болезни, никто ему не отказывал. Таким же образом трудилась и его жена. Она помогала бедным детям или молодым людям, которые не находили средств на учёбу. Она была им как родная мать. Однако в разговоре со мной у этой женщины случайно прорвалось: «До замужества, отче, я преподавала в старших классах. Сразу же после свадьбы я ушла с работы, потому что решила стать хорошей матерью. Я просила у Христа, чтобы Он дал мне много — пусть даже двадцать — детей, но, к несчастью, Он не дал ни одного». Тогда я ей ответил: «У тебя, сестра, более пятисот детей. И ты ещё жалуешься? Христос видел твоё благое произволение.

И Он воздаст тебе за него. Сейчас, помогая духовному возрождению стольких детей, ты являешься матерью лучшей, чем многие другие. Ты оставляешь позади даже всех многодетных матерей! И та мзда, которую ты получишь, тоже будет много большей, потому что, возрождаясь духовно, дети духовно обеспечивают своё будущее в вечной жизни». Помимо всего прочего, эти люди удочерили одну девушку, на имя которой записали всё своё имущество. Приёмная дочь ухаживала за ними в старости и, похоронив их, ушла в монастырь. Но ведь и дом этих людей был всё равно что монастырь! Там совершались все церковные службы. На вечерне и на повечерии вместе с ними молились и другие братья и сёстры во Христе, а полунощницу и утреню они читали втроём. Эти благословенные люди помогали многим страждущим. Да упокоит Бог и их души.

Поэтому я и говорю, что самый лучший и самый многодетный отец — это человек, который, возродившись духовно, помогает духовному возрождению детей всего мира, чтобы они обеспечили будущее своих душ в раю.

— Геронда, некоторые супруги, страдающие от бесплодия, думают об усыновлении малыша.

— Да, таким людям лучше усыновить ребёнка, им не нужно эгоистично упорствовать в желании родить собственное дитя. Желание человека и воля Божия — это не всегда одно и то же.

— Геронда, должны ли приёмные родители по достижении ребёнком определённого возраста сказать ему, что он был ими усыновлён?

— Лучше, когда ребёнок подрастёт, сказать ему об этом. Но главное — чтобы приёмные родители любили ребёнка сильно и правильно. Есть дети, которые любят чужих людей больше, чем родных отца и мать, потому что у их родителей нет любви.

Многодетные семьи

Бог особенно любит многодетные семьи. О них Он проявляет особенную заботу. В большой семье детям даются многие благоприятные возможности для нормального развития — при условии, что родители воспитывают их правильно. Один ребёнок в многодетной семье помогает другому. Старшая дочь помогает матери, средний присматривает за младшим и так далее. То есть такие дети отдают себя друг другу и живут в атмосфере жертвенности и любви. Младший любит и уважает старшего. Любовь и уважение возделываются в многодетной семье естественным образом.

Поэтому если в семье есть только один или два ребёнка, то родителям необходимо быть очень внимательными к тому, как они их растят. Обычно в таких немногодетных семьях родители стараются, чтобы дети ни в чём не нуждались. Такие дети имеют всё, что ни пожелают, и таким образом вырастают совершенно ни к чему не приспособленными. Возьмём, к примеру, девушку — единственного ребёнка богатых родителей. У неё есть горничная, которая в своё время накроет ей стол, приберётся у неё в комнате и сделает всю необходимую работу по дому. Горничная получает за свою работу деньги, но одновременно она совершенствуется в добродетели, потому что приносит пользу другим. Тогда как девушка, которую она обслуживает, не обучаясь никакой жертвенности, остаётся «пеньком», невозделанным человеком. Я советую юношам жениться на девушках из многодетных семей, потому что дети, которые растут в нужде, привыкают жертвовать, всегда думают, как помочь родителям. С детьми, которые растут, катаясь как сыр в масле, такое случается редко.

Однако не только дети, но и родители в многодетных семьях имеют богатое сердце. Помню, как во время оккупации[10] в одном из соседских домов малыш остался круглым сиротой. Один бедняк — глава семьи, в которой было десять детей, — пожалел несчастного сиротку, взял его в свой дом и вырастил вместе со своими родными детьми. И знаете, какие благословения подавал впоследствии этому человеку Бог! Да разве Бог может оставить без помощи человека, имеющего такое любочестие?

Человек, у которого много детей, может вначале сталкиваться с трудностями. Но Бог такого человека не оставит. Расскажу вам об одном случае. Как-то раз глава семьи, в которой было шесть детей, попросил меня помолиться о том, чтобы Бог умягчил сердца людей, у которых он снимал дом, и они не выгоняли его на улицу. К несчастью, многие хозяева, сдающие дома семьям из двух людей и пяти собак или кошек, гадящих и в доме и вокруг него, не хотят сдавать его многодетным семьям, боясь, что дети что-нибудь испортят в их доме. И вот этот несчастный многодетный отец просто выбился из сил: один хозяин выгонял его из дома, другой вообще отказывался сдавать жильё, и он был вынужден мыкаться с детьми и вещами из дома в дом. Чтобы прокормить семью, этот человек работал не покладая рук. Он и с хозяевами не торговался из-за квартплаты — ему было бы достаточно, чтобы хозяева просто разрешили ему прожить в доме несколько лет, отдохнуть от постоянных переездов. Когда я это услышал, мне стало за него больно. «Не расстраивайся, — сказал я ему. — Бог имеет попечение и о твоих детях. Ведь Он — Творец, Который даёт детям главное — душу, тогда как ты со своей супругой как сотворцы Бога даёте им тело. Следовательно, Бог заботится о ваших детях больше,

---

[10] Оккупация Греции в 1941–1944 гг. Германией, Италией и Болгарией. — *Прим. пер.*

чем вы сами». Не успело пройти два-три месяца, как этот человек, радостный, снова пришёл ко мне и сказал: «Слава Богу, Бог подарил мне дом, и денег у меня ещё остаётся много». Я спросил его, что произошло, и он рассказал следующее: «Возвращаясь в своё село, я сидел на остановке в ожидании автобуса. Ко мне подошёл разносчик лотерейных билетов и предложил купить билет. Я, будучи христианином, лотерейных билетов не покупаю, придерживаюсь этого как принципа. Поэтому я отказался. Однако, увидев, что он уходит, я подумал о том, что, может быть, этот человек сильно нуждается. Поэтому я снова подозвал его и достал деньги, чтобы заплатить за один лотерейный билет, но самого билета при этом не брать. Однако продавец был человеком любочестным и брать деньги просто так не захотел. Тогда я тоже расстроился и, желая ему помочь, сказал: „Ну, ладно, дай один билетик, может быть, он мне понадобится". — „Пусть этот человек немного порадуется, — подумалось мне, — ну а я, нарушив свой «типикон», пусть и расстроюсь немного — не страшно". И вот купленный мной лотерейный билет оказался счастливым. Я выиграл большую сумму денег, купил дом, и, кроме того, у меня остались деньги, чтобы вырастить детей. А узнав, где живёт продавец лотерейных билетов, я незаметно пошёл к нему домой и оставил у него в почтовом ящике конверт со значительной суммой денег. Я знал, что если бы я дал ему эти деньги в руки, то он бы их не принял». Удивительное дело, как действует в любочестных людях любовь Божия!

Аборт — страшный грех

— Геронда, одна сорокалетняя госпожа, мать взрослых детей, забеременела и сейчас уже на третьем месяце. Её муж настаивает на аборте и угрожает, что в противном случае разведётся с ней.

— Если она сделает аборт, то расплачиваться за него будут её другие дети — болезнями и несчастными случаями. Сегодня родители убивают своих детей абортами и лишаются благословения Божия. В прежние времена, если младенец рождался больным, то его крестили, и он умирал как ангелочек. И не было оснований беспокоиться насчёт его загробной участи. У родителей оставались другие — крепкие — дети, и при этом с родителями пребывало и благословение Божие. А сейчас детей крепких родители убивают абортами, а детей больных стараются силой удержать в этой жизни. Родители ездят по Англиям да по Америкам, чтобы вылечить своих больных детей. Таким образом, из поколения в поколение дети рождаются всё менее и менее здоровыми. Потому что если родителям удастся вылечить своих детей и они не умрут и вступят в брак, то рождённые ими дети тоже могут быть больными. Видишь, что из всего этого выходит? А вот если бы родители рождали не одного, а нескольких детей, то им не приходилось бы так убиваться, скитаясь по врачам и заграницам, чтобы продлить жизнь ребёнка больного. Больной ребёнок уходил бы к Богу. И уходил бы к Нему как ангел.

— Геронда, я где-то читала, что ежегодно во всем мире совершается 50 миллионов абортов[11], от которых умирает 200 тысяч женщин.

— Детей убивают потому, что если народонаселение умножится, то, как говорят, живущим нечего будет есть, людям не будет хватать необходимого. Но ведь пустует столько земли, столько лесов, а при современных

---

[11] Произнесено в 1989 году. По оценкам экспертов, в России ежегодно совершается 3–4 млн абортов. — *Прим. пер.*

технических средствах их можно быстро превратить, к примеру, в оливковые рощи, которые можно раздать неимущим. И при этом нет опасности, что вырубка лесов приведёт к нехватке кислорода, потому что на месте диких деревьев будут посажены деревья культурные. В Америке сжигают пшеницу, а здесь, в Греции, фрукты и другие плоды закапывают в землю, чтобы они не падали в цене. А тем временем в Африке люди умирают от голода. Когда в Абиссинии была страшная засуха и люди умирали от истощения, я попросил знакомого судовладельца, который помогает людям в подобных случаях, обратиться с просьбой к тем, кто закапывает фрукты и овощи в землю, и попросить их бесплатно загрузить ими корабль, чтобы отвезти голодающим. Но как он ни просил их об этом, они ответили ему отказом.

Сколько же тысяч человеческих зародышей ежедневно убивают! Аборт — это страшный грех. Аборт — это убийство, и не просто убийство, а убийство очень тяжкое, потому что убивают некрещёных детей. Родители должны уразуметь, что жизнь человека начинается с момента его зачатия.

Однажды ночью по произволению Божию мне довелось пережить страшное видение. После этого я понял, что такое аборты! Была ночь на вторник Светлой седмицы. Как обычно, я зажёг две свечи и поставил их в две консервные баночки. Обычно эти свечи горят и в то время, когда я сплю. Я ставлю их за тех, кто страдает душевно и телесно — я отношу к ним и живых, и усопших. И вот в двенадцать часов ночи, творя Иисусову молитву, я увидел большое, огороженное каменной изгородью поле. Поле было засеяно пшеницей, всходы едва-едва начали подрастать. Стоя за изгородью, я зажигал свечи за усопших и ставил их на каменную стену. Слева виднелась безводная, бесплодная местность — одни скалы и каменистые обрывы. Эта местность, не переставая, тряслась от сильного гула, в который сливались тысячи душераздирающих, разрывающих сердце криков. Даже самый чёрствый человек, услышав это, не мог бы остаться равнодушным. Страдая от этих криков и не понимая, что происходит, я услышал голос, говорящий мне: «Поле, засеянное ещё не начавшей колоситься пшеницей, — это усыпальница душ умерших, которые воскреснут. В месте, сотрясающемся и дрожащем от душераздирающих криков, находятся души детей, убитых абортами». Пережив такое, я уже не мог прийти в себя от той великой боли, которую испытал за души этих детей. И лечь отдыхать тоже не мог, несмотря на то что очень устал.

— Геронда, а можно ли что-то предпринять, чтобы был отменён закон, легализующий аборты?

— Можно, но надо, чтобы государство, Церковь зашевелились, чтобы люди узнали о тех последствиях, к которым приведёт недостаток рождаемости. Священники должны объяснить людям, что закон об абортах противоречит заповедям Евангелия. Врачи — со своей стороны — должны говорить о тех опасностях, которым подвергается делающая аборт женщина. Посмотри: европейцы, имевшие культуру поведения, передали её в наследство и своим детям. Мы же, имевшие раньше страх Божий, потеряли его и не оставили в наследство будущему поколению ничего. Поэтому сейчас мы разрешаем аборты, узакониваем гражданский брак...

Если евангельскую заповедь нарушает один человек, то ответственность падает на него одного. Однако если что-то противоречащее заповедям Евангелия становится государственным законом, то гнев Божий приходит на весь народ — для того чтобы его воспитать.

ГЛАВА ВТОРАЯ
О РОЛИ МАТЕРИ В ВОСПИТАНИИ ДЕТЕЙ

Материнская любовь

Геронда, как-то раз Вы сказали нам, что от любви человек растёт, зреет.

— Просто любить кого-то — это ещё мало. Надо любить человека больше, чем себя самого. Мать любит своих детей больше, чем себя. Для того чтобы накормить детей, она остаётся голодной. Однако радость, которую испытывает она, больше той радости, которую испытывают её дети. Малыши питаются телесно, а мать — духовно. Они испытывают чувственный вкус пищи, тогда как она радуется духовным радованием.

Иная девушка до замужества может спать до десяти часов утра и при этом ещё рассчитывать на то, что мать подогреет ей молоко для завтрака. Сделать какую-нибудь работу такой девушке лень. Она хочет жить на всём готовеньком. Хочет, чтобы все её обслуживали. К матери у неё претензии, к отцу претензии, а сама наслаждается бездельем. Несмотря на то что в её женской природе есть любовь, она не развивается, потому что девушка принимает помощь и благословение от матери, от отца, от братьев и сестёр. Однако, став матерью сама, она начинает походить на самозаряжающееся устройство, которое чем больше напрягается в работе, тем больше заряжается — потому что в ней не переставая работает любовь. Раньше, дотронувшись до чего-нибудь грязного, она испытывала чувство брезгливости и тщательно мыла руки с душистым мылом. А сейчас, когда её младенец наложит в штанишки и их надо отстирывать, она испытывает такое чувство, словно берёт в руки мармеладные конфеты! Брезгливости она не испытывает. Раньше, когда её будили, она громко выражала недовольство тем, что её побеспокоили. Сейчас, когда её ребёнок плачет, она не спит всю ночь, и ей это нетрудно. Она заботится о своём младенце и радуется. Почему? Потому что она перестала быть ребёнком. Она стала матерью, и у неё появились жертвенность, любовь.

Надо сказать и о том, что мать достигает большей любви и жертвенности, чем отец, поскольку отцу не представляется столько благоприятных возможностей приносить себя в жертву. Мать мучается с детьми, возится с ними больше, чем отец, но одновременно она «подзаряжается» от детей, отдаёт им всю себя. А отец и не мучается с детьми так много, как мать, но и не «подзаряжается» от них, поэтому его любовь не столь велика, сколь любовь материнская.

Сколько же матерей приходят ко мне в слезах и просят: «Помолись, отче, за моего ребёнка». Знаете, как они переживают! От немногих мужчин можно услышать: «Помолись, мой ребёнок сбился с пути». Да вот и сегодня приходила одна мать с восемью детьми. С каким же трепетом эта бедняжка подталкивала своих малышей вперёд и выстраивала их в рядочек, чтобы все они могли взять благословение! Отец, ведущий себя подобным образом, — большая редкость. И Россия удержалась благодаря матерям. Отцовское объятие — если в нём нет благодати Божией — сухо. А объятие материнское — даже без Бога — имеет в себе молоко. Ребёнок любит своего отца и уважает его. Но и эта любовь к отцу увеличивается от нежности и тепла материнской любви.

Правильное отношение к бездетности

Если не имеющая детей женщина не относится к своему положению духовно, то она страдает. Как же я намучился с одной женщиной, не имевшей детей! Муж этой несчастной занимал высокий пост. Ей принадлежало несколько домов, которые она сдавала внаём. Кроме того, у них был большой дом, в котором она жила с мужем, взявшим за ней в своё время немалое приданое. Но всё ей было в тягость: и на рынок сходить, и пищу приготовить... Да и не умела она готовить-то. Сидя дома, звонила в ресторан, и оттуда ей приносили готовые кушанья. Всё у неё было, однако она терзалась, потому что ничего её не радовало. Целыми днями она сидела дома: то ей было не так, это — не эдак. Одно делать скучно, другое — тяжело... Потом её начинали душить помыслы, и она была вынуждена пить таблетки. Её муж брал работу на дом, чтобы ей было повеселей, а она, не зная, чем убить время, стояла у него над душой. Конечно, она надоела этому бедняге: ведь, помимо всего прочего, человеку надо было и работу выполнять! Встретившись с ней, я ей посоветовал: «Не сиди ты целыми днями дома! Ведь так ты совсем заплесневеешь! Сходи в больницу, посети больных...» — «Да куда я там, отец, пойду? — ответила мне она. — Разве мне такое дело по силам!» — «Тогда, — говорю, — сделай вот что: как придёт время читать первый час, читай его, потом в своё время читай третий час и так далее¹. Положи и один-другой поклончик…» — «Не могу», — отвечает. «Эх, — говорю, — ну тогда берись-ка ты за жития святых». Я велел ей прочитать жития всех женщин, достигших святости, чтобы что-нибудь из прочитанного запало ей в душу и помогло. С превеликим трудом удалось вернуть её в нормальную колею, чтобы она не докатилась до сумасшедшего дома. Эта женщина привела себя в совершенную негодность. Мощный мотор, но масло в нём подзастыло.

Всем этим я хочу сказать, что женское сердце приходит в негодность, если та любовь, которую она имеет в своём естестве, не находит себе выхода. Ты погляди: у другой женщины может быть пять, шесть или даже восемь детей. За душой у несчастной может не быть ни гроша, однако она радуется. У неё есть и благородное великодушие, и мужественная стойкость. Почему? Потому, что она нашла свою цель.

Один случай врезался в мою память. У моего знакомого было две сестры. Одна вышла замуж очень юной и родила много детей. Эта женщина приносила себя в жертву. Помимо прочего, будучи портнихой, она шила одежду и таким образом оказывала милостыню беднякам. А на днях приехала и говорит мне: «У меня ведь теперь и внучата есть!» При этом её сердце трепетало от радости. А другая сестра замуж не вышла. Однако и духовной пользы из своего беззаботного положения она не извлекла. В каком же она находилась состоянии! Как она жила — лучше даже не спрашивать… Она ждала, чтобы старуха мать её обслужила, да ещё и жаловалась,

---

[1] *Часы́* — краткое богослужебное последование, входящее в состав суточного богослужебного круга. Богослужебные часы, читаемые в определённое время, освящают те часы, на которые был разделён день в Римскую эпоху. Время чтения первого часа — около 6 часов утра, третьего — около 9 часов утра, шестого — около полудня и девятого — около 15 часов.

что та делает это недостаточно усердно. Видите как? Она не стала матерью, и поэтому у неё внутри ничего не изменилось. Но, помогая тем, кто находится в нужде, она могла бы пустить в дело ту любовь, которая уже присутствует в женском естестве, извлечь из неё пользу. Однако она этого не сделала.

Поэтому я говорю, что женщине необходимо приносить себя в жертву. Мужчина — даже если он не возделает в себе любовь — особого ущерба не терпит. Однако женщина, имея в себе любовь и не направляя её в нужное русло, уподобляется включённому станку, который, не имея исходного сырья, работает вхолостую, трясётся сам и сотрясает других.

Материнская выносливость

— Геронда, святитель Нектарий Эгинский в одном из писем к монахиням призывает их не забывать, что они женщины, и подражать преподобным женам, а не преподобным мужам[2]. Почему святитель так говорит? Может быть, потому, что женщинам не хватает выносливости?

— Кому? Это женщинам-то не хватает выносливости? Да я просто диву даюсь, какая у них выносливость! Они ведь семижильные! Тело женщины может быть более слабым, чем мужское, но у неё есть сильное сердце, и, работая им, она имеет такую выносливость, которая превосходит мужскую силу. Да, у мужчины есть телесные силы, но сердца, которое есть у женщины, у него нет. Как-то я наблюдал за одной кошкой, которая пришла ко мне в каливу со своими котятами. Тощая-претощая, рёбра можно было пересчитать. Однажды ко мне во

---

[2] Ἁγίου Νεκταρίου, Ἐπισκόπου Πενταπόλεως. 35 Ποιμαντικές Ἐπιστολές, Ἐπιστολή 26η. Ἀθῆναι: «Ὑπακοή», 1993. Σ. 123.

двор забежала большая охотничья собака. Курд — так звали кота — задал стрекача, а кошка изготовилась к бою, выгнулась дугой, приняла угрожающую позу и была готова наброситься на пса. Я только диву дался: откуда у неё взялось столько смелости! Видишь: она защищала своих котят.

Мать страдает, выбивается из сил, но ни боли, ни усталости при этом не испытывает. Она принуждает себя к работе, но, любя детей, любя свой дом, всё делает с радостью. Человек, который целыми днями лежит на боку, устаёт больше, чем она. Помню, когда мы были маленькими, наша мать должна была носить воду издалека, а ещё готовить, печь хлеб, стирать одежду, да к тому же работать в поле. При этом ещё и мы — дети — не давали ей покоя: когда мы ссорились между собой, к её многочисленным делам и хлопотам прибавлялись ещё и судейские обязанности! Однако она говорила: «Это мой долг. Я обязана делать всё это и не роптать». Она вкладывала в эти слова добрый смысл. Она любила дом, любила своих детей и от дел и забот не выбивалась из сил. Она всё делала с сердцем, с радостью.

И чем больше проходит лет, тем сильнее мать любит дом. Её годы уже не те, что раньше, однако, несмотря на это, она жертвует собой всё больше и больше, чтобы и внучат вырастить. У неё остаётся всё меньше сил, однако она выполняет все свои обязанности от сердца, и её силы превосходят даже силы её мужа и те силы, которые сама она имела в молодости.

— Знаете, геронда, женщины и в болезни отличаются большим хладнокровием, чем мужчины.

— Знаешь, в чём тут дело? Мать многократно сталкивалась с тем, что заболевал её собственный ребёнок, и поэтому она знает, что такое болезнь вообще, у неё богатый опыт в этом отношении. Она помнит, сколько раз у её малыша поднималась температура и сколько раз она опускалась. Она видела разные сцены: например, как задыхавшийся или терявший сознание ребёнок, стоило его немножко похлопать по щекам, приходил в себя. Мужчина всего этого не видит, и такого опыта у него нет. Поэтому, узнав, что у ребёнка поднялась температура или он побледнел, мужчина впадает в панику и начинает нервничать: «Ребёнок погибает! Что же нам теперь делать? А ну-ка бегом звонить врачу!»

Беременность и кормление грудью

Воспитание ребёнка начинается с беременности. Если носящая во чреве мать волнуется и расстраивается, то зародыш в её утробе тоже беспокоится. А если мать молится и живёт духовно, то младенец в её чреве освящается. Поэтому женщина, будучи беременной, должна творить Иисусову молитву, читать что-то из Евангелия, петь церковные песнопения, не тревожиться душой. Но и близкие тоже должны быть внимательными, чтобы не расстраивать её. В этом случае родившийся ребёнок будет ребёнком освящённым и родителям не придётся испытывать с ним затруднений — ни пока он будет маленьким, ни когда подрастёт.

Потом, когда ребёнок родится, мать должна кормить его грудью — чем дольше, тем лучше. Материнское молоко даёт детям здоровье. Питаясь от груди, младенцы впитывают в себя не только молоко: они впитывают любовь, нежность, утешение, безопасность и таким образом становятся людьми с сильным характером. Но, кроме того, кормление грудью помогает и самой матери. Если матери не кормят своих детей грудью, то в организме женщин возникают аномалии и это может привести к раку и удалению груди.

В прежние времена, если у матери было молоко, то она могла кормить грудью и своего малыша и соседского. А сейчас многим матерям тяжело покормить грудью даже собственных детей. Мать, которая бездельничает и не кормит ребёнка грудью, передаёт «микробы» безделья и праздности и ему. Раньше на банках с молочной смесью для детского питания была нарисована мама, держащая в объятьях малыша, а сейчас на них изображают маму, держащую в руках цветочки! Мамы не кормят детей грудью, и поэтому дети вырастают без утешения. Кто даст им нежность и любовь? Банка с молоком коровы? Малыши сосут соску, надетую на «ледяную», стеклянную бутылку, и их сердце тоже оледеневает. А потом, придя в возраст, они тоже ищут утешение в бутылке — в кабаках. Чтобы забыть свою душевную тревогу, они начинают пить и становятся алкоголиками. Если дети сами не получат нежности, то у них не хватит её и на то, чтобы передать её своим детям. Так одно влечёт за собой другое. А потом приходят матери и начинают просить: «Помолись, отче! Я теряю своего ребёнка».

Работающая мать

— Геронда, должна ли женщина работать?
— А что муж говорит по этому поводу?
— Он оставляет это на её выбор.
— Женщине непросто оставить свою работу и посвятить себя детям, если она получила образование до замужества. А вот женщина, образования не получившая и работающая на какой-то простой работе, может оставить её без затруднений.
— Геронда, я думаю, если женщина не имеет детей, то работа ей на пользу.

— Что же, по-твоему получается, если у неё нет детей, то она обязательно должна заниматься профессиональным трудом? Ведь есть так много других дел, которыми она может заниматься. Конечно, если у неё дети, то лучше ей сидеть дома. Ведь в противном случае как она сможет им помочь?

— Геронда, многие женщины говорят, что они вынуждены работать, потому что не сводят концы с концами.

— Они не сводят концы с концами, потому что хотят иметь телевизор, видеомагнитофон, личный автомобиль и тому подобное. Поэтому они должны работать, а результатом этого бывает то, что они не радеют о собственных детях и теряют их. Если трудится только отец и семья довольствуется малым, то такой проблемы не существует. А оттого, что работает и муж, и жена — якобы потому, что им не хватает денег, — семья распыляется и теряет свой действительный смысл. И что после этого остаётся делать детям? Если бы матери жили более просто, то и сами они не выбивались бы из сил, и дети их были бы радостными. Один человек знал семь иностранных языков, а его жена предпринимала страшные усилия, чтобы выучить четыре. А ещё она давала частные уроки и для того, чтобы быть в рабочей форме, жила на таблетках. Дети этой четы родились здоровыми, а выросли душевнобольными. Потом они стали прибегать к «помощи» психоаналитиков... Поэтому я советую матерям упростить свою жизнь, чтобы быть в состоянии больше заниматься детьми, которые в них нуждаются. Другое дело, если у матери дома есть какое-то дело, на которое она может переключаться, когда устаёт от забот с детьми. Сидя дома, мать может следить за детьми и заниматься каким-то другим делом. Это помогает семье избежать многих расстройств.

Сегодня дети «голодают» от недостатка материнской любви. Но даже родной материнский язык они не выучивают, потому что целые дни мать проводит на работе, а детей оставляет под надзором чужих — часто женщин-иностранок. Дети из сиротского приюта, где среди воспитательниц окажется давшая обет безбрачия женщина из христианского сестричества, проявляющая к ним хоть немного нежности, находятся в положении в тысячу раз лучшем, чем те дети, чьи родители бросают их на попечение женщинам, получающим за это деньги! А знаете, к чему всё это приводит? К тому, что если у ребёнка нет одной мамы, то у него есть целая куча нянек!

Домашнее хозяйство и духовная жизнь матери

— Геронда, как домашняя хозяйка может упорядочить свои дела и заботы, чтобы иметь время и для молитвы? Какое соотношение должно быть между работой и молитвой?

— Женщины обычно не имеют меры в делах. Им хочется прибавлять к своим делам и заботам всё новые и новые. Имея большое сердце, женщины могли бы очень успешно вести «домашнее хозяйство» своей души, но вместо этого они растрачивают сердце по пустякам. Представьте, что у нас есть, например, бокал, украшенный красивыми узорами, полосками и тому подобным. Если бы он не был украшен этими полосками, это не мешало бы ему служить своему предназначению. Однако женщины приходят в магазин и начинают объяснять продавцу: «Нет-нет, мне нужно, чтобы полоски были вот досюда и нарисованы не так, а вот как». Ну а уж если там нарисован цветочек, то их сердце начинает просто ликовать! Таким образом женщина растрачивает весь свой потенциал. Редко встретишь мужчину, который обращал бы внимание на подобные вещи. Будь, к примеру, его настольная лампа коричневой или чёрной — мужчина этого даже не заметит. А женщина — она хочет чего-то красивого, она радуется, отдаёт этому красивому кусочек своего сердца. Другому «красивому» она отдаёт другой кусочек, но что потом остаётся для Христа? Зевота и усталость во время молитвы. Чем больше женское сердце удаляется от красивых вещей, тем больше оно приближается ко Христу. А если сердце отдано Христу, то оно обладает великой силой! На днях я встретился с женщиной, всецело вверившей себя Богу. Было видно, как в ней горит некое сладкое пламя! За любое дело она берётся горячо. Раньше эта женщина была совершенно мирским человеком, но по-доброму расположенным, и в какой-то момент в её душу запала искра. Все свои золотые украшения и роскошные одежды она выбросила. Сейчас она живёт с удивительной простотой! Подвизается, совершает над собой духовную работу. Какой жертвенностью исполнены её поступки! Она стала «ревновать», «завидовать» святым — в добром смысле этого слова. Знаете, сколько чёток она протягивает в молитве, какие совершает посты, сколько времени отдаёт чтению Псалтыри!.. Удивительное дело! Подвижничество стало сейчас её пищей.

— Геронда, одна мать сказала мне: «Я телесно слаба и очень устаю. Ни дел своих не успеваю сделать, ни времени для молитвы у меня не остаётся».

— Для того чтобы оставалось время для молитвы, она должна упростить свою жизнь. С помощью простоты мать может очень преуспеть. Мать имеет право сказать «я устаю», если она упростила свою жизнь, а много трудится лишь потому, что имеет много детей. Однако если она теряет своё время, стараясь, чтобы её дом произвёл впечатление на чужих людей, что тут скажешь?

Некоторые матери, желая, чтобы каждая вещь в их доме красиво лежала на своём месте, притесняют, «душат» своих малышей тем, что не позволяют им сдвинуть с места стул или подушку. Они заставляют детей жить по законам казарменной дисциплины, и таким образом дети, родившись нормальными, вырастают, к несчастью, уже не вполне нормальными. Если неглупый человек увидит, что в многодетном доме каждая вещь лежит на своём месте, то он придёт к выводу, что здесь либо дети умственно отсталые, либо мать, отличаясь жестокостью и деспотизмом, принуждает их к военной дисциплине. В последнем случае в душе детей живёт страх, и от этого страха они ведут себя дисциплинированно. Как-то раз я оказался в доме, где было много детей. Как же радовали меня малыши своими детскими шалостями, которые разрушали мирской чин, гласящий: «Каждая вещь на своём месте». Этот «чин» есть величайшее бесчинство, весьма отнимающее силы у современного человека.

В прежние времена не было духовных книг, и матери не могли занять себя, помочь себе чтением. Сейчас издано огромное количество святоотеческих книг, многие из них переведены на современный язык, но, к сожалению, большинство матерей проходят мимо всего этого богатства и занимают своё время глупостями или же постоянно работают, чтобы свести концы с концами.

Вместо того чтобы скрупулёзно и схоластично заниматься домашним хозяйством — вещами бездушными, — матери лучше заняться воспитанием детей. Пусть она говорит им о Христе, читает им жития святых. Одновременно она должна заниматься и вычищением своей души — чтобы и она духовно сияла. Духовная жизнь матери незаметно, бесшумно поможет и душам её детей. Таким образом, её дети будут жить радостно и сама она будет счастлива, потому что в себе она будет иметь

Христа. Если мать не может выбрать время даже на то, чтобы прочитать «Святый Боже», то как освятятся её дети?

— Геронда, как быть, если мать имеет и много детей, и много работы?

— Но разве она не может, выполняя дела по дому, одновременно молиться? Меня к Иисусовой молитве приучила мать. Когда мы, будучи детьми, совершали какую-нибудь шалость и она была готова рассердиться, то я слышал, как она начинала вслух молиться: «Господи, Иисусе Христе, помилуй мя». Сажая в печь хлеб, мать произносила: «Во имя Христа и Пресвятой Богородицы». Замешивая тесто и готовя пищу, она тоже постоянно произносила Иисусову молитву. Так освящалась она сама, освящались хлеб и пища, которые она готовила, освящались и те, кто их вкушал.

У скольких же матерей, имевших святую жизнь, дети тоже были освящены! Взять для примера мать старца Хаджи-Георгия. Подвижническим было даже молоко этой благословенной матери, питавшей младенца Гавриила — так звали старца Хаджи-Георгия в миру. Эта женщина родила двух детей, а после они жили со своим супругом в девстве, любя друг друга как брат и сестра. Мать Хаджи-Георгия с детства отличалась подвижническим духом, потому что её сестра была монахиней, подвижницей. Свою сестру-монахиню она часто посещала и, уже будучи замужем, приезжала к ней вместе со своими детьми. Отец Гавриила тоже был человеком благоговейным. Он занимался торговлей и поэтому большую часть времени проводил вне дома. Это давало его матери благоприятную возможность жить просто, не заботясь и не суетясь о многом[3], брать своего сына с

---

[3] Ср. Лк. 10:41.

собой и ходить вместе с другими женщинами на всенощные бдения, которые совершались иногда в пещерах, а иногда в разных часовнях. Поэтому впоследствии её сын достиг такой меры святости[4].

Благоговение матери имеет великое значение. Если у матери есть смирение, есть страх Божий, то всё в доме идёт как нужно. Я знаком с молодыми матерями, лица которых сияют, несмотря на то что ниоткуда эти женщины не получают помощи. Общаясь с детьми, я понимаю, в каком состоянии находятся их матери.

---

[4] См.: *Старец Паисий Святогорец.* Афонский старец Хаджи-Георгий. Святая Гора, 2009; *Новый Афонский Патерик.* Т. II. М.: Орфограф, 2015. С. 237–241. — *Прим. пер.*

ГЛАВА ТРЕТЬЯ
ОБ ОТВЕТСТВЕННОСТИ РОДИТЕЛЕЙ ЗА ВОСПИТАНИЕ ДЕТЕЙ

Родители должны вверять своих детей Богу

Бог дал первозданным людям — Адаму и Еве — великое благословение быть Его сотворцами. Родители, деды, прадеды, в свою очередь, тоже являются сотворцами Бога, потому что они дают своим детям тело.

Бог, если можно так выразиться, обязан заботиться о детях. Когда дитя принимает святое крещение, Бог выделяет ему и ангела, чтобы тот охранял ребёнка. Таким образом, ребёнок охраняется Богом, ангелом-хранителем и родителями.

Ангел-хранитель всегда находится вблизи ребёнка и помогает ему. Чем взрослее становится ребёнок, тем больше его родители освобождаются от ответственности. Если родители умрут, то Бог (с высоты и вблизи) и ангел-хранитель (вблизи) продолжают охранять ребёнка постоянно.

Родители должны духовно помогать детям, когда те ещё маленькие, потому что, когда они маленькие, их недостатки тоже малы, и их легко отсечь. Они похожи на молодую картошку, кожица которой легко сходит, стоит только потереть. Однако если картошка полежит, то потом, чтобы её очистить, потребуется нож. А если она ещё и подпорчена, то надо врезаться этим ножом глубже. Если с младых ногтей дети получат помощь и наполнятся Христом, то они останутся близ Него навсегда. Даже если, подрастая, они немножко собьются с пути по причине возраста или дурной компании, то снова придут в себя. Ведь страх Божий и благоговение, которым были напоены их сердца в юном возрасте, никогда уже не смогут в них исчезнуть.

Впоследствии в подростковом — самом трудном — возрасте тревога родителей за детей становится больше. Эта тревога продолжается до того времени, пока родители не дадут детям образования и не выведут их на путь самостоятельной жизни. Когда дети находятся в этом возрасте, родителям надо сделать всё, чтобы им помочь. А то, что превосходит родительские силы, следует возложить на Всесильного Бога. Если родители вверят своих детей Богу, то Бог обязан помочь в том, чего нельзя сделать по-человечески. К примеру, если дети не слушаются родителей, то родители должны вверить их Богу, а не вдаваться в изыскивание различных способов, чтобы их «сломать». В таком случае мать должна сказать Богу следующее: «Боже мой, мои дети меня не слушаются. Я не могу ничего сделать. Позаботься о них Сам».

На меня произвела впечатление одна мать, пришедшая несколько дней назад сюда на всенощное бдение. Я знал эту женщину давно. Она подошла меня поприветствовать. Увидев, что вместе с ней только старшие дети, я спросил: «А где же малыши?» — «Дома, геронда, — ответила она. — В такой праздник мы с мужем хотели пойти на бдение и поэтому решили: „Раз мы пойдём на бдение, а не на развлечения, то Бог пошлёт ангела, чтобы тот охранял наших малышей в наше отсутствие"». Такое доверие сегодня встречаешь редко, ведь в наши дни иссякло как доверие детей к родителям, так и доверие родителей к Богу. Часто слышишь, как многие родители говорят: «Но почему именно наш ребёнок сбился с пути и пошёл по кривой дорожке? Ведь мы же в Церковь ходим!» Такие родители не дают «отвёртку» Христу, чтобы Он подтянул их детям кой-какие винтики. Они хотят справиться со всем сами. Такие родители мучаются эгоистичной тревогой до тех пор, пока не становятся больными, — и это при том, что есть Бог, хранящий их детей, к тому же и ангел-хранитель постоянно находится вблизи них и тоже их охраняет. Эти люди — несмотря на то что они верующие — ведут себя так, словно Бога не существует, словно не существует ангела-хранителя. Они препятствуют Божественному вмешательству. А им необходимо смиряться и просить помощи у Бога. И тогда Благий Бог покроет и защитит их детей.

Духовное возрождение детей

— Геронда, ответственность за воспитание детей несут одни лишь родители?

— Главным образом родители. Ведь от того, какое воспитание они дадут детям, зависит, станут ли те хорошими священниками, хорошими педагогами и так далее. Потом — в свою очередь — они тоже будут помогать детям — и своим собственным, и всем остальным. Надо сказать и о том, что бо́льшую ответственность за воспитание детей несёт не отец, а мать.

Если в то время, когда младенец ещё находится в утробе матери, родители молятся, живут духовно, то малыш родится освящённым. И если они помогут ему духовно, то он станет освящённым человеком и в свою очередь будет помогать обществу: станет ли он служить в Церкви, войдёт ли в органы власти или займёт ещё какое-то место. Все мы должны помогать детям, чтобы они стали правильными людьми, чтобы и следующим поколениям осталось немного закваски. Ведь сейчас всё идёт к тому, чтобы не осталось даже закваски. А если её не останется, то к чему это приведёт?

Родители, рождая детей и давая им тело, должны, насколько это возможно, содействовать и их духовному возрождению. Ведь если человек не возродится духовно, его ждёт адская мука. Впоследствии родителям следует возложить на учителей то, что они сами не могут сделать для своих детей. Поэтому наша Церковь и молится «о роди́телех и учи́телех». Однако есть и духовные отцы. Эти люди могут не иметь собственных детей, но их помощь в воспитании детей более результативна, потому что они трудятся над их духовным возрождением.

Я хочу сказать, что все — каждый по-своему, каждый своим примером — должны помочь тому, чтобы дети духовно возродились, чтобы они мирно прожили в жизни сей и пошли в рай. Если дети станут духовными людьми, то им уже не требуются сдерживающие зло законы: *Пра́ведником зако́н не лежи́т*[1]. Закон предназначен для беззаконников. Духовная власть стоит выше, чем власти человеческие.

Родительский пример

— Геронда, как быть родителям, если ребёнок не слушается, артачится?

— Если ребёнок не слушается и ведёт себя плохо, на то есть причина. Может быть, он наблюдает в своём доме или вне его неприличные сцены или слышит

---

[1] Ср. 1 Тим. 1:9.

неприличные разговоры. Как бы то ни было, в отношении духовном мы помогаем детям главным образом не принуждением, а своим личным примером.

Надо сказать о том, что большую помощь оказывает детям мать: своим примером, своим послушанием супругу и уважением к нему. Если по какому-то вопросу мать имеет мнение, отличное от мнения отца, то она никогда не должна высказывать этого мнения перед детьми, чтобы этим не воспользовался лукавый. Мать никогда не должна портить помысел детей об отце. Даже если отец виноват, она должна его оправдывать. К примеру, если отец поведёт себя плохо, то мать должна сказать детям: «Папа устал, он всю ночь работал, чтобы закончить одно срочное дело. И ведь это он для вас старается».

Многие родители ругаются на глазах у детей и таким образом преподают им дурной урок. Несчастные дети печалятся и скорбят. Потом родители, чтобы их утешить, стремятся выполнить все их прихоти. Отец, желая угодить ребёнку, начинает его «покупать»: «Ну, золотой мой, говори, что тебе купить?» Мать со своей стороны исполняет прихоти своего чада, и в конечном итоге дети вырастают капризными ломаками. А впоследствии, если родители не в состоянии дать им то, что они хотят, дети угрожают родителям, что они наложат на себя руки.

Я вижу, насколько помогает детям добрый родительский пример. Сегодня у меня были гости: две девчушки — одна трёх, а другая четырёх лет от роду — со своими родителями, очень благоговейными людьми. Сколько же радости принесли мне эти крохи! Они словно ангелочки. Сидя рядышком, подолами платьиц они прикрывали свои колёночки. Сколько у них было скромности, сколько уважения! И всё оттого, что они видели, как поступают их родители. Видя, что родители имеют между собой любовь, уважение, ведут себя благоразумно, молятся и совершают подобное этому, дети запечатлевают всё это в своей душе. Поэтому я и говорю, что, если родители передадут детям своё благоговение, это будет самым лучшим наследством, которое они смогут им оставить.

Если бы вы только видели одну девчушку, с которой я познакомился в Австралии! Сколько же у неё было благородства! Мы приехали в Канберру. Приняв двух последних посетителей, которые хотели меня видеть, я собирался уезжать. Смотрю, останавливается машина и из неё выходит супружеская пара со своей маленькой девочкой. «Геронда, мы всё-таки успели Вас застать!» — обрадовались они. «Да, — говорю, — мы уже собирались уезжать». — «Геронда, — говорит тогда муж, — меня не надо принимать, ничего страшного. Пусть только супруга ненадолго займёт ваше время, чтобы она не расстраивалась. А то она у меня человек чувствительный». Мы отошли с его женой в сторонку, чтобы она могла сказать мне то, что хотела. Девчушка побежала было за ней. «Посиди, — сказал я девочке, — придёт мама, скоро придёт». — «А у тебя есть мама?» — спросила она меня. «Нет», — ответил я. Смотрю, в глазках у неё заблестели слёзы. «А хочешь, — спрашивает, — я дам тебе свою маму?» Тогда я её тоже спрашиваю: «А у тебя есть дедушка?» — «Нет», — отвечает. «А ты хочешь, чтобы у тебя был дедушка?» — «Хочу, хочу! — обрадовалась она. — Ты сам переедешь к нам жить или хочешь, чтобы мы переехали к тебе? Как ты хочешь!» Какое же благородство! Маленький ребёнок жертвует своей мамой! Вы поглядите: ведь это она скопировала со своих родителей. Её отец отличался большим благородством. Я обнял этого человека, поцеловал, поздравил с тем, что у него такая хорошая дочка. Сколько же я ему дал благословений! Такие люди приводят в умиление даже человека с самым чёрствым сердцем — что уж тут говорить о Боге!

В родительском доме дети должны насыщаться нежностью и любовью

Ребёнок нуждается во многой любви и нежности, а также во многом руководстве. Он хочет, чтобы ты посидел рядом с ним, хочет рассказать тебе о своих проблемах, хочет, чтобы ты его ласково погладил и поцеловал. Когда малыш ведёт себя беспокойно и немирно, то маме надо взять его на руки, приласкать и поцеловать, чтобы он успокоился и умиротворился. Если, будучи ребёнком, человек насытился нежностью и любовью, то впоследствии у него есть силы на то, чтобы преодолеть те проблемы, с которыми он будет сталкиваться в жизни.

Однако сегодня большинство детей видят своих родителей очень недолго, лишь по вечерам, — и не насыщаются любовью. Многие родители, будучи педагогами или врачами, у себя на работе имеют дело с детьми. Они отдают свою нежность детям чужим, а возвращаясь домой, уже не имеют нежности для детей своих. Они приходят домой усталыми. Аккумулятор уже сел. Отец разваливается в кресле, берёт в руки газету, чтобы почитать о последних событиях, и совершенно не занимается детьми. Малыш трётся возле него, чтобы отец поговорил с ним, погладил его, а отец отгоняет ребёнка от себя. Мать, в свою очередь, спешит на кухню, чтобы приготовить ужин, у неё тоже нет времени заняться детьми. И от этого несчастные дети растут лишёнными любви. Ещё пример: некоторые военные, привыкнув строго наказывать солдат, которые им не подчиняются, и семью хотят заставить жить по уставу армейской дисциплины. Они бывают жестоки к своим детям и за любую мелочь раздают им подзатыльники. А некоторые родители, работающие в судебных или правоохранительных органах, устраивают у себя дома целые «судебные процессы» над собственными детьми, которые что-то натворили. Все эти родители не ведут себя по отношению к детям с нежностью и любовью, поэтому впоследствии у детей начинаются психические расстройства.

Как мучаются дети из-за родителей

— Геронда, одна мать спросила нас, что ей делать. Её дочь хулит Пресвятую Богородицу.

— Пусть она разберётся, с чего начинается зло. Иногда в подобных случаях виноваты родители. Ведя себя нехорошо, сами родители вредят своим детям, и те начинают разговаривать с бесстыдством. Потом они начинают принимать бесовское воздействие и на попытки их урезонить реагируют просто отвратительно. В других случаях родители считают, что они могут насильственным путём сделать своих детей лучше. Подмешивается эгоизм, и родители начинают разговаривать с детьми в раздражении и гневе, тогда как они всегда должны вести себя с ними по-доброму.

Сегодня одна женщина довела меня до белого каления! У неё один ребёнок, и она его без жалости бьёт. От страха несчастный малыш дрожит, не может говорить, находится в состоянии нервного истощения. «В нём бес», — утверждает эта женщина и оставляет своё дитя голодным — якобы для того, чтобы бес ушёл. «Я не даю ему есть, — объяснила она, — чтобы он освободился от нечистого духа». — «Слушай, — говорю, — да у тебя голова на плечах есть? Дай ребёнку поесть. И постарайся, чтобы вышли нечистые духи, которые сидят в тебе самой. Это ты стала причиной того, что твой ребёнок так изуродован. В ребёнке нет беса: он дрожит, потому что боится тебя, потому что ты его бьёшь! Причащаешь-то ты его регулярно?» — «Нет», — отвечает. Ну как тут быть? Попробуй с такой договорись!

— Геронда, может быть, она говорит, что в ребёнке бес, потому что дитя иногда сквернословит и богохульствует?

— «Сквернословит и богохульствует»! Да когда эта мамаша своим насилием чуть не душит его, то он и сам не понимает, что делает. Как жаль этого несчастного! Его мать одержима нечистым духом, а не он.

Как бы то ни было, в день Страшного Суда мы увидим удивительные вещи! В годы идолопоклонства матери сжигали своих детей перед статуей Моло́ха², чтобы таким образом принять участие в славословии «бога»! Если бы эти женщины знали Истинного Бога, то какие жертвы они бы Ему приносили! В день Страшного Суда эти женщины будут иметь смягчающие вину обстоятельства — потому что они были увлечены злом. Однако какие смягчающие обстоятельства будут иметь нынешние матери, с безразличием, равнодушием относящиеся к собственным детям? Бог скажет им: «Вы знали Истинного Бога, вы были крещены святым крещением. Вы столько услышали, вы столько узнали. Сам Бог распялся, чтобы вас спасти. Но что сделали вы сами? Вам было лень отвести ваших детей в церковь, чтобы их причастить! Идолопоклонницы думали, что Молох — это истинный бог, и приносили ему в жертву даже собственных детей. А что сделали вы?»

За родительские ошибки расплачиваются дети! Некоторые родители разрушают своих детей. Но Бог не несправедлив. Он питает великую и особенную любовь к тем детям, которые в мире сем претерпели несправедливость — от родителей или от кого-то ещё. Если

---

² *Моло́х* — семитское божество, о котором упоминается в Ветхом Завете (Лев. 18:21; 20:2-5; 4 Цар. 23:10). Обычно идолу Молоха приносили в жертву маленьких детей, которых убивали и сжигали на железных решётках.

причиной того, что ребёнок идёт по кривой дорожке, становятся его родители, то Бог не оставляет такого ребёнка, потому что тот имеет право на Божественную помощь. Бог устроит всё так, чтобы ему помочь. И вот мы видим, как некоторые юноши — да и не только юноши, но и пожилые люди — в какой-то момент резко поворачивают к добру. Я помню такой случай. В семье было двое детей. Отец, мать и дочь были равнодушными к вере и Церкви. Сын сначала спутался с какой-то марксистской организацией. Там ему пришлось не по душе, и он прибился к индуизму. Там ему тоже не понравилось, и тогда он приехал на Святую Гору. Он часто приходил ко мне в каливу, посещал и другие кельи. К тому времени его родители уже осознали свой грех и всё это время повторяли: «Христе мой! Пресвятая моя Богородица! Сохраните нашего ребёнка». Юноша оказался непригоден для монашества. Прожив какое-то время на Афоне, придя в себя и духовно укрепившись, он вернулся домой и духовно помог родителям. Сейчас я вижу, как его отец приезжает на всенощные бдения в числе самых первых. В своём приходском храме он читает предначинательный псалом[3], дома читает вечерню, повечерие, поёт молебный канон. Как Бог расставил всё по своим местам! Диавол хотел сделать зло, но Бог, сглаживая это зло то с той, то с другой стороны, вывел этих людей на верную дорогу.

— А дочка, геронда?

— И она потихоньку выходит на правильный путь. Бог даёт для этого благоприятные возможности.

— Геронда, некоторые родители, начинающие жить духовной жизнью в немолодом возрасте, переживают

---

[3] 103-й псалом, читаемый в начале вечерни.

из-за того, что они не дали христианского воспитания своим детям, когда те были маленькими.

— Если, имея искреннее покаяние, они попросят Бога помочь их детям, то Бог сделает для них то, что Он может. Он бросит детям спасательный круг, чтобы те спаслись среди обуревающего их шторма. Даже если не окажется человека, способного помочь этим несчастным, Бог может устроить так, что им поможет что-то увиденное ими, и они вывернут на правильную дорогу. Знайте: родители, о которых идёт речь, были по-доброму расположены, но в детстве они не получили помощи у себя в семье и поэтому сейчас имеют право на помощь Божественную.

— Геронда, иногда бывает, что дети, живя духовной жизнью, сталкиваются со множеством затруднений из-за родителей, которые равнодушны к вопросам веры.

— Об этих детях Бог заботится больше, чем о детях других — о тех, чьи родители живут духовно. Бог заботится о них так же, как Он заботится о сиротах.

Воздействие среды на детей

— Геронда, с какого возраста дети подвергаются воздействию окружения?

— Дети «снимают копию» со своих родителей уже с колыбели. Они видят то, что делают взрослые, «снимают копию» и записывают на свою чистую «кассету». Поэтому родители должны усердно постараться отсечь свои страсти. То, что некоторые из этих страстей они унаследовали от своих собственных родителей, значения не имеет. Они не только дадут ответ Богу за то, что не подъяли подвиг, чтобы отсечь эти страсти, но также понесут ответственность за то, что передают эти страсти своим детям.

— Геронда, отчего бывает, что дети, получившие одинаковое воспитание в родительском доме, иногда бывают совершенно не похожи друг на друга?

— Часто ребёнок принимает и много воздействий из своего окружения. Но если у него есть доброе расположение, то, когда он вырастет, Бог даст ему большее просвещение, чтобы он понял те отрицательные воздействия, которым подвергся, и подъял подвиг, для того чтобы от них освободиться.

Сегодня в мире живёт злоба. Детей хотят развратить с пелёнок. Вместо того чтобы удержать детей от зла, пока они не придут в совершенный возраст, им препятствуют даже в добром. Потом, впадая в грех и мучаясь, несчастные дети хотят встать и не знают, как это сделать. Ведь если они покатились вниз по горке греха, им уже непросто остановиться. Ко мне в каливу приходят ребята лет двадцати пяти — двадцати семи, принимающие наркотики, живущие во грехе, и эти несчастные просят помощи.

Однажды случилось так, что я помог кому-то из таких детей выйти на правильную дорогу. И вот сейчас они привозят ко мне своих друзей, а потом друзей своих друзей, чтобы и те получили помощь. Эти молодые разрывают тебе сердце. Один несчастный юноша принимал сильные наркотики и был уже одной ногой в могиле. Исколотые руки, сгнившие зубы… Но потом он остановился и помог другим. В его компании было около пятнадцати ребят. И приходя ко мне, эти ребята представлялись: «Я из компании такого-то». Он был у них… «старцем»! Однако многие из таких несчастных летят в пропасть. Они сидят на игле, а чтобы добыть деньги на наркотики, продают свою кровь… Эти юные губят и себя, и своих родителей. И вот потом видишь, как их отец умирает от инсульта, мать — от болезни сердца, печени или от чего-то ещё.

Любовь между братьями и сёстрами

Родители должны возделывать любовь между своими детьми. Желая поддержать более слабого ребёнка, они должны подготавливать для этого почву, получая на то «соизволение» ребёнка более сильного. То есть они должны помочь более сильному ребёнку понять, что его брат или сестра находятся в нужде. Справедливость есть дело Божие, и она должна быть в равной степени разделена между старшим и младшим. Старшему справедливость воздаётся уважением, младшему — любовью, так чтобы он не повредился. Об этом упоминается и в Книге Второзакония[4]. К примеру, если виноват старший брат, то мы должны оправдать младшего, но при этом не задевать старшего на глазах у младшего. Нам нужно переговорить с виноватым наедине, чтобы он понял свою ошибку.

— Геронда, а как излечивается ревность, которая обычно появляется у старших братьев и сестёр по отношению к младшим?

— Ревность — это страсть. Однако если трёхлетний малыш видит, как мама кормит грудью новорождённого братца или сестричку, то он некоторым образом оправдан в своей ревности, потому что совсем недавно кормили грудью его самого. Сейчас он видит братика в объятиях мамы и думает: «До вчерашнего дня мама держала на ручках меня, а сейчас она переместила меня на последнее место!» Если у малыша есть бабушка, то ещё ладно: ему есть у кого утешиться. Однако когда ему исполнится четыре года, он должен ревновать меньше. А уж когда ему исполнится шесть, мама должна сказать ему: «Ты стал совсем большим. Ну какая мама берёт на

---

[4] См. Втор. 1:17.

ручки такого большого ребёнка?» Если мать поможет малышу преодолеть свою ревность, то он будет прибегать к помощи матери только по действительно серьёзному поводу. Если же ребёнок хочет, не отрываясь, держаться за мамину юбку, то в этом есть что-то нездоровое.

Компании оказывают на детей огромное воздействие

— Геронда, отчего случается, что юноша, с детства живший духовно и имевший любочестие, доходит до того, что совершенно сбивается с пути?

— Есть много причин. Дети, живущие мирской, невнимательной жизнью, обличаются, видя других детей, которые живут целомудренно, духовно, и хотят увлечь их к той жизни, которой живут сами. Как-то раз по дороге шли два паренька. Вдруг один поскользнулся и упал в грязнейшую лужу. Вся его одежда перепачкалась. Стоило им пройти чуть дальше и подойти к другой луже, как он толкнул в неё своего приятеля, чтобы испачкался и тот. Мальчик сделал это потому, что ему было не по себе, оттого что сам он был грязным, а его приятель чистым.

Компании оказывают на детей огромное воздействие. Будучи маленьким, я имел прирождённую любовь. Она была у меня в естестве. Идя куда-нибудь с мулами, я старался посадить на животное и одного, и другого сверстника, а себе на плечи сажал своего младшего брата. Однажды, когда один из моих братьев убил птичку, я очень расстроился и отругал его. Потом взял эту птичку и с плачем её похоронил. Я водил дружбу с детьми того же возраста, что и я. Мы уходили в лес, молились, читали жития святых, постились. Потом матери этих детей стали запрещать им дружить со мной. «Не гуляйте с ним, — говорили они. — Он заразит вас чахоткой». Так дети оставили меня, и я почувствовал себя одиноким.

Кроме того, меня дразнили, со всех сторон кричали: «Монах, монах!» Они превратили мою жизнь в мучение. И я дошёл до того, что не мог переносить их насмешек. Тогда я решил: «Буду дружить со старшими ребятами и притворяться, будто веду себя так же, как они». И вот я начал водить компанию со старшими подростками. Я раздобыл резинку и сделал себе рогатку. Сперва я только натягивал резинку, делая вид, что хочу выстрелить. Потом я раздобыл дробь и стал самым метким стрелком из рогатки. И вот однажды, стоило мне подстрелить одну птичку и увидеть её убитой, я вмиг пришёл в себя. Выбросил и резинки, и дробь и сказал себе: «Когда твой брат убил птичку, ты плакал и ругал его за то, что он сделал. А до чего докатился сам? Ты убиваешь птиц и потихоньку дойдёшь до того, что станешь убивать и животных». И действительно, если бы я продолжил такой образ жизни, то потом от стрельбы из рогатки перешёл бы к охоте на животных, да ещё и сам сдирал бы с них шкуры.

До какой же злобности может докатиться человек, изначально отличавшийся тонкой чувствительной душой! Это может произойти, если он будет невнимателен и увлечётся дурными компаниями. А вот компании добрые приносят большую пользу. Бог наполнил людей разнообразными дарованиями. Подобно тому как человек видит чужую испорченность, развращённость, он может увидеть и чужую добродетель — и подражать ей.

Помощь детям, сбившимся с правильного пути

В доме должна обязательно присутствовать атмосфера любви и мира. Получив немного любви у себя в семье, ребёнок, даже если он вдруг убежит из дома, всё равно вернётся домой, когда увидит, что в других местах он находит не любовь, но одно лишь лицемерие. А если он будет помнить происходившие дома неприличные сцены, ругань и распри, то неужели его сердце будет стремиться в родной дом?

— Геронда, что делать родителям, если ребёнок уйдёт из дома?

— Им надо стараться поддерживать с ним связь — чтобы, придя в себя, он смог к ним вернуться. Они должны разговаривать с ним по-доброму и, чтобы ему помочь, должны заставить его задуматься. К примеру, если ребёнок бродит по ночам неизвестно где, мать должна сказать ему: «Подойди-ка сюда, сыночек. Будь ты на моём месте, ты бы мог оставаться спокойным, если бы твои дети приходили домой за полночь?»

Даже самое серьёзное падение детей не должно приводить родителей в отчаяние, потому что в нашу эпоху грех вошёл в моду. Родители всегда должны иметь в виду и следующее: дети нашей эпохи имеют смягчающие вину обстоятельства в отношении бесчинств, которые они совершают. Четвёрка по поведению, поставленная в нынешнюю эпоху, имеет ценность пятёрки с плюсом той эпохи, когда молодыми были мы. Конечно, родителям следует стараться, чтобы помогать своим детям, но им не нужно и чрезмерно беспокоиться. Придёт время, и дети возьмутся за ум. Сейчас они могут не понимать добра, потому что их ум ещё не дозрел. Он замутнён, и дети не обладают ясностью сознания, чтобы различить как опасность, которой они подвергаются, так и тот непоправимый ущерб, который они могут себе нанести.

Будет хорошо, если родители станут показывать ребёнку, что они расстраиваются от его бесчинств. Но пусть они на него не давят и молятся. Молитва, совершаемая с болью, приводит к положительным результатам. Если же ребёнок совершает очень серьёзный проступок, то родителям следует аккуратно вмешаться. Если совершаемый проступок невелик, то пусть родители немного закроют на него глаза, чтобы не раздражать ребёнка и не ухудшить состояние, в котором он находится, потому что результатом этого раздражения будет то, что он от них отойдёт. Родителям следует лишь молиться Христу и Пресвятой Богородице о том, чтобы Они покрыли их чадо.

Молитва родителей — особенно матери — очень плодотворна, потому что она совершается от сердца и имеет в себе боль. Когда я жил в Иверском скиту, туда случайно зашёл один юноша. Этот молодой человек, путешествуя по Халкидики́, повстречался с компанией паломников, которые ехали на Святую Гору. Присоединившись к ним, он приехал на Афон и пришёл ко мне в келью. Ух, что же это был за человек! Безбожник, богохульник, бесстыдник, каких поискать! При этом он обладал какой-то демонической сообразительностью и ни во что не верил. Всех: и малых, и великих — он поносил нехорошими словами. Знаете, скольких усилий мне стоило привести его в чувство? С ним стало возможно прийти к какому-то взаимопониманию, и мне даже удалось остричь его длинные волосы!.. «Дай Бог здоровья твоей матери, — сказал ему я. — Это её молитвы привели тебя сюда». — «Да, отче, — ответил он мне. — Я катался по Халкидики и даже сам не понял, как оказался здесь». — «А представляешь, — говорю, — как обрадуется твоя мать, когда узнает, что ты приезжал на Святую Гору, и вдобавок увидит тебя подстриженным!» — «А как ты об этом догадался, отче? — удивился он. — Действительно, увидев меня изменившимся, мама очень обрадуется!» Видите как! Бог «перехитрил» парня и откомандировал его к «специалисту»! Сколько же молитв принесла Богу его несчастная мать!

Когда ругать и когда хвалить ребёнка

Родители должны быть очень внимательны к тому, чтобы не ругать своих детей вечером, потому что вечером детям нечем рассеять своё расстройство. А ночная тьма омрачает состояние их душ ещё больше. Дети начинают думать о том, как лучше оказать сопротивление родителям. В их головы лезут разные варианты «защиты», подмешивается и диавол, и таким образом они могут дойти до отчаяния. А вот днём, если даже дети пригрозят своим родителям различными способами отмщения, то, выйдя на улицу, они отвлекутся, забудутся, их расстройство пройдёт.

— Геронда, помогают ли детям исправиться телесные наказания?

— Насколько можно, родителям надо этого избегать. Они должны стараться добром и терпением дать ребёнку понять, что он ведёт себя неправильно. Только в том случае, если ребёнок маленький и не понимает, что он подвергается опасности, подзатыльник идёт ему на пользу — для того чтобы в следующий раз он был внимательнее. Страх получить ещё один подзатыльник становится для ребёнка тормозом и защищает его от опасности. Я, когда был маленьким, бо́льшую пользу получал не от отца, а от матери. Оба они любили меня и желали мне добра. Однако каждый из родителей помогал мне по-своему. Отец был человек строгий. Когда мы — дети — озорничали, он давал нам затрещины. Боль от затрещины помогала мне немножко угомониться, однако когда боль проходила, я забывал и о ней, и об отцовских советах. И дело было не в том, что отец меня не любил: нет, он бил меня от любви. Помню, как-то раз — мне было три года — отец залепил мне такой подзатыльник, что я улетел на несколько метров! А знаете за что? В соседнем доме никто не жил.

Хозяева уехали в Америку, и дом пришёл в запустение. Во дворе этого дома росла смоковница, ветви которой выходили на улицу и свисали над дорогой. Дерево было усеяно плодами. Когда мы с ребятами играли на улице, к нам подошёл один сосед и приподнял меня, чтобы я сорвал ему несколько смокв, потому что сам он не дотягивался до ветвей. Я сорвал пять-шесть смокв, и две из них он дал мне. Когда об этом узнал мой отец, он очень разгневался. Вот тут-то я и получил ту затрещину! Я пустился в рёв. Моя мать, на глазах которой это происходило, повернулась к отцу и сказала ему: «Зачем ты бьёшь ребёнка! Ведь он же ещё маленький, ничего не понимает! Как ты можешь спокойно слышать его плач!» — «Если бы он плакал, когда его поднимали рвать смоквы, — ответил отец, — то не плакал бы сейчас. Но, видно, и сам он хотел полакомиться чужими смоквами! Значит, пусть плачет!» Да разве после этого я мог повторить то, что сделал? А вот мать, видя мои шалости, расстраивалась, однако у неё было благородство. Видя, как я озорничаю, она отворачивалась и делала вид, что не замечает меня, для того чтобы меня не расстраивать. Однако от этой материнской «хитрости» моё сердце буквально разрывалось. «Погляди, погляди, — говорил я себе, — ты так наозорничал, а мать не только тебя не бьёт, но даже делает вид, что не видит! Нет, больше такого не повторится! Как же я смогу видеть маму снова расстроенной?» Поступая так, мать помогала мне больше, чем если бы она награждала меня подзатыльниками. Однако и сам я не злоупотреблял этим и не говорил: «Э, раз она сейчас меня не видит, дай-ка я пошалю и поозорничаю ещё больше». А вот отец, тот нет: чуть что не так — сразу подзатыльник. Видишь как: они оба меня любили, однако благородное поведение матери помогало мне больше.

— Геронда, однако некоторые дети страшно шаловливы: они кричат, бегают, озорничают. Как их родители могут избежать телесных наказаний?

— Слушай-ка, да ведь дети-то не виноваты. Детям, чтобы они нормально росли, нужен двор, в котором они могут побегать и поиграть. А сейчас несчастные детки заперты в многоэтажках. Они не могут свободно побегать, не могут поиграть, не могут порадоваться. Родителям не надо расстраиваться, если их ребёнок живой. Живой ребёнок имеет в себе силы, и, использовав их как должно, он может очень преуспеть в жизни.

Принуждение детям не на пользу

Некоторые родители очень сильно давят на своих детей — да ещё на глазах у других. Можно подумать, их ребёнок вьючное животное, которое они подгоняют хворостиной, чтобы оно шло, не уклоняясь ни вправо, ни влево. Они всё равно что держат его за уздечку и при этом говорят: «Шагай свободно!» А потом такие родители доходят до того, что начинают бить своих детей. Сегодня приходила мать со своим сыном — здоровенным парнем. Её ребёнок был болен. «Что мне делать, отче? — спрашивала она. — Мой ребёнок ничего не ест и не хочет даже нас видеть». Но когда я сказал ей, как поступить, она начала всё сначала: «Так что же мне теперь делать?»

— Геронда, может быть, она не поняла того, что Вы ей сказали?

— Да как же не поняла! «Я не смог бы пробыть с тобой вместе даже одного часа, — сказал я ей. — А как же твой ребёнок будет жить рядом с тобой? Ведь ты же довела его до белого каления!» — «Нет, — ответила она. — Я его люблю». — «Где там любовь, если рядом с тобой он не находит себе места? Его тянет убежать из дома, потому что он хочет оказаться в другой среде. Ведь когда он не рядом с тобой, то ведёт себя прекрасно. Раз он тебя не хочет видеть, то, значит, ты тоже виновата в этом. Не раздражай его: ведь ты его калечишь. Веди себя с ним по-доброму, с терпением». Я ей всё это сказал, она меня выслушала и опять начала всё сначала: «Так что же мне делать? Ребёнок не хочет нас видеть». Ну как прийти с таким человеком к взаимопониманию? У ребёнка всё в совершенном порядке, а они считают его за дурака. Значит, что-то не в порядке у них самих.

Принуждения родителей не помогают детям, но душат их. Бесконечные «не трогай этого», «не ходи туда», «сделай это так»... Но ведь уздечку надо тянуть так, чтобы её не порвать. Надо обличать детей тактично, для того чтобы помочь им осознать свою ошибку, но при этом не допускать, чтобы между вами образовывался разрыв. Родители должны делать то же самое, что делает хороший садовник, сажая маленькое деревце. Садовник нежно, мягкой верёвочкой привязывает деревце к колышку, чтобы оно не искривилось и не повредилось, когда ветер будет клонить его вправо или влево. Потом садовник делает для деревца ограду, поливает его, заботится о нём, бережёт его от коз — покуда у дерева не подрастут ветви. Ведь если маленькое деревце объедят козы, то всё — его можно считать погибшим. Объеденное козами дерево не сможет ни принести плода, ни дать тени. А вот когда его ветви подрастут, садовник убирает ограду, а дерево начинает приносить плод, и под его тенью могут отдыхать и козы, и овцы, и люди.

Однако часто родители, побуждаемые чрезмерной заботой о своих детях, хотят привязать их не мягкой верёвочкой, а стальной проволокой, тогда как привязывать детей нужно нежно — так, чтобы их не поранить. Родители должны стараться помогать детям благородно.

Это возделает в детских душах любочестие, и потом они смогут сами почувствовать необходимость делать добро. Родители, насколько могут, должны объяснять детям доброе по-доброму: с любовью и с болью. Помню одну мать, которая, видя, что сын вёл себя плохо, со слезами в глазах и с болью говорила: «Не надо делать этого, мой золотой ребёнок». И видя такой пример, её дети учились подвизаться с радостью, чтобы избегать жизненных искушений, не пасовать перед трудностями, но преодолевать их молитвой и доверием к Богу.

Сегодня и взрослые, и дети в миру живут, как в сумасшедшем доме, и поэтому требуется много терпения и много молитвы. Огромное количество детей доходит до инсульта. Всё равно что часы немного испорчены, а родители заводят их до упора, и даже больше, чем до упора, и потом у часов лопается пружина. Необходимо рассуждение. Одного ребёнка надо «подкручивать» больше, другого — меньше. Несчастные дети открыты всем злым ветрам. Когда в школе или на улице они слышат призывы: «Не уважайте родителей! Не уважайте никого и ничего!» — и вдобавок ещё их матери хотят «закрутить им гайки», то они ерепенятся ещё больше.

Поэтому я советую матерям насиловать себя в молитве и не насиловать детей. Если они постоянно говорят ребёнку: «Не делай этого, не трогай того», даже по отношению к пустячным вещам, а иногда и несправедливо, — то в случае серьёзной опасности, например, если ребёнок хочет плеснуть в огонь бензина, — он не послушается и, сделав это, сильно покалечится. Ребёнок не понимает, что в словах «не делай этого» скрыта любовь. Но когда ребёнок немного повзрослеет, у него появляется эгоизм, и если ему делают замечание, он ерепенится, думая: «Разве я маленький, чтобы они обращались со мной так?» Родители должны дать ребёнку понять, что подобно тому, как они берегли его, чтобы он не обжёгся, пока он был маленьким, так и сейчас, когда он стал взрослым, они берегут его от другого огня. Поэтому ребёнку надо быть внимательным, не давать прав искусителю-диаволу и сохранить в себе благодать святого крещения.

Нерассудительная чрезмерная родительская любовь

— Геронда, может ли мать нерассудительной любовью повредить своему ребёнку?

— Конечно, может. К примеру, мать видит, что её малыш не может научиться ходить, и говорит: «Как жалко его, бедняжку, ведь он не может ходить», и то и дело берёт его на ручки, вместо того чтобы, держа за руку ребёнка, помочь ему пройтись самому. Спрашивается, как малыш выучится ходить? Конечно, такая мать движима любовью, однако своей многой заботой она вредит своему чаду. Я был знаком с отцом, сын которого отслужил в армии. И вот он брал взрослого сына за ручку и вёл его к парикмахеру! «Я привёл тебе моего сына, чтобы ты его постриг, — говорил отец. — Скажи мне, сколько тебе заплатить и когда прийти, чтобы его забрать?» Так своей нерассудительной заботой этот человек искалечил своего сына.

Любовь необходимо «тормозить» рассуждением. Настоящая любовь не своекорыстна. Она не имеет в себе эгоистичного пристрастия и отличается благоразумием. Благоразумие необходимо многой женской любви, для того чтобы женщина не тратила свою любовь попусту. Однажды ко мне в каливу пришёл парень, обозлённый на родителей. Его несчастные родители были расположены по-доброму, однако они не знали, как ему помочь. И вот он стал говорить мне, что родители на него давят, что они его не любят и так далее. «Слушай-ка, — сказал я ему, — когда ты был маленький и твоя мать закутывала тебя в несколько слоёв одежды, для чего она это делала? Для того, чтобы ты не простудился, или для того, чтобы довести тебя до теплового удара? Эти действия твоей матери имели в себе много любви». Наконец — поняв, как много его любили родители, — юноша стал плакать. У его матери было много любви, несмотря на то что она не смогла помочь своему сыну, потому что вела себя с ним так, что вызывала его сопротивление.

Когда необходимо, мать должна вести себя с ребёнком строго. Если она легко идёт на поводу у ребёнка и соглашается с ним во всём, то это ребёнку не на пользу. В Аданé[5] у одной вдовы был единственный сын Янис. Когда мальчик немножко подрос, она отдала его в обучение сапожнику. Походив на работу одну неделю, мальчик заявил: «Мама, мне уже не нужно ходить к мастеру: сапожному ремеслу я научился». — «Когда же ты успел научиться?» — спросила она. «А вот если хочешь, — ответил он, — я могу показать и тебе, как делают башмаки. Вот гляди: так вырезают подошву, вот так прикрепляют кожу, прилаживают каблук, прибивают гвоздями…» А мастер, у которого учился Янис, был очень добрым человеком. Он хотел выучить мальчика ремеслу, жалея его, потому что Янис рос без отца. Однако, увидев, что прошла неделя и Янис не появляется, он забеспокоился, не заболел ли тот, и пошёл к его матери, чтобы спросить, что с ребёнком. «Что случилось с Янисом? Почему он больше не приходит на работу? Он что, заболел?» — спросил мастер вдову. «Нет, — ответила она, — он здоров». — «Тогда почему же он не приходит на работу?» — «А зачем он туда пойдёт? — ответила вдова. —

---

[5] *Аданá* — город в Малой Азии, на северо-восточном побережье Средиземного моря. — *Прим. пер.*

Ведь Янис уже научился сапожному ремеслу». — «Да как же он смог научиться за несколько дней?» — изумился сапожник. «Да очень просто, — ответила мать. — Берёт кожу, натягивает её на колодку, забивает гвоздики, прилаживает каблук, потом снимает ботинок с колодки — и готово дело!» Сапожник рассмеялся, попрощался с ней и ушёл. Когда он вернулся в мастерскую, подмастерья спросили его: «Мастер, что с Янисом?» — «Жив и здоров, — ответил он. — Не только Янис выучился на сапожника — выучилась и его мать!»

И вот я вижу, что многие родители ведут себя подобно этой вдове. Они полагают, что любят своих детей, однако на самом деле они их разрушают. К примеру, мать от чрезмерной любви осыпает своего ребёнка поцелуями и говорит ему, предположим: «В целом мире нет такого прекрасного ребёнка, как мой!» Тем самым она культивирует в нём гордость и нездоровую уверенность в себе. Потом такой ребёнок не слушается родителей, будучи уверен, что всё знает сам.

Родители должны с малого возраста помогать детям учиться нести за себя ответственность. Пусть дети выполняют в семье посильную работу: они не должны требовать, чтобы им несли всё готовое, на блюдечке. В противном случае, когда они станут взрослыми, им придётся нелегко. Один мастер работал не покладая рук и вырастил своих детей. А те, пока он работал, целыми днями шатались по улицам. И даже когда они выросли, создали свои собственные семьи, то всё равно ждали, что отец принесёт им всё готовое. И когда тот сказал, что настало время, чтобы сами они заботились о своих домах и семьях, они ему ответили: «Как же так, отец? Ведь ты же не оставлял нас, когда мы были маленькими! Так разве сможешь оставить нас сейчас — когда мы выросли и несём бремя семейных обязанностей?»

Распределение наследства

Если родители материально обеспечены, то они ответственны за будущее своих детей. Конечно, главное, чтобы они воспитали их хорошими людьми, потом помогли им получить образование или выучиться профессии, чтобы дети могли зарабатывать себе на хлеб. Потом родители должны приобрести им какой-то домик и так далее. Когда в 1924 году, в связи с тогдашним обменом населением[6], наша семья приехала в Грецию из Фа́рас в Каппадоки́и, мой отец, будучи председателем сельской общины, постарался устроить жизнь всех наших односельчан. Свою семью он оставил на потом. А когда мои братья и сёстры выросли, они стали роптать. «Обо всех, отец, ты позаботился, — говорили они, — а вот о нас не подумал». Если человек один, то он может всё отдать другим и по самоотвержению проявить к самому себе полное равнодушие, будучи побуждаем к этому благородством. Но если человек имеет семью, он должен подумать и о ней.

Конечно, родители не должны терять голову и давать детям всё и сразу, поскольку молодые неопытны и в современной ненасытной жизни могут потратиться не по средствам. Потом родителям будет больно, когда они поймут, что им нечем помочь. Кроме того, родители должны быть внимательны к самому слабому ребёнку и дать ему больше материальных, а ещё больше моральных, нравственных благ, для того чтобы паника неудачливости не унесла его вниз, подобно бурному потоку. Но с рассуждением и любовью родители должны

---

[6] *Обмен населением между Грецией и Турцией в 1924 году:* живщие в Турции греки переселились в Грецию, а жившие в Греции турки — в Турцию. — *Прим. пер.*

позаботиться обо всех своих детях, чтобы в их отношениях не появилось холода.

Сегодня редко встречаешь дружные семьи, живущие духовно, где братья и сёстры не ругаются из-за земельных участков, наследства и не бегают по судам. Я знал одну семью из семи человек. У родителей были золотые украшения. После их смерти дети решили, что золото должен взять себе тот брат, который заботился о родителях в старости. Однако этот брат подумал о том, что их сестра имеет большую семью, и поэтому она больше нуждается в этом золоте. Он отдал золото ей. Сестра отдала золото третьему брату, тот четвёртому, и, в конечном итоге, золото вернулось к первому брату! То есть с этими людьми произошло то же самое, что описано в «Лавса́ике»[7]. В конечном итоге, поскольку первый брат тоже не хотел оставлять себе это золото, они решили пожертвовать его в храм.

---

[7] В «Лавсаике» повествуется о том, как авве Макарию Александрийскому прислали кисть свежего винограда. Он, воздерживаясь от вкусного угощения, отослал её одному брату, а тот в свою очередь — другому брату, этот же — к третьему… Так виноград переходил от келии к келии, пока вновь не оказался у святого Макария. См. *Палладий, епископ Еленопольский*. Лавсаик, или Повествование о жизни святых и блаженных отцов. М., 1992. С. 41.

ЧАСТЬ ТРЕТЬЯ

ДЕТИ И ИХ ОБЯЗАННОСТИ

«Родительское благословение — это величайшее наследство для детей. Поэтому дети должны стараться иметь родительское благословение».

ГЛАВА ПЕРВАЯ
О ДЕТЯХ, ИХ РАДОСТЯХ И ИХ ТРУДНОСТЯХ

Младенческий возраст

— Геронда, я заметила, что иногда во время Божественной Литургии младенцы улыбаются.

— Они улыбаются не только во время Божественной Литургии. Младенцы пребывают в постоянной связи с Богом, потому что они не имеют попечений. Помните, что сказал Христос о маленьких детях? *А́нгели их на небесе́х вы́ну ви́дят лице́ Отца́ Моего́ Небе́снаго*[1]. Малыши держат связь с Богом и с ангелом-хранителем, который неотступно пребывает рядом с ними. Во сне младенцы то смеются, то плачут, потому что они видят и радостное, и страшное. В одних случаях они видят своего ангела-хранителя и играют с ним. Он ласкает их, берёт их за ручки, и они смеются. А в других случаях искуситель представляет им что-то страшное, и они плачут.

— А почему искуситель пугает младенцев?

— То, что он их пугает, им тоже на пользу, потому что они от страха вынуждены звать маму. Если бы этого страха не было, то младенцы не бежали бы

---

[1] Мф. 18:10.

в материнские объятия. Бог всё попускает для блага людей.

— А когда дети подрастут, помнят ли они, что видели, будучи младенцами?

— Нет, забывают. Если бы малыш помнил, сколько раз он видел своего ангела, то впал бы в гордость. Поэтому, подрастая, он всё забывает. Бог работает мудро.

— Они видят всё это после крещения?

— Конечно, после крещения.

— Геронда, а можно ли прикладывать некрещёного младенчика к святым мощам?

— Почему же нельзя? Можно даже крестообразно осенять младенца святыми мощами. Сегодня я видел малыша, подобного маленькому ангелу. «Где твои крылья?» — спросил я его. Он растерялся и не знал, что ответить!.. На Афоне, у себя в каливе, весной, когда цветут деревья, я развешиваю карамельки на ветках кустарника, что возле забора, которым огорожена моя келья. Когда ко мне приходят посетители с маленькими детьми, я говорю: «Ребята, будьте добры, оборвите с кустов конфеты, потому что, если пойдёт дождь, они раскиснут и пропадут!» Некоторые сообразительные малыши понимают, что это я развесил на ветках конфеты, и смеются. Другие верят, что конфеты выросли на кустах сами, третьи не знают: верить или нет... Малышам нужно и немного радости.

— Геронда, Вы развешиваете много конфет?

— Если уж развешивать, то много. Когда мне приносят вкусные сладости, я не даю их взрослым. Взрослых я угощаю лукумом. Когда мне приносят хорошие сладости, я берегу их для детей Афониа́ды[2]. И здесь, в монастыре, я

---

[2] *Афониа́да* — школа для мальчиков, расположенная на Святой Афонской Горе. — *Прим. пер.*

тоже посадил вчера карамельки и шоколадки, а сегодня они уже расцвели! Вы заметили? Ну а почему нет: погода солнечная, земля хорошая, вскопали вы её хорошо, поэтому шоколадки и расцвели так быстро![3] Вот увидите, какой я вам устрою цветник! Нам уже не надо будет покупать детям конфеты и шоколадки. А что вы думаете? Будем снимать свой собственный урожай!

— Геронда, паломники увидели, как из грядки торчат конфеты и шоколадки, и удивились. «Наверное, это сделал кто-то из детей», — сказали они.

— Что же ты не сказала им, что это сделал один большой ребёнок?

Ангел-хранитель хранит маленьких детей

— Геронда, для чего Бог даёт каждому человеку ангела-хранителя? Разве Он не может хранить нас Сам?

— Ангел-хранитель — это особое попечение Божие о Своём создании. Ангел-хранитель — это Промысл Божий, проявление Его домостроительства о человеке. И за это мы перед Богом в долгу. Ангелы особо покрывают маленьких детей. Как же они их хранят! Однажды двое детей играли на улице. Один хотел бросить камнем в голову другого и уже прицелился. Второй ребёнок не видел опасности. И вот в последнее мгновение, видимо, его ангел сделал так, что малыш что-то увидел, подскочил — и камень пролетел мимо его головы.

А одна мать как-то раз пошла работать в поле и взяла с собой младенца. Покормив его грудью, она положила его в колыбель и пошла работать. Когда спустя

---

[3] Накануне преподобный Паисий «посадил» в свежевспаханную грядку несколько карамелек и шоколадок, на грядку сверху положил веточки сирени, чтобы сладости выглядели цветущими.

некоторое время она подошла посмотреть на малыша, то увидела, что он держит в руке и с любопытством рассматривает змею! Когда мать кормила младенца грудью, вокруг рта его осталось молоко. И вот змея подползла к малышу и слизывала молоко с его личика. Младенец схватил змею. Увидев это, мать закричала, ребёнок испугался, раскрыл свою ручку, и змея уползла! Бог хранит детей.

— Геронда, но тогда почему многие дети страдают от болезней и других несчастий?

— Бог знает, что пойдёт на пользу каждому человеку, и в соответствии с этим даёт ему всё необходимое. Он не даёт человеку того, что не пойдёт на пользу. К примеру, иногда Он видит, что телесный недостаток или увечье поможет нам больше, чем если бы Он уберёг нас от этого увечья или сохранил целыми и невредимыми.

Святое крещение

— Геронда, что будет с теми жителями Северного Эпира[4], которые умирают некрещёными?

— Э-э, большинство из них были крещены своими родителями воздушным крещением[5]. А многие в тех странах приняли воздушное крещение от нянечек или

---

[4] *Северный Эпи́р* — часть Балканского полуострова, заселённая греками. С 1912 года относится к территории Албании. — *Прим. пер.*

[5] По греческой практике, если жизни новорождённого некрещёного младенца угрожает непосредственная опасность, над ним может быть совершено так называемое воздушное крещение. Любой христианин (или христианка) берёт младенца на руки и трижды изображает им в воздухе крестное знамение, произнося слова: «Крещается раб Божий (имярек) во имя Отца. Аминь. И Сына. Аминь. И Святаго Духа. Аминь». Если младенец умирает, то он считается крещёным, если он остаётся в живых, то, по решению Синода Элладской Церкви, таинство крещения повторяется над ним полностью. — *Прим. пер.*

медицинских сестёр в родильных домах. Я знаю случай, когда одна медицинская сестра крестила младенца в тазу с водой. Бог видел расположение этой женщины… А сколько благодати имеют новокрещёные! Однажды в группе человек в триста пятьдесят я различил крещёную женщину. Я спросил, кто это такая, и мне сказали, что это была турчанка, принявшая святое крещение. Её лицо сияло. Рядом с ней остальные выглядели варварами.

— Геронда, а правильно ли, если при крещении детям даются два имени?

— Если супруги ругаются и разводятся из-за того, как назвать ребёнка, то пусть дают ему хоть по три имени! Но ведь и правильные христианские имена сейчас превратили неизвестно во что… Вики, Пеппи, Мими…

— Геронда, одна женщина на пятом месяце беременности потеряла младенца. Он родился мёртвым, и теперь она расстраивается из-за того, что над ним нельзя было совершить даже воздушного крещения.

— Раз она сама не виновата в этом, то пусть имеет доверие к Богу. Бог знает, что сделать с такими детьми и куда их поместить.

— Геронда, моя мать рассказала мне, что один из моих братьев умер через несколько часов после рождения и она не успела его окрестить. Я посоветовала ей рассказать об этом духовнику.

— Раз она хотела, но не успела его окрестить, то у неё есть смягчающие обстоятельства. Другие-то женщины вообще делают аборты и сами убивают собственных детей. Нам неведом суд Божий. Было бы тяжёлым грехом, если бы она не успела окрестить своего ребёнка по нерадению и он умер бы некрещёным. Ты судишь о подобных вещах с позиции здравого смысла. Это богословие рационализма. Помню, как-то раз ко мне пришла группа паломников, и я рассказывал им следующий случай. Одного малыша из Северного Эпира крестили трижды. Один раз бабушка, другой раз дед и потом мать — один тайком от другого, — потому что все они считали младенца некрещёным. Когда я рассказывал эту историю, один из паломников подскочил и заявил: «Это неканонично!» — «Слушай, — говорю я ему, — по-твоему, они вычитали о том, что надо крестить ребёнка трижды, в какой-то догматической книге? Ведь этот малыш получил тройное благословение!»

— Геронда, иногда люди видят во сне своих усопших родственников и разговаривают с ними. Это попускается Богом для того, чтобы помочь людям в вере и в покаянии?

— Да. Разве я не рассказывал вам подобный случай? Один монах со Святой Горы был родом из деревни, которая находилась на территории Болгарии. Там было много некрещёных. Этот монах рассказывал мне, что, ещё будучи мирянином и некрещёным, он увидел во сне своего маленького племянника, который недавно умер. Малыш стоял за оградой прекрасного сада и плакал. А сад был полон маленьких детей, которые радовались и играли. «Почему ты не идёшь в сад?» — спросил человек, видевший сон. «Как я могу пойти туда? — ответил ребёнок. — Ведь я же не крещён». После этого случая человек немедленно пошёл и окрестился, а потом рассказал священнику о том, что видел во сне. Так устроил Бог для того, чтобы другие тоже поняли, какое достоинство имеет святое крещение. После этого жители этой болгарской деревни тоже стали крестить детей.

— Геронда, некоторые родители, вступившие в гражданский брак, хотят окрестить своих детей. Можно ли им это делать?

— Почему же нельзя? В чём виноваты несчастные дети? То, что люди, вступившие в гражданский брак, хотят окрестить своих детей, свидетельствует о том, что у них есть внутри что-то доброе, что эти люди не совсем равнодушны. Видимо, эти люди где-то и в чём-то запутались. Если кто-то хочет им помочь, то сначала надо посмотреть, по какой причине они не венчались в церкви, а потом — по какой причине они хотят окрестить своих детей.

— Геронда, если монахиня до ухода в монастырь была чьей-то восприемницей при крещении, то сейчас, помимо молитвы за своего крестника, должна ли она посылать ему подарки — как это делают крёстные в миру?

— Э-э, монахиня сейчас от таких обязанностей освобождена. Монах поможет своему крестнику молитвой. Вот её родители — если хотят — могут иметь с крестником своей дочери-монахини подобные связи.

— То есть родители монахини могут иметь такую связь с крестником их дочери, если они сами захотят этого?

— Да, сами. Монахиня не должна принуждать их к этому. Пусть она молится, чтобы Бог их просветил. Но как бы то ни было, крёстный несёт большую ответственность. Когда я ещё был в миру, мои родители пообещали одной знакомой супружеской паре, что восприемником одного из их детей будет кто-то из нашей семьи. Когда у них родился ребёнок, все мои родные находились в отлучке, и потому стать крёстным малыша попросили меня. Мне было тогда шестнадцать лет, и я не хотел становиться его крёстным, потому что чувствовал, что беру на себя большую ответственность. Итак, оказавшись в трудной ситуации, я стал молиться. «Боже мой, — просил я, — если этот младенец станет добрым человеком, то возьми от меня все оставшиеся годы моей жизни и дай их ему. Однако если он станет человеком недобрым, то возьми его к Себе сейчас — когда он подобен маленькому ангелу». Я стал крёстным младенца и дал ему имя Павел. Через неделю он умер. Сейчас он на Небесах и не рискует их потерять.

Дети-сироты

— Геронда, если умирает глава семьи, должны ли маленькие дети видеть тело своего мёртвого отца?

— Лучше не надо. Тут вон даже если умирает кто-то из близких взрослого человека, то ищешь способ, как бы помягче, щадяще сообщить ему об этом. Что уж тут говорить о детях!

— До какого возраста детям не на пользу видеть своих умерших близких?

— Это зависит от характера, склонностей, настроения ребёнка.

— А можно ли водить детей на могилу отца?

— Да, на могилу детей водить можно. Надо им сказать: «Отец переселился отсюда на Небо. Если вы будете добрыми детьми, то он будет приходить с Неба к вам в гости». Помню, когда умерла моя бабушка, меня отвели в дом наших знакомых, чтобы я не видел похорон и не знал, что она умерла. Там со мной играли, развлекали меня. Я смеялся, а они плакали. Когда меня привели обратно домой, я стал спрашивать: «А где бабушка?» — «Придёт, придёт», — говорили мне. Я ждал возвращения бабушки, а спустя некоторое время узнал, что она умерла. Детям не на пользу видеть любимых людей мёртвыми.

— Геронда, если у малых детей умирает мать, то они переживают её смерть с огромной болью.

— Дети больше сиротеют, теряя мать, а не отца. Поэтому, теряя мать, они испытывают и бо́льшую боль.

Редко бывает так, что для детей, потерявших мать, потом становится матерью их отец. Однако в раю такие дети будут утешены. Им воздастся там. Сирота пройдёт в рай с меньшим «проходным баллом», подобно тому как греки из-за границы поступают в наши университеты без экзаменов, поскольку это предусматривает соответствующий закон. То есть на сирот распространяется действие закона Божия, и для того чтобы пройти в рай, им требуется меньше труда, тогда как другим людям для этого нужно предпринять немалый подвиг. Я считаю детей, лишившихся нежности своих родителей, счастливыми и блаженными. Ведь они сумели в этой жизни сделать своим Отцом Бога и одновременно отложили в «сберегательную кассу» Бога и нежность своих родителей, которой они были лишены и которая сейчас приносит им духовные проценты.

Но и в этой жизни Благий Бог будет помогать таким детям, потому что с того мгновения, как Бог забирает к Себе родителей, Он — если можно так выразиться — обязан позаботиться об их детях. Помните, что говорит пророк Давид? *Сира и вдову приимет*[6]. Бог естественным образом любит таких детей больше и заботится о них больше. Таким детям Он в этой жизни даёт больше духовных прав, чем детям другим. Если сирота повернёт ручку настройки на доброту, то он очень преуспеет. Но если он говорит: «Раз я сам мучился, то теперь буду мучить других», он себя разрушает.

— Геронда, отрицательные последствия сиротства остаются человеку на всю его жизнь?

— Что ты несёшь? Дети-сироты могут быть немного скованны, иметь некоторую стеснённость, робость — у них нет той радости, живости, как у детей, сытых нежно-

---

[6] Пс. 145:9.

стью. Однако эта скованность является для таких детей тормозом, который помогает им в жизни. И одновременно они откладывают себе сбережения в жизни другой. Что ты думаешь: Бог не видит этой скованности? Неужели Он не поможет им после? Поэтому сироту — особенно по матери — мы должны с болью и горячей любовью стиснуть в своих объятьях, для того чтобы сначала он согрелся, у него бы исчезла робость и он бы открыл своё сердце. И если у него есть любочестие, то мы должны сильно притормаживать его большое воодушевление, чтобы он не надорвал сил, стараясь выразить свою великую благодарность. Святой Арсений Каппадокийский вырос сиротой — без матери и без отца. Если бы он не отнёсся к своему сиротству духовно, с отвагой, то был бы человеком измученным, у него были бы проблемы с психикой. Однако погляди, каким он был молодцом! Какие он нёс подвиги! На меня произвело впечатление то, что его косточки были мягкие, как вата, как губка. Когда во время обретения его мощей я доставал из могилы его рёбра и позвонки, то они рассыпались в прах, как только я до них дотрагивался. Более-менее крепкими были только два позвонка, тазобедренная и большая берцовая кости. Удивительное дело: как, будучи столь болезненным, он мог ходить пешком на такие огромные расстояния? Он ходил — всё равно что летал по воздуху! Здесь видна сверхъестественная сила, которую давал ему Бог. Так неужели Христу окажется не под силу вырастить сироту?

Пока дети не придут в совершенный возраст, их необходимо ограничивать

Для того чтобы не поскользнуться на горке мирского падения, которое наполняет душу тревогой и вечно удаляет её от Бога, дети должны постоянно чувствовать

как великую необходимость советы старших — особенно в критическом возрасте отрочества. Дети должны войти в смысл послушания. Они должны понять, что в послушании родителям скрыта их собственная польза — чтобы слушаться их с радостью и свободно двигаться в духовном пространстве.

Вы не задумывались о том, как ограничена свобода маленького ребёнка? Девять месяцев он заключён в материнской утробе. Новорождённого кладут в колыбель. Проходит пять-шесть месяцев, и его помещают за высокую сетку. Потом подросшему ребёнку не разрешают выходить из дома одному, чтобы он не ударился или не упал с лестницы. Ведь если не ограничивать свободы ребёнка, он упадёт и разобьётся.

Всё это необходимо для того, чтобы ребёнок вырос в безопасности. На первый взгляд, все эти средства отнимают у ребёнка свободу — однако без всего этого он подвергался бы опасности умереть, начиная с первого момента своей жизни. Но дети — когда они маленькие — не понимают, что нуждаются в ограничении. И когда они подрастут, они тоже не понимают, что им требуются ограничения другого рода, и поэтому стремятся к свободе. Но что это за свобода? Свобода стать калекой? От такой свободы дети гибнут. Они должны понять, что пока не закончат учёбу, пока не получат в руки диплом, пока они не станут зрелыми — чтобы быть правильными людьми, — им необходимо ограничение. Ведь в первой же опасной ситуации они могут погибнуть! Дети должны почувствовать ограничение как необходимость, понять, что это благословение Божие. Они должны быть благодарны своим родителям, которые их ограничивают. Они должны знать, что родители ограничивают их от любви. Ни один отец и ни одна мать не ограничивали своего ребёнка от злобы — даже если и вели себя с ним крайне жёстко. И если родители затянут своим детям гайки чуть потуже, то в этом тоже скрыто много любви. Они делают это от доброго расположения, чтобы дети были более собранны, подтянуты и не подвергались опасностям. Ведь и садовник, сажая деревце, для большей надёжности может прикрутить его проволокой туже, чем нужно, и немного поранить. Однако Благий Бог вскоре затягивает ранку на древесной коре. Уж если Бог затягивает рану дерева, то насколько больше Он заботится о человеке — Своём создании! Неужели, если родители закрутили ребёнку гайки чуть потуже и нанесли ему небольшую рану, Бог этой раны не исцелит?

Кроме того, дети должны беседовать со своими родителями, должны открывать им свои помыслы. Как монах в монастыре имеет старца, которому он открывает свои помыслы и от которого получает помощь, так и ребёнок должен открывать себя родителям. Правильно, если ребёнок сначала исповедуется своей матери и потом — духовнику. Как родители, если ребёнок ушибёт ногу, идут вместе с ним к врачу и спрашивают, что им нужно делать, чтобы ушиб прошёл, так они должны знать и о том, какие духовные проблемы есть у их ребёнка, — для того чтобы ему помочь. Если ребёнок говорит о своих проблемах только духовнику, то как родители смогут ему помочь? Ведь они не знают, что его беспокоит.

Трудности детей во время учёбы

Дети, обладающие способностью к суждению и сообразительностью, иногда встречаются с затруднениями и мучаются. Такие дети всё хотят упорядочить своим собственным умом и стремятся делать то, что превосходит их силы. У них сильный ум, однако они не умеют нажимать на тормоз. Они ставят эксперименты на себе самих, словно хотят испытать, какой у них запас прочности! От этого они страдают. Если они смирятся, то их способность к суждению поможет им преуспеть. Дети, у которых нет такой способности к суждению и сообразительности, не имеют и таких проблем, но, в свою очередь, они внутренне меньше трудятся.

Знаете, сколько студентов, подготовившись к экзаменам и зная всё наизусть, боятся, что они провалятся, и из-за этого не идут на экзамены? Будучи в состоянии справиться с учёбой, такие студенты своей трусостью ввергают себя в панику. Однако если они смиренно попросят: «Помолитесь, потому что сам я не могу справиться с учёбой, но вашими молитвами постараюсь сдать экзамены хорошо», то за смирение они приимут и благодать Божию и Божественное просвещение. Кроме этого, перед тем как начинать сдавать экзамены, студентам надо помолиться своему святому покровителю, который поможет им в соответствии с их верой и благоговением.

— Геронда, одна девушка, которая учится за границей, написала мне: «Помысел говорит мне, что я никогда не смогу духовно преуспеть. Видно, я всегда такой и останусь».

— Вот чудачка! Сидит в Европе и приходит к таким выводам! Ведь она же поехала туда не для того, чтобы преуспеть духовно и не для того, чтобы остаться там навсегда, а для того, чтобы получить те знания, которые понадобятся ей по специальности. Пусть она старается сохранить то духовное состояние, которое у неё есть сейчас, и не стремится к духовному преуспеянию там. Ведь европейцы — народ, преуспевший в земных науках, а не в духовном. Пусть она не давит на себя и не принимает всё близко к сердцу. Не стоит из-за этого страдать. Пусть она считает своё пребывание там срочной воинской службой. В армии солдат трудится в поте лица, выбивается из сил, иногда другие ведут себя с ним очень жёстко. А с ней в Европе люди ведут себя, по крайней мере, с вежливостью — пусть и внешней, лицемерной — в соответствии с европейским менталитетом. Следовало ожидать того, что она встретится с этими трудностями, потому что и в Греции мы видим то же самое. Разница только в том, что в Греции — поскольку мы народ православный — есть и духовная помощь для тех, кто озабочен своей духовной жизнью. Немного терпения и немного внимания, и трудности будут преодолены. Раз она оказалась там, то надо своё свободное время посвятить чтению и молитве, чтобы духовно тоже питаться. Те усилия, которые она приложит, чтобы преуспеть в учёбе, помогут ей погрузиться в неё с головой, и тогда все злые помыслы и юношеские искушения будут ей чужды.

ГЛАВА ВТОРАЯ
ОБ УВАЖЕНИИ И ЛЮБВИ ДЕТЕЙ К РОДИТЕЛЯМ

Уважение детей к родителям и старшим

Когда ребёнок маленький, он не делает никакой работы. О его пище, одежде и тому подобном заботятся родители. Родители помогают ребёнку от любви. Ребёнок не работает — он может выполнить лишь небольшое поручение по дому. Но разве эта работа может сравниться с тем трудом и теми средствами, которые тратят на него родители? Если, став взрослым, ребёнок не понимает, что дали ему его родители, то это очень большая неблагодарность!

Раньше родители наказывали ребёнка телесно, и он принимал телесные наказания без помыслов обиды. Часто он даже не понимал, за что его били. Но сегодняшние дети — это одно сплошное «зачем?» и «за что?». Одно сплошное пререкание. У них нет простоты. Всё происходящее они подвергают суду и оценке. Однако Божественная благодать подобным образом не приходит. Если ребёнок не чувствует своего отца отцом и не принимает отцовского наказания, то он — ребёнок незаконный[1].

---

[1] Ср. Евр. 12:6-11.

Некоторые дети, стоит лишь родителям сделать им маленькое замечание, сразу начинают угрожать: «Я вскрою себе вены!» И что остаётся делать родителям? Они уступают, а в конечном итоге дети портятся и гибнут.

Ребёнок должен понять, что если иной раз родители и дают ему подзатыльник, то делают это не по злобе, но по любви — для того чтобы он исправился, стал лучше и впоследствии радовался. Мы, будучи маленькими, принимали всё: и родительскую ласку, и родительские оплеухи, и родительские поцелуи. Мы понимали, что всё это родители делали для нашего блага. Мы имели к ним большое доверие. Иногда бывало и такое: в чём-то был виноват один брат, а мать ругала другого, потому что она не успевала провести «судебное разбирательство». Однако виновный, видя, что из-за него досталось другому — невиновному, признавался в своей вине, потому что его обличала совесть. И таким образом виновный брат или сестра получали оправдание.

В семье младшие должны иметь уважение и к родителям, и к старшим братьям и сёстрам. Младшие должны чувствовать, что уважение, подчинение и благодарность старшему — это необходимость. Старшие, в свою очередь, должны питать к младшим любовь, помогать и защищать их. Когда младший уважает старшего, а старший любит младшего, то создаётся прекрасная семейная атмосфера. Мой отец говорил нам: «Оказывайте послушание вашему старшему брату». Мы знали, что отец любит нас всех, и вели себя с ним очень свободно. А вот старшему брату, не находя в нём отцовской любви, мы оказывали большее послушание[2].

Когда супруги уважают друг друга, а дети уважают родителей, то жизнь в семье идёт ровно, подобно часам.

---

[2] У преподобного Паисия было семь братьев и сестёр.

В такой семье старший сын никогда не скажет матери что-то наподобие «гляди-ка, мать, чтобы ты больше такого не делала!» или «почему ты сделала всё шиворот-навыворот?». Но в такой семье и отец не разговаривает с матерью подобным тоном. Взрослый может шутить с ребёнком, чтобы его порадовать, но ребёнок, чувствуя радость от шуток взрослого, не должен вести себя с ним бесцеремонно и фамильярно. Когда я был в монастыре Стомион и иногда спускался из монастыря в город за покупками, один малыш, дом которого стоял прямо на дороге, подбегал ко мне, лишь завидев меня, и я целовал ему ручку. Потом он привык к этому и, подбегая ко мне, сам протягивал свою ручку для того, чтобы я её поцеловал! Я делал то, что он хотел. Но потом его родители попросили: «Отче, не надо целовать ему руку, потому что он бегает за батюшками, протягивает им свою ручку для поцелуя, а если они этого не делают, начинает реветь».

Как детям любить родителей после того, как они создадут свою собственную семью

Благий Бог устроил так, что муж и жена связываются между собой такой любовью, что оставляют даже своих родителей. Если бы этой любви не было, то люди не могли бы создать собственную семью. Задача родителей завершается, как только их дети создают свою собственную семью. После этого дети обязаны воздать родителям лишь две вещи: огромное уважение и столько любви, сколько нужно питать к своим родителям. Я не хочу сказать, что муж и жена не должны любить своих родителей. Нет. Но сперва они должны иметь большую любовь между собой и только потом любить своих родителей. Супруги должны любить друг друга так сильно, чтобы их любовь лилась через край. И уже от этого преизлияния супружеской любви они должны оказывать своим родителям всё уважение и всю благодарность. Любовь супругов должна быть благородной, так чтобы каждый из супругов как можно больше заботился о родителях другого супруга.

Чтобы в семье были мир и согласие, очень поможет вот что: муж должен любить свою жену больше, чем свою мать, и больше, чем кого бы то ни было из своих близких и родных. Любовь супруга к родителям должна литься через его жену. Конечно, и жена должна вести себя так же.

Я знаю семьи, в которых в начале супружеской жизни муж и жена имели проблемы, несогласия, потому что один из супругов любил свою мать чрезмерной любовью. Эта любовь начинается от любочестия, которое имеют сын или дочь, испытывающие к своим матерям великую благодарность. Однако потихоньку, когда супруги привязываются друг к другу, эта проблема исчезает. Ведь если бы сразу после свадьбы один из супругов дарил другому такую любовь, которая восполняла бы любовь материнскую, это было бы неестественно.

Если супруг уважает тёщу и тестя, то это делает ему честь, так же как невестке делает честь уважение и любовь к свекрови — женщине, которая родила её мужа, вырастила его, и сейчас он — её муж и её радость. Если муж и жена имеют подобные чувства и подобные мысли, всё это тихо наставляет души их собственных детей.

Мать до женитьбы сына находила в его любви немалое утешение. Но старики снова становятся младенцами. Женив сына, мать чувствует себя так, как чувствует себя старший ребёнок, увидев в объятиях своей матери другого — только что родившегося младенца. Видишь как: если человек не отсечёт свои страсти в юности, то с годами сила его воли ослабеет и страсти станут сильнее.

Однако невестка не должна на это обижаться. А если она ещё и ухаживает за своей престарелой свекровью, то пусть немножко потерпит, чтобы не потерять мзду, которая начисляется ей за ту заботу, которую она ей оказывает. Если сейчас она с терпением ухаживает за свекровью, то потом, когда все скорби будут позади, она будет радоваться тому добру, которое сделала.

Но, конечно, и свекровь должна любить своих невесток как собственных дочерей. Моя бабушка по отцу любила мою маму сильнее, чем моего отца. Когда женились мои братья, соседки качали головами и стращали мою мать: «Ну, сейчас понаедут невестушки…» А мать отвечала им: «Почему вы так говорите? Меня моя свекровь любила больше, чем свою дочь. Так почему же мне не любить моих невесток?» И действительно, она тоже любила их как дочерей.

Старость смиряет человека

Как же смиряется человек в старости! Старик постепенно теряет силы и становится похожим на постаревшего сокола. Когда сокол стареет, у него выпадают перья и крылья становятся похожими на поломанные расчёски. Помню, один член Духовного собора из монастыря Филофе́й[3] в 1914 году — ещё будучи мирянином — добровольцем поехал из Смирны воевать в Албанию, для того чтобы отомстить туркам, которые зарезали его отца. Однажды он поймал турка и хотел перерезать ему горло. Турок взмолился: «Наша вера грубая. Она учит нас резать и убивать. Однако ваша вера не такая.

---

[3] *Филофе́й* — один из двадцати монастырей Святой Афонской Горы. В описываемое преподобным Паисием время был ещё идиоритмическим (необщежительным) и управлялся Духовным собором. — *Прим. пер.*

Христос не учит вас убивать». Эти слова настолько его перевернули, что он выбросил винтовку и немедленно удалился на Святую Гору. Он стал монахом, членом Духовного собора, однако атаманский дух из него не выветрился. Он был ответственным за все послушания, и все ключи от кладовых висели у него на поясе. Никто из братии не осмеливался сказать ему что-либо поперёк. Если кто-то из монахов забывал обратиться к нему как положено: «Старче Спиридоне», то он выходил из себя. Однажды Великим постом в монастырь пришла разбойничья шайка и потребовала у монахов сыра. Тогда к бандитам вышел отец Спиридон и «поприветствовал» их так: «Ах вы, свиньи! Великим постом пришли сыра просить?» — сказал да и повышвыривал их за ворота. В другой раз монахи разобрали паникади́ла[4], чтобы их почистить. Бандиты, увидев разные блестящие завитушки от паникадила, подумали, что они золотые. Придя в монастырь, они побросали эти завитушки в мешки и собрали со всей округи мулов, чтобы нагрузить на них эти мешки. Отец Спиридон, как только это увидел, схватил бандитов за шиворот, забрал их мешки и вывалил содержимое на землю. «Шпана вы, шпана! — сказал он им. — Да ведь это же дешёвые железки! Такие же дешёвые, как ваши медные лбы!» Этот человек не знал, что такое трусость. Однако в старости он заболел и смирился. Мне дали послушание ухаживать за ним. Однажды он меня попросил: «Помолись, Аверкий[5], что-то мне нехорошо». Я поднялся и начал вслух молиться по чёткам: «Господи, Иисусе Христе, помилуй раба Твоего старца Спиридона». — «Эй, брат, — говорит, — не „старца

---

[4] *Паникади́ло* — большая люстра или многогнёздный подсвечник в православном храме. — *Прим. пер.*
[5] В рясофорном постриге преподобный Паисий носил имя Аверкий.

Спиридона", а Спирьку!» Как же смирила его болезнь и старость! Раньше попробуй-ка не назови его «старцем Спиридоном»!

И мой отец в старости смирился от мухи. Однажды моя сестра застала его плачущим. «Что с тобой, отец? — спросила она. — Может быть, тебя обидел кто-то из внуков?» — «Нет, нет, — ответил он ей. — Что есть человек… Я хотел прихлопнуть муху мухобойкой и не смог этого сделать. Я пытался прибить её справа — она улетала налево, хотел прихлопнуть слева — она улетала направо! Я, когда был молодым, стрелял так метко, что чётов[6] не убивал, а обстреливал их со всех сторон, так что пули ложились вплотную, и так понуждал их сдаваться. Когда мне было шестнадцать, я подстрелил львёнка, ранил его и вступил в схватку с раненым зверем. А сейчас не могу убить мухи! Э, человек есть существо ничтожное». Несчастный чувствовал одно большое «ничего», ноль, так словно бы он ничего не совершил в своей жизни.

А знаете, как смиряются старички-монахи в приютах для старых монахов в святогорских монастырях! Над ними совершают ещё один… монашеский постриг! Им обстригают волосы, чтобы они были короткими и их было легче мыть. Им обстригают бороду, потому что у них текут слюни, валится мимо рта пища, — и как их потом чистить? Этот постриг — последний постриг. Постриг смирения!

Уход за стариками

До чего докатился мир! И в Фарасах, и в Эпире ухаживали даже за старыми животными. Ну, за мулами — понятно почему: потому что их мясо не употребляется

---

[6] *Чёты* — турецкие разбойники.

в пищу. Но ведь и тех животных, мясо которых было съедобным, тоже не резали, оставляли в живых. К примеру, старых быков, на которых раньше пахали, хозяева чтили. Они ухаживали, заботились о них в старости, говоря: «Ведь это наши кормильцы». То есть рабочие животные, которые трудились в поле, имели добрую старость. И ведь тогда у людей не было технических средств, которые есть сегодня. Надо было в ручной мельнице смолоть кормовую чечевицу, мелко её подробить, чтобы бедный старый бык мог её прожевать. А люди нынешние о подобных вещах забыли: они не заботятся даже о старых людях, что уж там говорить о старых животных!

Никогда в жизни я не чувствовал себя так хорошо, как в те несколько дней, когда мне дали послушание ухаживать за одним старым монахом. Уход за стариками имеет великую мзду. Мне рассказывали об одном послушнике на Святой Горе, который был одержим страшным бесом. Ему дали послушание ухаживать за шестью старенькими монахами в монастырском приюте для стариков. Те годы были тяжёлыми, у людей не хватало средств, облегчающих их труд. Бедолага взваливал себе на плечи тюк со стариковским бельём и тащил на дальний пруд, где стирал всё это с помощью щёлока… Прошло немного времени, он освободился от беса, которым был одержим, и стал монахом. Это произошло, прежде всего, потому, что сам он жертвовал собой ради других, а ещё и потому, что старички-монахи давали ему свои благословения.

Многие супруги ропщут и негодуют на трудности, которые возникают у них в семье из-за чудачеств и брюзжания живущих с ними стариков. Эти люди забывают о тех «номерах», которые сами они выкидывали, будучи детьми, о том нытье и странностях, которыми они тогда мучили других. Они не помнят, что плачем и капризами сами не давали покоя родителям. Поэтому Бог попускает таким людям терпеть трудности, связанные с уходом за стариками, — чтобы они хоть как-то «расплатились» за трудности, которые раньше создавали другим. Сейчас пришла их очередь подставить своим старым родителям плечо и с благодарностью позаботиться о них, вспоминая жертвы, на которые родители шли ради них самих, когда они были детьми. Те, у кого нет чувства долга по отношению к своим родителям, будут судимы Богом как несправедливые и неблагодарные люди.

Я вижу, что часто причина тех мук, которые испытывают многие мирские люди, состоит в том, что их родители держат на них обиду. Семьи страдают из-за того, что в них не заботятся о дедушках и бабушках. Какое там благословение будут иметь дети, выросшие в семье, где несчастную старушку или бедолагу-старика отвезли в дом престарелых, оставили там умирать с душевной болью, забрав себе их имущество и не дав им порадоваться, глядя на своих внуков? Сегодня приходила одна пожилая женщина и рассказывала мне, что у неё четыре женатых сына. Все они живут в одном городском квартале, но она не может с ними встретиться, потому что однажды она «дерзнула» посоветовать своим невесткам: «Имейте между собой любовь, ходите в церковь!» Услышав это, они просто взъярились! «Чтобы ноги твоей больше не было в наших домах!» — сказали они ей. Несчастная не видела своих детей уже пять лет. «Помолись, отче мой, — просила она со слезами, — ведь у меня есть и внучата. Помолись, чтобы я увидела их хотя бы во сне». Э, ну какое там благословение будут иметь дети этой женщины?

Бабушка в семье — это великое благословение, но такие люди этого не понимают. Обычно мужчины стареют раньше, и за ними ухаживают жёны. Когда муж умирает, дети забирают бабушку к себе в дом, чтобы она присматривала за внучатами и не чувствовала себя никому не нужной. Если дети поступают так, это очень хорошо. Таким образом и престарелая мать находит покой, и семья получает помощь. Ведь мать из-за множества своих дел не успевает дать детям необходимую нежность и любовь. Именно это недостающее даёт детям бабушка, потому что возраст бабушки — это возраст любви и нежности. Погляди: когда ребёнок шалит, мать его ругает, а бабушка — ласкает. Когда дети находятся под присмотром бабушки, мать успевает сделать все свои дела, дети окружены лаской и любовью, но и сама бабушка согрета любовью своих внуков.

Человек, заботящийся о своих родителях, имеет великое благословение от Бога. Один молодой человек, женившись, поделился со мной своими планами: «Геронда, я хочу построить дом и в нижнем этаже устроить две маленькие квартирки для моих родителей и для тёщи с тестем». Знаете, как это меня растрогало! Знаете, сколько благословений я дал этому человеку! Удивительно: почему многие супруги этого не понимают?

Несколько дней назад ко мне пришла одна женщина и попросила: «Отче, моя мать разбита параличом. Как же я устала! Восемь лет переворачивать её с одного на другой бок!» Слышишь, что творится? Дочь говорит о своей матери в таком тоне! «О, — говорю, — твоя проблема решается очень просто! Сейчас я помолюсь, чтобы тебя на восемь лет разбил паралич, а твоя мать выздоровела и за тобой ухаживала». — «Нет, нет, отче!» — закричала она. «Четыре года, — говорю, — по крайней мере, четыре года тебе необходимо! Как же тебе только не стыдно? Что предпочтительней? Быть здоровым, не испытывать боли и ухаживать за больным человеком, имея при этом мзду от Бога, или страдать, быть не в состоянии пошевелить ногой, смиряться и просить: „Принеси мне, пожалуйста, утку, поверни меня на другой бок, подвинь меня к стене…"?» Когда эта женщина услышала то, что я ей сказал, она немного устыдилась.

В семье нет подобных проблем, если дети ставят себя на место своих состарившихся родителей или если невестка ставит себя на место свекрови и думает: «Ведь и я когда-то состарюсь, в один прекрасный день стану свекровью — и понравится ли мне, если моя невестка не будет обращать на меня внимания?»

Родительское благословение

Родительское благословение — это самое большое наследство, которое родители оставляют своим детям. Поэтому дети должны позаботиться получить его. Погляди, до чего дошёл Иаков ради того, чтобы получить благословение отца? До того, что залез даже в овечью шкуру![7] Особенно великое дело — благословение матери! Один человек говорил: «Каждое слово моей матери — это золотая монета». Недавно ко мне приезжал один грек из Йоханнесбурга. Знаете, какое впечатление он на меня произвёл? Он пришёл ко мне в каливу осенью. «Геронда, — сказал он, — моя мать заболела, и я приехал её повидать». Не успело пройти трёх месяцев, и на Рождество он приехал снова. «Ты что — приехал опять?» — спросил я. «Да, — ответил он. — Я узнал, что матери опять нездоровится, и приехал, чтобы поцеловать её руку, потому что она уже в возрасте и может умереть. Для меня самое большое богатство — благословение моей мамы». Человеку шестьдесят лет — и он едет из Йоханнесбурга в Грецию, чтобы поцеловать руку своей мамы! И сейчас

---

[7] См. Быт. 27.

Бог благословил этого человека такими средствами, что он хочет устроить большой дом престарелых для священнослужителей и подарить его Церкви. То есть он, можно сказать, завален благословениями и не знает, куда их девать! Такая душа для меня всё равно что бальзам. Будто идёшь по пустыне Сахара и неожиданно находишь немного воды. Потихоньку всё это теряется и уходит.

А ещё один человек пришёл ко мне в каливу весь в слезах. «Отче, — стал говорить он, — моя мать меня прокляла. И вот у меня в семье сплошные болезни, расстройства, на работе всё идёт наперекосяк…» — «Наверно, и сам ты дал матери какой-то повод, — ответил ему я. — Ведь она не могла проклясть тебя ни с того ни с сего». — «Да, — говорит, — я тоже был ещё тот сыночек…» — «Пойди, — говорю, — и попроси у матери прощения». — «Пойду, отче, — ответил он. — Дай мне твоё благословение». — «Своё благословение я тебе даю, — сказал я ему, — но ты должен взять благословение и от матери». — «Вряд ли она даст мне благословение». — «Пойди, — говорю, — к ней и, если она тебе его не даст, скажи ей так: „Один старец сказал мне, что и ты тоже когда-то предашь душу Богу"». Он пошёл к своей матери, и она благословила его так: «Дитя моё, да придёт на тебя благословение Авраамово!» Прошло немного времени, и он снова приехал на Афон, привезя мне подарки — вишнёвый компот и лукум. Он был полон радости. Его дети были здоровы, на работе всё шло хорошо. В его глазах стояли слёзы, и он без конца говорил: «Слава Богу!» Жизнь этого человека изменилась, и он говорил только о духовном. А уж что говорить, если человек имеет уважение к родителям с самого начала! Как такой человек может не иметь благословения Божия?

ЧАСТЬ ЧЕТВЁРТАЯ

ДУХОВНАЯ ЖИЗНЬ

«Возлюбив Бога, признав Его великую Жертву и Его благодеяния, а также с рассуждением принудив себя к подражанию святым, человек быстро освящается: он начинает смиряться, чувствовать своё непотребство и великую неблагодарность Богу».

ГЛАВА ПЕРВАЯ
О ДУХОВНОЙ ЖИЗНИ В СЕМЬЕ

Чем больше человек ропщет,
тем больше он себя разрушает

— Геронда, откуда начинается ропот и как можно его избежать?

— Ропот имеет причиной чувство собственного злополучия, а прогнать его можно славословием Бога. Ропот рождает ропот, а славословие рождает славословие. Если человек, встретившись с трудностями, не ропщет, но славит Бога, то диавол лопается от злости и идёт к другому — к тому, кто ропщет, чтобы причинить ему ещё большие неприятности. Ведь чем сильнее человек ропщет, тем сильнее он себя разрушает. Иногда тангала́шка[1] окрадывает нас и учит нас не быть довольными ничем, тогда как всё случающееся с нами можно встречать с духовной радостью и славословием и иметь благословение Божие. Знаю одного монаха на Святой Горе. Если начнётся дождь и ты скажешь ему: «Снова пошёл дождь», то он начинает: «Да, всё льёт и

---

[1] *Тангала́шка* (греч. ταγκαλάκι) — такое прозвище преподобный Паисий дал диаволу. Тангала́ки (или башибузу́ки) — это нерегулярные и почти неуправляемые военные отряды в Османской империи, состоявшие из сорвиголов, славившихся своей жестокостью; им не платили жалованья, и питались они за счёт мародёрства, грабя и убивая мирное население. — *Прим. пер.*

льёт. Скоро сгниём от этой сырости». Если дождь вскоре прекратится и ты скажешь ему: «Дождик прошёл», то он ответит: «Да разве это дождь? От таких дождей всё засохнет...» Нельзя сказать, что у этого человека не в порядке с головой. Нет. Просто он привык быть ропотливым. Человек находится в здравом уме, а мыслит, словно безумный!

В ропоте присутствует проклятье. То есть человек ропщущий всё равно что проклинает себя, и потом к нему приходит гнев Божий. В Эпире я был знаком с двумя крестьянами. У одного была семья, два небольших участка земли, и он с доверием вверял всё Богу. Он трудился сколько мог, не мучая себя душевной тревогой. «Что успею, то успею», — говорил он. Иногда он не успевал убрать сено и оно гнило под дождём, иногда стога разбрасывал ветер, однако он говорил: «Слава тебе, Боже!» — и всё у него шло хорошо. У другого было много земли, коров и тому подобного. Детей у него не было. Если ты спрашивал этого человека: «Как у тебя дела?» — то он отвечал: «Какие там дела, лучше не спрашивай». Он никогда не говорил: «Слава Тебе, Боже», но всё брюзжал и роптал. И вы бы только посмотрели: то у него околевала корова, то с ним происходил какой-то другой неприятный случай, потом что-то ещё... У этого человека было всё, но он не преуспевал.

Поэтому я и говорю, что славословие — это великое дело. Бог даёт нам благословения, но вкусим мы их или нет — это зависит от нас. Однако как мы их вкусим, если Бог даёт нам, к примеру, банан, а мы начинаем думать о более вкусном ястве, которое кушает какой-нибудь миллионер? Знаете, сколько людей, съедая один чёрствый сухарь, день и ночь славословят Бога и питаются небесной сладостью! Эти люди приобретают духовную чуткость и понимают, когда рука Божия начинает их ласкать. А мы этого не понимаем, потому что наше сердце засалилось и нас не удовлетворяет ничто. Мы не понимаем того, что счастье в том, что имеет отношение к вечности, а не к суете.

Дадим Богу управлять нашей жизнью

— Геронда, почему в Евангелии Царство Божие уподобляется горчичному зерну: *éже егдá всéяно бýдет в земли́, мнéе всех сéмен есть земны́х: и егдá всéяно бýдет, возрастáет, и бывáет бóлее всех зéлий*[2]?

— Горчичное семя очень маленькое, но когда растение вырастает, оно становится большим кустарником. На его ветвях могут сидеть даже птицы. Слово Божие уподобляется горчичному зерну, потому что от одного маленького евангельского слова человек развивается и постигает Царствие Божие.

— Геронда, как можно почувствовать то, о чём говорит Священное Писание: *Цáрствие Бóжие внýтрь вас есть*[3]?

— Послушай, благословенная душа, когда мы имеем в себе часть райской радости, тогда Царствие Божие внутрь нас есть. И напротив: когда мы имеем в себе душевную тревогу, угрызение совести, тогда мы носим в себе часть адской муки. Великое дело, если человек уже в этой жизни начинает чувствовать часть райской радости. И достичь этого нетрудно: однако, к несчастью, наш эгоизм мешает нам достичь этого духовного величия.

Сам человек, принимая то, чтобы Бог управлял им как Добрый Отец, может сделать свою жизнь райской. Надо иметь доверие Богу, надеяться на Него во всём, что бы

---

[2] Мк. 4:31-32.
[3] Лк. 17:21.

мы ни собирались делать, — и славить Его за всё. Не надо иметь душевной тревоги. Душевная тревога приводит к душевному надлому, она парализует душу. Если человек ищет Царствия Небесного, то ему даётся и всё остальное. Евангелие говорит: *Ищи́те же пре́жде Ца́рствия Бо́жия*[4], а также *Ца́рствие Бо́жие восхища́ют ну́ждницы*[5].

Сегодня люди сами усложнили свою жизнь, потому что они не довольствуются малым, но постоянно гонятся за материальными благами. Однако те, кто хочет жить настоящей, неподдельной духовной жизнью, прежде всего должны научиться довольствоваться малым. Если люди упростили свою жизнь, если она не обременена многими хлопотами, то это и освободит их от мирского духа, и даст им свободное время для духовных занятий. В противном случае, стараясь поспеть за модой, люди будут уставать, терять мир и тишину и приобретать великую душевную тревогу.

Я вижу, как иногда сами люди делают свою жизнь мученической! Сегодня, когда я выезжал с Афона, один человек из Урано́поля[6] на своей машине подвёз меня сюда, в монастырь, и по дороге попросил ненадолго заехать к нему домой. Поскольку он настаивал, я не хотел его расстраивать. Как только мы подошли к двери его дома, я увидел, что он снимает ботинки и на цыпочках идёт по коридору. «Что с тобой случилось, почему ты так странно ходишь?» — спросил я его. «Ничего страшного, геронда, — ответил он, — просто я стараюсь ступать аккуратно, чтобы не испортить паркета». Ну что тут скажешь? Люди сами мучают себя без причины.

---

[4] Мф. 6:33.
[5] Ср. Мф. 11:12.
[6] *Урано́поль* — городок в Халкидики́ (Греция), откуда паломники морем отправляются на Афон. — *Прим. пер.*

Боль за ближнего помогает семье

Чем больше материальных благ приобретают сегодня люди, тем больше они приобретают проблем. Ни Бога они не благодарят за Его благодеяния, ни несчастья своих ближних не видят. А не видя несчастья ближних, они не оказывают им милостыню. Люди тратят деньги без цели и не думают о своём ближнем, которому нечего есть. Как после этого к ним придёт благодать Божия? Даже если у человека есть семья, всё равно он должен на чём-то экономить и откладывать деньги, чтобы оказывать милостыню другим. Ему надо объяснить своей жене и детям, что где-то живёт брошенный всеми больной человек или очень нуждающаяся бедная семья. И если у них нет денег, чтобы помочь несчастным, то он должен сказать своим близким: «Давайте подарим этим несчастным хотя бы какую-нибудь христианскую книгу, ведь у нас их много». Подавая милостыню тем, кто испытывает нужду, человек помогает и самому себе, и своей семье.

Знаете, как нуждаются несчастные верующие в России! Как-то я подарил одному русскому священнику коробочку ладана и сказал: «Прими этот скромный подарок».—«Да разве это скромный подарок?—ответил он.— Ведь у нас в России такого хорошего ладана не найти». А знаете, как мучаются беженцы из России и других стран здесь, в Греции? На Халкидики я познакомился с человеком, приехавшим из России. Он укладывал каменные плиты, получал триста драхм за квадратный метр[7] и говорил: «Слава Тебе, Боже, что у нас есть хлеб». Поэтому, когда один подрядчик пожаловался мне, что во время работы он «перегружает» себя грехами, я ему ответил: «Если ты загрузишь работой этих беженцев и

---

[7] Произнесено в 1992 году. 300 драхм—приблизительно 1 доллар США.

поможешь им, то разгрузишь себя от грехов. Ведь этим несчастным негде жить. По сравнению с ними ты — Онáссис[8]».

Желая, чтобы мы возделывали добродетель, Бог попускает болезни, нищету и тому подобное. Ведь Бог мог бы исцелить больных и обогатить нищих, Он мог бы устроить всех, но тогда мы имели бы ложное чувство, что мы добродетельны. Мы называли бы себя, к примеру, милостивыми, не являясь таковыми на самом деле, тогда как сейчас наши добродетели видны из наших дел. Слава Богу, есть люди, которые приносят себя в жертву ради ближнего. Я был знаком с человеком, который, демобилизовавшись из армии, сразу же был несправедливо осуждён на большой срок тюремного заключения. Он сознательно пошёл на это для того, чтобы спасти одну семью. Этот человек не подумал ни о том, что он себя скомпрометирует, ни о своей будущей карьере.

Я вижу, что Бог устраивает так, чтобы в каждой семье по крайней мере один человек имел веру и благоговение, для того чтобы остальные члены этой семьи тоже получали помощь! В Конице я был знаком с семьёй, все члены которой были равнодушны к Церкви, кроме одной из дочерей. Эта девушка, едва заслышав звон колокола, снимала фартук, оставляла незавершёнными все свои дела и спешила в церковь. Даже когда в село пришли немцы и пономарь стал звонить в колокол, извещая об этом народ, эта девушка побежала в церковь на вечерню! И хотя её родители были людьми весьма прижимистыми, сама она была очень сердобольной. Отец этой девушки от скупости питался не нормальной пищей, а сухим хлебом, который размачивал в воде.

---

[8] *Онáссис Аристотель* (1906–1975) — греческий мультимиллионер, крупнейший судовладелец, был одним из самых богатых людей мира.

Её мать тоже была очень прижимистой. Несмотря на то что её дети занимали ответственные должности и были богатыми, она, чтобы не потратить ни спички, рылась в золе в поисках ещё не потухшего уголька и куском сена разжигала от него огонь. Чтобы не покупать кофейник, они варили кофе в консервной банке! Но меня её мать любила. Я в то время жил в монастыре Стомион. И вот если эта девушка хотела взять что-то из дома своих прижимистых родителей, чтобы дать в милостыню какому-нибудь бедняку, и не могла взять эту вещь тайком, то она говорила матери: «Мама, эта вещь нужна монаху». — «Отдай ему, отдай», — отвечала ей та. Эта скупая женщина была согласна что-то дать только монахам. И раньше, при оккупации, её дочь тайком помогала беднякам. Она незаметно брала из амбаров пшеницу, на своих плечах несла её на мельницу, молола и раздавала бедным семьям муку. Однажды мать застала её «на месте преступления». Как же девушке досталось! Тогда она дала Богу обет. «Боже мой, — сказала она, — помоги мне найти какую-нибудь работу, и всю свою зарплату я буду отдавать в милостыню». И на следующий день её пригласили на работу в одно благотворительное учреждение. Ох, как же она обрадовалась! Она сдержала обещание: для себя не купила на заработанные деньги даже пары чулок: всё отдавала в милостыню. Знаете, сколько людей ей сейчас говорят: «Спаси тебя Господи. Да будет благословен прах твоих родителей!» Вот так за её милостыню Бог помиловал потом и её мать.

Возделывание добродетели в семье

— Геронда, как может возделать в себе добродетель человек, имеющий семью?

— Бог даёт для этого благоприятные возможности. Но многие, хотя и просят Бога, чтобы он давал им благоприятные возможности по возделыванию добродетели, встречаясь с какой-то трудностью, начинают роптать. Например, иногда Благий Бог от Своей безграничной любви, желая, чтобы муж возделал в себе смирение и терпение, забирает Свою благодать от жены, которая начинает вести себя с «выкрутасами» и обращаться с мужем грубо. В этом случае муж должен не роптать, но радоваться и благодарить Бога за ту благоприятную возможность, которую Он даёт ему для подвига. Или, например, мать просит у Бога, чтобы Он подавал ей терпение. Потом она накрывает на стол, к столу подходит её ребёнок, тянет за край скатерти, и вся посуда сыплется на пол. Малыш словно говорит своей матери: «Мама, терпи!»

И вообще, те трудности, которые существуют в сегодняшнем мире, вынуждают людей, желающих жить хоть немного духовно, не расслабляться, не спать. Когда, Боже упаси, начинается война, то люди не расслабляются, не смыкают глаз. Нечто подобное, как я вижу, происходит сейчас с теми, кто старается жить духовно. Да вот взять хотя бы тех молодых, которые живут церковной жизнью. Какие же трудности приходится им, бедным, испытывать! Однако та брань, которую они испытывают от грязного мира, в котором живут, некоторым образом помогает им не зевать. А вот в мирное время, когда трудностей нет, видишь, что большинство людей равнодушны к вопросам веры и нравственности. Тогда как и это мирное время людям тоже надо использовать для духовного преуспеяния: им надо постараться отсечь свои недостатки и возделать добродетели.

В духовной жизни очень помогает безмолвие. Хорошо, чтобы распорядок дня был составлен таким образом, чтобы в нём было определено время для безмолвия. Пусть в этот час человек всматривается в себя, чтобы познать свои страсти и подъять подвиг, для того чтобы их отсечь и очистить своё сердце. И совсем хорошо, если в доме есть какая-то тихая комната, атмосфера которой напоминает атмосферу монашеской кельи. Там *в та́йне*[9] можно исполнять свои духовные обязанности, читать духовные книги, молиться. Если молитве предшествует недолгое духовное чтение, то оно ей очень помогает, потому что и душа от такого чтения согревается, и ум переносится в духовную область. Поэтому если у человека, которому в течение дня приходится отвлекаться на многое, есть десять минут для молитвы, то ему предпочтительнее две минуты этого времени почитать что-то сильное, чтобы прогнать рассеянность.

— Геронда, а не кажется ли Вам, что жить такой жизнью, которую Вы описываете, в миру сейчас не очень-то просто?

— Нет, есть миряне, живущие очень духовно. Они живут как подвижники: соблюдают посты, совершают службы, молятся по чёткам, кладут поклоны — несмотря на то что у них есть дети и внуки. По воскресеньям такие люди идут в церковь, причащаются и снова возвращаются в свою «келью», подобно пустынникам, которые в воскресный день приходят в соборный храм скита и потом опять безмолвствуют в своих каливах. Слава Богу, в мире много таких душ. И если говорить конкретно, то я знаю одного главу семьи, который постоянно творит Иисусову молитву — где бы он ни находился. Этот человек всегда имеет в своей молитве слёзы. Его молитва сделалась самодвижной, и его слёзы сладки, это слёзы божественного радования. Помню и одного

---

[9] См. Мф. 6:4.

рабочего на Святой Горе. Его звали Янис. Он трудился на очень тяжёлых работах и работал за двоих. Я научил его творить во время работы Иисусову молитву, и постепенно он к ней привык. Однажды он пришёл ко мне и сказал, что, творя Иисусову молитву, чувствует большую радость. «Забрезжил рассвет», — ответил я ему. Прошло немного времени, и я узнал, что этого человека убили два пьяных хулигана. Как же я заскорбел! Прошло ещё несколько дней, и один монах стал искать инструмент, который Янис куда-то положил, но не мог найти. И вот Янис явился ему во сне и сказал, куда он положил этот инструмент. Этот человек достиг высокого духовного состояния и мог помогать другим из жизни иной.

Насколько же проста духовная жизнь! Возлюбив Бога, признав Его великую Жертву и Его благодеяния и с рассуждением понудив себя к подражанию святым, человек быстро освящается. Лишь бы он смирялся, чувствовал своё окаянство и свою великую неблагодарность Богу.

Молитва в семье

— Геронда, вся семья должна читать повечерие вместе?[10]

— Взрослые должны в этом отношении вести себя благородно. Они должны читать повечерие и говорить маленьким детям: «Если хотите, то помолитесь немного вместе с нами». Когда дети немного подрастут, то они могут иметь определённый «типикон» в отношении молитвы: например, если взрослые молятся пятнадцать минут, то дети — две или пять, а если хотят больше, то пусть молятся сколько хотят. Если родители силком

---

[10] Подобно тому, как в России принято утром читать утренние молитвы, а вечером — вечерние, так в Греции принято утром читать полунощницу, а вечером — малое повечерие. — *Прим. пер.*

заставляют детей выстаивать вместе с ними всё повечерие, то потом дети начинают «брыкаться». Не надо давить на детей, потому что они ещё не поняли силы и достоинства молитвы. К примеру, родители могут есть и фасоль, и мясо, и любую другую жёсткую пищу. Однако если малыш питается пока одним молоком, то разве родители будут заставлять его есть мясо — по той причине, что оно более калорийно? Оно действительно более калорийно, однако младенец пока не сможет его переварить. Поэтому вначале, чтобы приучить малыша есть мясо, родители дают ему его по чуть-чуть — маленький кусочек в ложечке мясного бульона, чтобы потом сам ребёнок захотел такой пищи.

— Геронда, иногда не только дети, но и взрослые к вечеру настолько устают, что не могут прочитать даже повечерия.

— Если они очень устали или больны, то пусть прочитают не всё повечерие, а половину. Или хотя бы пусть прочитают один раз «Отче наш». Нельзя оставлять молитву совсем. Подобно тому как во время войны солдат, окружённый врагами на высоте, время от времени делает выстрел из своей винтовки, чтобы враги боялись и не шли в атаку, так и людям, у которых не остаётся сил на полноценную молитву, надо делать молитвенные «выстрелы», чтобы тангалашка боялся и убегал.

Молитва в семье обладает большой силой. Я знаю двух братьев, которые своей молитвой сумели удержать от развода своих поссорившихся родителей, и не только удержать, но и связать их между собой ещё сильней, чем раньше. Наш отец говорил нам: «Чем бы вы ни занимались, два раза в день вы обязаны отдавать Богу рапорт — для того чтобы Он знал, где вы находитесь». Каждое утро и каждый вечер все мы: отец, мать и братья и сёстры — совершали молитву перед иконостасом, а в конце молитвы клали поклон перед иконой Христа. А когда у нас в семье случались искушения, трудности, то мы молились, чтобы они разрешились. Помню, когда однажды заболел мой младший брат, отец сказал: «Пойдёмте, попросим Бога, чтобы Он или исцелил его, или забрал к Себе, чтобы он не страдал». Мы помолились всей семьёй, и наш брат выздоровел. И за стол мы тоже садились все вместе. Сперва читали молитву и потом начинали есть. Если кто-то начинал есть до благословения трапезы, то мы говорили: «Он соблудил». Недостаток воздержания мы считали блудом. Если каждый член семьи без причины возвращается домой, когда ему заблагорассудится, и садится за стол один, это ведёт к распаду семьи.

Духовная жизнь супругов

— Геронда, что делать жене, если её муж не живёт духовно?

— Пусть она вверит своего мужа Христу и молится, чтобы его сердце немного смягчилось. Пройдёт время, потихоньку Христос высадит в его сердце «десант», и муж начнёт задумываться. А как только сердце мужа немного смягчится, жена может попросить его, к примеру, подвезти её на машине до церкви. Ей не надо его уговаривать: «Ну почему же ты не идёшь в церковь», но всего лишь попросить: «Не мог бы ты, если тебе не трудно, подвезти меня до храма?» А подвезя её до церкви, муж может сказать: «Ну, раз уж я сюда приехал, дай-ка и я зайду в храм Божий да поставлю свечку». И не исключено, что потом он потихоньку духовно пойдёт и дальше.

— Геронда, может ли духовник жены каким-то образом помочь и мужу?

— Иногда, для того чтобы помочь мужу, духовник должен совершать духовную работу над женой. А потом то хорошее, что есть у жены, передастся и мужу. Если у него доброе сердце, то Бог поможет ему измениться.

Женщина имеет благоговение в своей природе. Но если мужчина, будучи сперва равнодушным к Церкви, потом духовно берётся за ум, то он в духовном отношении уверенно идёт вперёд, а жена за ним не поспевает. Может случиться и такое: жена начинает ему завидовать, потому что сама духовно топчется на месте. Поэтому в подобных случаях я советую мужьям быть внимательными. Ведь что происходит? Чем дальше муж духовно идёт вперёд, тем больше жена — если она не живёт духовно — идёт ему наперекор. Если, к примеру, муж скажет: «Мы опаздываем, поднимайся и пойдём в церковь», то она отвечает: «Вот сам и иди! Нет, ты меня не понимаешь, ведь у меня куча работы…» Или если муж, к примеру, скажет: «Слушай, что же у тебя лампадка-то не горит?» — или хочет зажечь потухшую лампаду сам, то он ранит её эгоизм и она кричит: «Ты что, в попы собрался? Или в монахи?» Она даже может возразить ему так: «Да зачем мы вообще жжём эту лампаду? Лучше бы дали масло какому-нибудь бедняку». Да-да, она может дойти даже до этого. До протестантских глупостей. Конечно, потом жена сама расстраивается из-за кучи оправданий, которые наговорила, но одновременно она продолжает расстраиваться из-за того духовного преуспеяния, которое видит в своём муже. Поэтому в таких случаях в тысячу раз лучше, чтобы лампадка оставалась потухшей, чем если бы муж её зажёг. И вот, для того чтобы уберечь семьи от распада, я советую мужьям: «Когда твоя жена будет в спокойном расположении духа, скажи ей так: „Знаешь, ведь когда я хожу в церковь, молюсь, кладу какой-нибудь поклончик или читаю какую-то духовную книгу, то я ведь делаю это не от многого благоговения, нет. А потому, что всё это меня притормаживает, сдерживает и не даёт потоку этого ужасного общества, в котором мы живём, увлечь меня за собой. А то ведь знаешь: как закрутит меня по всем этим кабакам и компаниям…"» Если муж ставит вопрос таким образом, то жена радуется и тоже может измениться и обогнать его в духовном отношении. А поставив вопрос по-другому, он её страшно озлобляет и доводит до жалкого состояния. Они могут дойти даже до развода. Если муж хочет помочь жене духовно, пусть постарается связать её с семьёй, ведущей духовную жизнь, в которой мать и жена имеют благоговение — чтобы она захотела им подражать.

Дети и духовная жизнь

— Геронда, одна мать даёт своему ребёнку святую воду, а ребёнок её выплёвывает. Что делать в этом случае?

— Ей надо молиться за ребёнка. Возможно, она даёт ему святую воду так, что это вызывает у него противление. Для того чтобы дети шли по Божиему пути, родители тоже должны жить правильной духовной жизнью. Некоторые родители, ходящие в церковь, стараются помочь своим детям стать хорошими детьми, но не потому, что их волнует спасение их души, а потому, что они хотят иметь хороших детей. То есть их больше беспокоит то, что будут говорить об их детях другие люди, чем то, что их дети могут попасть в вечную муку. Но как в таком случае поможет Бог? Задача не в том, чтобы дети шли в церковь из-под палки, но в том, чтобы они полюбили Церковь. Они должны делать добро не из-под палки, но почувствовать его как необходимость. Святая жизнь родителей извещает детские души, и потом дети легко подчиняются отцу и матери. Так они растут, имея благоговение и двойное здоровье, избегая душевных повреждений. Если родители закручивают своим детям гайки, будучи побуждаемы к этому страхом Божиим, то Бог помогает и ребёнок получает помощь. Однако если они делают это от эгоизма, то Бог не помогает. Часто дети страдают от родительской гордости.

— Геронда, иногда матери спрашивают нас, как и сколько должны молиться трёх-четырёхлетние дети?

— А вы им скажите: «Ты — мама, вот ты и гляди, на сколько у твоего малыша хватит силёнок». Здесь устав ни к чему.

— Геронда, к нам в монастырь на всенощные бдения родители привозят малышей. Может быть, детям это утомительно?

— Во время утрени пусть они дадут детям немножко отдохнуть. А на Божественную Литургию пусть снова приводят их в храм.

Матери, не давя на детей, должны с самого малого возраста учить их молиться. Жители каппадокийских селений напряжённо переживали и хранили аскетическое предание. Они отводили своих детей в пещеры, храмы, часовни, где клали поклоны и молились со слезами, и таким образом их дети тоже учились молиться. Когда четы шли по ночам их грабить, то, проходя мимо этих маленьких церквушек, они слышали плач и удивлялись. «Что происходит? — спрашивали они. — Что же это за народ? Отчего они днём смеются, а ночью плачут?» Разбойники не могли понять, что происходит.

Молитвы маленьких детей могут творить чудеса. Бог даёт им то, что они у Него просят. Ведь дети чисты, непорочны, и поэтому Бог слышит их чистую молитву. Помню, однажды, когда наши родители ушли работать в поле, меня оставили дома вместе с двумя младшими братьями. Неожиданно небо потемнело, и начался страшный ливень. «Ах, каково сейчас нашим родителям! — забеспокоились мы. — Как они смогут вернуться домой?» Малыши начали плакать. «Идите сюда, — позвал их я. — Давайте попросим Христа, чтобы Он остановил дождь». Втроём мы упали перед иконостасом на колени и стали молиться. Через несколько минут дождь перестал.

Родители с рассуждением должны помогать своим детям с младых ногтей приблизиться ко Христу и переживать высшие духовные радости с самого раннего возраста. Когда дети начнут ходить в школу, родители потихоньку должны учить их читать духовные книги и помогать им жить духовно. Тогда они будут подобны маленьким ангелам и в своей молитве будут иметь большое дерзновение к Богу. Такие дети — настоящий духовный капитал для своих семей. В духовной жизни им особо помогают жития святых. Я, когда был маленьким, брал небольшие книжечки с житиями святых, издававшиеся в те годы, и уходил в лес. Там я читал, молился и просто летал от радости. От десяти до шестнадцати лет (пока не началась греко-итальянская война[11]), не обременённый попечениями, я жил духовной жизнью. Детские радости чисты: они отпечатываются в человеке и, когда он вырастает, очень трогают его сердце. Если дети живут духовно, то и в этой жизни они будут радостны, и в жизни иной будут вечно радоваться рядом со Христом.

Связи с родными и друзьями

— Геронда, одна госпожа спросила нас, что ей делать с двумя двоюродными сёстрами, которые много лет сидят у неё на шее.

---

[11] Война 1940 г. между Грецией и фашистской Италией. — *Прим. пер.*

— А что она хочет? Что, напишем новое Евангелие? От неё Бог хочет, чтобы она им помогала, а сам Он сделает то, что полезно их душам.

— Геронда, если между родными возникнет недоразумение, то надо ли что-то говорить, чтобы им помочь?

— Да, надо поговорить с ними, но деликатно. Ведь если промолчать, это может привести ко злу. Если же человека, давшего добрый совет поссорившимся родственникам, неправильно поймут и на него обидятся, тогда ему надо сказать: «Простите меня за то, что я вас расстроил», и после этого оставить их в покое и молиться за них.

Человек, который хочет жить мирно, должен быть особо внимательным в отношениях с родными и друзьями. Он не должен обманываться той воспитанностью и хорошими манерами, которые, возможно, встречает в других. Мирская вежливость и хорошие манеры могут привести к немалому злу — потому что они имеют в себе лицемерие. Внешнее поведение человека может представлять его совершенным святым в глазах других, однако когда другим откроется его внутренний мир, окажется, что на деле всё было наоборот.

— Геронда, если человек чувствует, понимает, что его ближний относится к нему по-доброму, то будет правильным выражать за это свою благодарность?

— Если это очень близкий человек, то не нужно, потому что, во-первых, он тоже когда-то ему помогал и благодетельствовал, а во-вторых, и сам он чувствует ту внутреннюю благодарность, которую другой испытывает по отношению к нему. Однако если тот, кто оказал ему благодеяние или отнёсся по-доброму, не столь близок, тогда ему нужно выразить свою благодарность, как он может. Людям чужим мы говорим: «Спасибо». И если, к примеру, ребёнок захочет выразить родителям благодарность, то ему не останется ничего другого, как день и ночь, не переставая, говорить им «спасибо» за всё, что они для него делают.

Большая польза, если человек прост в своих отношениях с другими, если он всегда имеет о них добрый помысел и не относится ко всем людям всерьёз. Надо избегать споров и бесед, которые начинаются якобы ради духовной пользы, а приводят чаще к головной боли. Не надо ждать духовного понимания от людей, которые не веруют в Бога. Лучше молиться за таких людей, чтобы Бог простил и просветил их. С каждым надо говорить на том языке, который он понимает, и не надо открывать перед другими те великие истины, в которые ты сам веришь и которые переживаешь, потому что другие тебя не поймут, поскольку ты говоришь на иной частоте, находишься на волне иной длины.

Некоторые говорят: «Я хочу, чтобы и другие познали Христа — так же, как познал Его я». И эти люди начинают вести себя с другими как учителя. Однако их жизнь должна быть в согласии с тем, чему они учат. Уча своей жизнью иному «Христу» и сами не соответствуя тому, что говорят, они не могут сказать, что познали Христа. Не имея опыта духовной жизни, человек находится вне реальности, и рано или поздно его внутренний человек «предаст» его другим. Когда с болью и истинной любовью мы приближаемся к нашему ближнему, то эта истинная Христова любовь его изменяет. Человек, имеющий святость, — где бы он ни оказался — создаёт вокруг себя, если можно так выразиться, некое духовное электромагнитное поле и воздействует на тех, кто в это поле попадает. Конечно, мы должны быть внимательными и не растрачивать нашу любовь, не отдавать другим легко своего сердца, потому что часто некоторые люди берут наше сердце в свои руки, и после этого оно напрасно обливается кровью. Или же они не могут нас понять и на нас обижаются.

Искушения в праздники

— Геронда, почему в праздники обычно происходит какое-то искушение?

— А ты сама не знаешь? В праздники Христос, Божия Матерь, святые радуются и угощают других. Они дают людям благословение, дарят им духовные подарки. Ведь родители тоже устраивают угощение на именины своих детей, и короли устраивают амнистии, когда рождается принц. Так почему же святые не могут в свой праздник угостить людей чем-то духовным? И надо сказать, что радость, которую дают святые, сохраняется долгое время, и души людей получают от неё огромную пользу. Поэтому диавол, зная это, устраивает искушения, чтобы люди лишились полученных Божественных даров и праздник не принёс им ни радости, ни пользы. Вот и видишь, что часто в семье, когда все готовятся к Святому Причастию, диавол подзуживает их ругаться, и они не только не причащаются, но даже и в церковь не идут. Тангалашка делает всё для того, чтобы люди лишились Божественной помощи.

То же самое можно заметить и в нашей монашеской жизни. Часто тангалашка, из опыта зная, что в праздник мы получим духовную пользу, устраивает в этот день, а чаще накануне, какое-нибудь искушение. Да ведь он и есть искуситель — что же ещё он может устроить? И таким образом он портит нам внутреннее расположение. К примеру, он может подтолкнуть нас к спору или перебранке с каким-то братом, а потом приносит нам скорбь и надламывает нас душевно и телесно. Делая всё это, он не даёт нам получить от праздника пользу, пережить праздник в радости славословия Бога. Однако если Благий Бог видит, что сами мы не давали диаволу повода для искушения, что оно произошло только по его зависти, то Он нам помогает. А ещё большую пользу Он помогает нам получить в том случае, если мы смиренно берём на себя вину за происшедшее искушение и не осуждаем не только нашего брата, но даже и ненавидящего добро диавола. А что же, ведь это его работа: устраивать соблазны и распространять злобу. Тогда как человек, будучи образом Божиим, должен распространять мир и доброту.

ГЛАВА ВТОРАЯ
РАБОТА И ДУХОВНАЯ ЖИЗНЬ

Труд — это благословение

Геронда, в старину говорили: «Лучше протирать подмётки, чем одеяла». Что подразумевали под этими словами?

— Тем самым хотели сказать: «Лучше стирать подмётки, работая, чем лежать в кровати и лодырничать». Труд — это благословение, это дар Божий. Он оживляет тело и освежает ум. Если бы Бог не дал человеку труда, то человек покрылся бы плесенью. Люди трудолюбивые не перестают работать даже в старости. Если, ещё имея силы, они перестанут трудиться, то начнут унывать. Прекратить работу для таких людей равносильно смерти. Помню, в Конице один девяностолетний старичок работал не переставая. В конце концов он так и умер на пашне — в двух часах ходьбы от дома.

Но надо сказать и о том, что телесный покой, к которому стремятся некоторые, не является каким-то стабильным состоянием. Находясь в телесном покое, люди могут лишь на время забыть свою душевную тревогу. У них есть всё: обед, десерт, душ, отдых... Однако, как только всё это заканчивается, они стремятся к ещё бо́льшему покою. Таким образом, людям постоянно чего-то не хватает, и поэтому они постоянно расстроены. Они чувствуют пустоту, и их душа стремится эту пустоту заполнить. Ну а тот, кто устаёт от труда, имеет постоянную радость — радость духовную.

— Геронда, но если, например, у тебя проблемы с поясницей, то ты не можешь заниматься никакой работой.

— Что же, по-твоему, поясницу не нужно тренировать? Разве не поможет пояснице работа, которая будет для неё тренировкой? Я тебе вот что скажу: если человек ест, пьёт, спит и не работает, то у него «раскручиваются» все внутренние «винтики» и ему постоянно хочется спать, потому что его тело, его нервы расслабляются, расхлябываются. Потихоньку такой человек доходит до того, что не может делать ничего. Стоит ему немножко пройтись пешком, как он начинает задыхаться. А вот если он станет понемногу работать и двигаться, то у него укрепляются и ноги, и руки. Погляди: люди, которые любят труд, не спят подолгу или даже от усталости совсем не могут уснуть, однако, несмотря на это, у этих людей есть силы. Это происходит потому, что трудясь, они закаляются и укрепляются телесно.

Работа — это здоровье, особенно для человека молодого. Я заметил, что некоторые маменькины сынки, идя в армию, созревают, закаляются. Армия таким ребятам приносит очень большую пользу. Конечно, то, о чём я говорю, в основном относится к прошедшему времени. Сегодня в армии боятся побеспокоить солдат, принудить их к чему-то, потому что стоит их как-то «побеспокоить», они вскрывают себе вены, «подвергаются нервному потрясению»… Для того чтобы дети были здоровы, я советую родителям посылать их работать к кому-то и даже платить этому человеку деньги. Лишь бы дети любили работу, которую будут делать. Ведь если, имея силы и голову, юноша не работает, то он расслабляется, становится вялым и дряблым. А если при этом он ещё и видит, что другие преуспевают, то он запутывается в собственном эгоизме и ничему не радуется. Он постоянно имеет помыслы, и его ум словно забит соломой. Потом к нему идёт диавол и начинает нашёптывать: «Несчастный, какой же ты бездарь! Один твой сверстник стал преподавателем, другой открыл собственное дело и зарабатывает деньги, а до чего дойдёшь ты?» Таким образом диавол ввергает этого человека в отчаяние. Но если юноша начнёт работать, то приобретёт доверие к себе — в добром смысле этого слова. Он увидит, что тоже сможет справиться с трудностями, но, кроме этого, и его голова будет занята работой, и у него не останется времени на помыслы. То есть польза будет двойной.

Выбор профессии

— Геронда, некоторые родители подталкивают своих детей выбрать ту же самую профессию, что и они, и часто делают это очень настойчиво.

— Нет, они поступают неправильно. Не надо давить на детей, чтобы те делали то, что по душе родителям, если это не по душе самим детям. Я был знаком с юношей, который хотел поступить на богословский факультет и стать священником. Однако его мать была против, она настаивала, чтобы он пошёл в медицинский. Этот юноша выучился византийскому пению и пел в храме. Он сам сделал музыкальный инструмент и подбирал на нём церковные гласы. Многие церковные песнопения он знал наизусть. У него было немалое дарование, он писал тропари, составлял службы. Закончив среднюю школу, юноша поступил на богословский факультет. С его матерью от расстройства случилось нервное потрясение.

Потом она приходила ко мне и просила: «Помолись, отче, чтобы я выздоровела, и потом пусть мой ребёнок делает то, что ему нравится». Но выздоровев, она опять стала препятствовать тому, чтобы её сын учился богословию. И в конце концов он оставил богословский факультет, забросил пение и загубил себя зря. Видя, что юноши затрудняются в выборе специальности, я советую им следующее: «Посмотрите, какая профессия или наука вам нравится. Надо, чтобы вы делали то, к чему у вас природная склонность». Если же юноши или девушки думают избрать тот путь, к которому у них нет склонности, то я советую им отдать своё сердце тому, к чему они испытывают склонность, чтобы это пошло им на пользу. То есть я помогаю им выбрать то дело, которое им нравится, и профессию в соответствии со своими силами. Достаточно, чтобы то, что они делали, было по Богу. У кого-то склонность к музыке? Пусть он станет, например, хорошим музыкантом или хорошим церковным певчим и своим пением помогает тем, кто будет его слушать, так чтобы они возлюбили Церковь и молитву. У кого-то призвание к живописи? Пусть он станет художником или иконописцем и с благоговением будет писать иконы, которые станут творить чудеса. У кого-то призвание к науке? Пусть посвятит себя ей и станет трудиться с любочестием.

И посмотрите: с детского возраста заметно, к чему у человека призвание. Однажды в монастырь Стомион пришёл человек с двумя малышами — своими племянниками. Один — лет шести-семи, уселся рядом с нами и без остановки задавал нам разные вопросы. «Кем ты хочешь быть, когда вырастешь?» — спросил я его. «Адвокатом!» — ответил он. Второй ребёнок куда-то подевался. «Где же он? — спросил я его дядю. — Не свалился ли он в обрыв?» Мы вышли его поискать и услышали, как из столярной мастерской доносятся удары молотка. Заходим мы в мастерскую и видим, что малыш так здорово отделал теслом гладко обструганную крышку верстака, что она годилась после этого только в печку! «Кем же ты станешь, когда вырастешь?» — спросил я его. «Столяром-краснодеревщиком!» — ответил мальчуган. «Станешь, — говорю, — станешь. Ничего, что испортил доску! Подумаешь, экая важность».

Любовь к работе

— Геронда, почему некоторыми людьми во время работы овладевает скука?

— Может быть, они не любят свою работу? Или, может быть, во время работы они постоянно занимаются одним и тем же? Часто на некоторых производствах, например на фабрике, которая производит окна и двери, один мастер с утра до вечера склеивает между собой доски, другой постоянно вставляет в них стекла, третий каждый день проходит их замазкой. Эти люди постоянно делают одну монотонную операцию, а хозяин ходит и за ними присматривает. И это продолжается не день и не два. А если постоянно делать одно и то же, то людям это надоедает. В старину было не так: столяр принимал от строителей четыре стены и должен был передать хозяину готовый дом под ключ. Ему надо было настелить пол, вставить окна и двери, промазать стекла замазкой и так далее. Потом он принимался за разные витые лестницы, точёные перильца, потом всё это красил, потом была очередь за шкафами, за полками… А в конце он принимался за мебель. И даже если один мастер не занимался всем этим, всё равно он знал, как что сделать. В случае нужды столяр мог бы даже крышу покрыть черепицей.

Сегодня многие люди измучены, потому что они не любят своей работы. Они глядят на часы и с нетерпением ждут часа, когда можно уйти домой. А вот если у человека есть любовь, ревность к работе и ему небезразлично то, что он делает, то чем больше он работает, тем больше эта ревность разжигается. Потом человек отдаётся работе и, когда приходит время уходить, с удивлением спрашивает: «Как же прошло время?» Он забывает и о еде, и о сне, он забывает обо всём. Даже если он ничего не ел, голода он всё равно не испытывает, и даже если он не спал, его не клонит в сон. И не только не клонит — он радуется тому, что не спит! Он не мучается от голода или от недосыпания: работа для такого человека — праздник, торжество.

— Геронда, допустим, два человека делают одну и ту же работу. Почему от неё один получает духовную пользу, а другой — духовный вред?

— Всё зависит от того, как они делают эту работу и что они имеют в себе. Если человек трудится со смирением и любовью, то всё, что он делает, будет просвещённым, очищенным, радостно благодатным, и сам он будет чувствовать в себе внутреннее восстановление сил. А вот принимая гордый помысел о том, что он делает работу лучше другого, человек может чувствовать некое удовлетворение, однако это удовлетворение не наполняет его сердце, потому что душа не получает духовного извещения, не имеет покоя.

Кроме того, если человек делает свою работу без любви, то он устаёт. Например, если кто-то не любит работу и для того, чтобы окончить её, надо подняться в гору, то только один вид этой горы отнимает у него силы. Тогда как другой, делая то же самое от сердца, идёт и взлетает на гору, сам того не замечая. К примеру, если человек рыхлит грядки или пропалывает огород от сердца, то он может работать несколько часов и не уставать — несмотря на солнцепёк. Если же человек работает не от сердца, он то и дело останавливается, зевает, жалуется на жару и страдает.

— Геронда, может ли работа или наука поглотить человека настолько, что он станет безразличным к своей семье, к другим обязанностям?

— Работу надо любить просто: не надо быть в неё влюблённым. Если человек не полюбит свою работу, то будет уставать вдвойне — и телесно, и душевно. А раз он будет усталый душой, то и телесный отдых не будет восстанавливать его силы. Душевная усталость — вот что выматывает человека. Работая от сердца и испытывая радость, человек не выбивается из душевных сил, и телесная усталость тоже исчезает. Я знаком с одним генералом, который выполняет даже солдатскую работу. Знаете, как он болеет за солдат? Как отец. И знаете, какую он испытывает радость? Этот человек исполняет свой долг и радуется. Однажды в полночь он выехал с Эвроса, для того чтобы поехать в Ларису[1] на память святого Ахиллия[2] и успеть на Божественную Литургию, хотя ему можно было бы приехать и позже, только на молебен. Однако он решил поехать раньше, чтобы почтить святого. Всё, что делает этот человек, он делает от сердца.

Удовольствие, которое чувствует человек, любочестно выполняющий свою работу, — это доброе удовольствие.

---

[1] Расстояние между *Эвросом* (область Греции, граничащая с Турцией) и *Ларисой* (крупный город в Центральной Греции) — примерно 400 км. — *Прим. пер.*

[2] *Святитель Ахиллий* в течение 35 лет был епископом города Ларисы, исцелял больных, творил чудеса. На I Вселенском Соборе (325) он, подобно святителю Спиридону, сотворил чудо: извёл из скалы струю масла. Его святые мощи с X века находились в Болгарии, до 1981 года, когда были возвращены в Ларису. День памяти 15 (28) мая. — *Прим. пер.*

Это удовольствие дал Бог, для того чтобы не уставало Его создание. Это — восстановление сил через усталость.

Каждый должен духовно использовать то дарование, которое у него есть

Каждый человек должен во благо использовать имеющееся у него дарование. Ведь Бог, наделив человека каким-то дарованием, и спросит с него за это. К примеру, ум человека — это данная ему сила. Но в соответствии с тем, как каждый будет пользоваться своим умом, он может сделать добро или зло. Если, будучи очень умным, человек использует свои способности правильно, то он может делать изобретения, которые будут помогать людям. Однако, использовав данные ему способности неправильно, человек может изобретать, к примеру, способы грабежа своего ближнего. Или, например, взять художников, которые печатают свои рисунки в газетах и журналах. Одна карикатура, один рисунок может скрывать в себе целое событие. То есть если бы эти художники использовали гибкость своего ума с пользой, то они бы её освятили и помогли бы и самим себе, и другим. Тогда как сейчас многие из таких людей делают недоброе дело: если они бесстыдники — то бесстыжее, если они смехотворцы — то смехотворное.

То есть люди одарённые, наделённые особенными способностями, либо приносят другим пользу, либо их разрушают. Тогда как те, кто особенных способностей не имеет, конечно, не могут сделать большого добра, но, по крайней мере, и большого зла они тоже не могут сделать.

Работа и душевная тревога

— Геронда, у многих людей взвинчены нервы, когда они возвращаются после работы домой.

— Я советую мужчинам после работы зайти в какой-нибудь храм, поставить свечку, постоять десять-пятнадцать минут на службе или посидеть где-нибудь в сквере и почитать отрывок из Евангелия, для того чтобы умиротвориться. После этого пусть идут домой — умиротворённые и улыбающиеся. Ведь в противном случае они будут приходить домой раздражённые и затевать ссору с ближними. Не надо приносить домой те проблемы, с которыми они сталкиваются на работе: эти проблемы надо оставлять за дверью своего дома.

— Геронда, однако некоторые люди оправдывают свою взвинченность и нервность той ответственностью, которую они несут на работе и которая наполняет их душевной тревогой.

— Она наполняет их душевной тревогой, потому что они забывают сделать Бога помощником в своих делах. Лентяй со своей постоянной присказкой «ничего, Бог не оставит...» лучше, чем такие люди. По мне, так лучше человеку работать простым служащим, правильно и с любочестием выполнять работу, стараясь упростить свою жизнь, ограничиваться необходимым и иметь голову спокойной, чем быть владельцем предприятия и то и дело повторять: «Ах, как же мне быть?» И обычно такие большие люди имеют большие долги. А потом подмешивается гордыня. «Вот получу ещё один большой заём — построю то, устрою другое и буду жить припеваючи...» — говорят такие люди, но потом просчитываются, разоряются, и их имущество продают с молотка.

Кроме того, многие люди у себя на работе не трудятся головой. Они без толку выбиваются из сил и не справляются с порученным им делом. Потом они падают в глазах других, и их души наполняет тревога. К примеру, человек хочет выучиться какому-то искусству или ремеслу, годы напролёт ходит к учителю или в учебное заведение, но, будучи невнимательным, не может преуспеть, потому что не работает головой. Человек должен понять, что ему необходимо для работы, и восполнить недостающее. Например, будучи в миру и работая столяром, я увидел, что для мебели, которую я делал, мне необходим токарный станок. Ну и что же? Что, мне надо было искать токаря и просить, чтобы он мне помогал? Нет. Я приобрёл токарный станок и научился работать на нём сам. Прошло ещё какое-то время, и я увидел, что мне нужно делать винтовые лестницы. Я посидел, вспомнил геометрию и арифметику и научился изготавливать такие лестницы. Если не работать головой, то будешь мучиться. Я хочу сказать, что человек должен работать головой, потому что во время работы часто появляется куча проблем и осложнений. Работая головой, человек станет хорошим мастером и, зная, как поступать ему в каждой конкретной ситуации, будет идти вперёд. В этом вся основа. Голова должна быть производительной силой во всём. В противном случае человек остаётся недоразвитым и теряет время зря.

Освящение труда

Каждый человек своей молитвой, своей христианской жизнью должен освящать свой труд и освящаться сам. Если же на работе человеку подчиняются другие и он несёт за них ответственность, то он должен духовно помогать и им. Если кто-то находится в добром внутреннем состоянии, то свою работу он тоже освящает. К примеру, если юноши приходят к мастеру для того, чтобы он выучил их своему делу, одновременно он должен помогать им научиться жить духовно. Такое отношение поможет и самому начальнику, и его подчинённым, и его клиентам, потому что Бог будет благословлять его труд.

Любая профессия может быть освящена³. К примеру, врач не должен забывать: то, что главным образом помогает в медицине, есть благодать Божия. Поэтому он должен постараться стать сосудом Божественной благодати. Врач, будучи хорошим, добрым христианином и одновременно хорошим специалистом, помогает больным своей добротой и своей верой, поскольку он внушает им относиться к болезни мужественно и с верой. В случае серьёзной болезни такой врач может сказать больному: «Медицина как наука дошла вот до такого уровня. Однако там, где не хватает человеческих знаний, есть Бог, Который творит чудеса».

А учитель должен постараться исполнять своё служение с радостью и помогать детям в их духовном возрождении. Ведь духовное возрождение детей по силам не всем родителям, даже если они расположены по-доброму. Обучая детей знаниям, учитель одновременно должен стараться, чтобы они стали настоящими людьми. Иначе какой им будет прок от выученной грамоты? Общество нуждается в правильных людях, которые — каким бы делом они ни занимались — исполняли бы его хорошо. Учитель должен смотреть не только за тем, хорошо ли выучен урок, но принимать во внимание и другие добродетели или положительные черты учеников — такие, как благоговение, доброту, любочестие. Оценки, которые ставит детям Бог, не всегда совпадают с теми оценками, которые ставят им учителя. Чья-то двойка для Бога может быть пятёркой с плюсом, а чья-то пятёрка с плюсом для Бога может оказаться двойкой.

---

³ Разумеется, кроме «профессий», несовместимых со званием христианина, которых в наше время стало особенно много, — например, бандит, вор, распространитель безнравственности, ростовщик, колдун, делающий аборты врач, скоморох и т. п. Такие «профессии» не только не могут быть освящены, но и требуют уврачевания покаянием. — *Прим. пер.*

Профессия не делает человека человеком

— Геронда, если во время работы человек испытывает беспокойство, то в чём причина этого?

— Может быть, он не относится к своей работе с добрыми помыслами? Если он относится к своему труду правильно, то работа, какой бы она ни была, будет для него праздником, торжеством.

— Геронда, а если человек расстраивается из-за того, что занимается тяжёлой или грязной работой? К примеру, трудится на стройке, моет котлы в столовой или занимается чем-то подобным? Как он должен себя расположить?

— Если он задумается о том, что Христос умыл ноги Своим ученикам[4], то расстраиваться перестанет. Христос сделал то, что Он сделал, как бы говоря нам: «Вы должны поступать так же». Чем бы ни занимался человек: моет ли котлы, чистит ли кастрюли, копает ли землю — он должен радоваться. Ведь кто-то и вовсе чистит канализацию, потому что иной работы найти не может. Весь день бедняга в грязи и микробах. А что он, не человек? Не образ Божий? Один глава семьи работал чистильщиком канализации и достиг высокого духовного устроения. Он заболел туберкулёзом, и хотя мог уйти с этой работы, не захотел, чтобы на его месте мучился кто-то другой. Этот человек любил жизнь низкую, презираемую другими, и за это Бог исполнил его благодатью.

Профессия не делает человека человеком. Я был знаком с портовым грузчиком, который воскресил мёртвого.

---

[4] См. Ин. 13:4-14.

Когда я был дике́ем[5] в Иверском скиту, однажды ко мне пришёл человек лет пятидесяти пяти. Придя поздно вечером, он не постучал в дверь, не желая беспокоить отцов, но лёг спать на улице. Когда братья скита это увидели, они завели его внутрь и известили об этом меня. «Что же ты не позвонил в колокольчик? — спросил я его. — Мы бы открыли тебе дверь и дали комнату в гостинице». — «Что ты такое говоришь, отец? — ответил он. — Как же я могу посметь побеспокоить братьев?» Увидев на его лице сияние, я понял, что он жил очень духовно. Потом этот человек рассказал мне о том, что в детском возрасте он остался без отца и поэтому, женившись, очень любил своего тестя. После работы он сначала заходил домой к тестю и тёще, а потом уже шёл к себе. Однако он очень расстраивался, потому что его тесть был большой сквернослов. Много раз он просил тестя перестать сквернословить, однако тот не унимался. Однажды тесть тяжело заболел. Его отвезли в больницу, и через несколько дней он умер. Когда тесть умирал, грузчик не был рядом с ним, потому что в это время он разгружал в порту корабль. Когда он пришёл в больницу и ему сказали, что тесть умер, он пошёл в морг и со многой болью стал молиться так: «Боже мой, прошу Тебя, воскреси его, чтобы он покаялся, и потом забери обратно». Тут же мёртвый открыл глаза и стал шевелить руками. Работники морга, увидев происходящее, в ужасе убежали. Грузчик забрал своего тестя домой, и тот совершенно поправился. После этого он прожил в покаянии ещё пять лет. «Отче мой, — рассказывал мне грузчик, — я благодарю Бога за то, что Он оказал мне эту милость. А кто я такой, чтобы Бог оказывал мне такую милость?»

---

[5] *Дике́й* — настоятель в святогорских скитах, выбираемый или назначаемый на один год. — *Прим. пер.*

У этого человека было много простоты. И при этом у него было такое смирение, что ему даже в голову не приходило, что он воскресил мёртвого. Он буквально рассыпался в прах от благодарности Богу за то, что Тот для него сделал.

Многие люди мучаются из-за того, что им не удаётся прославиться суетными славами или обогатиться суетными вещами. Они не задумываются о том, что от всех этих слав и богатств в жизни иной — то есть в жизни настоящей — не будет никакого толка. Да ведь и перенести-то их в ту иную, настоящую жизнь будет нельзя. Туда мы перенесём только те из наших дел, с помощью которых здесь, на земле, получим соответствующий «заграничный паспорт» для предстоящего нам великого и вечного путешествия.

ГЛАВА ТРЕТЬЯ
О ВОЗДЕРЖАНИИ В ПОВСЕДНЕВНОЙ ЖИЗНИ

От аскезы человек уподобляется бестелесным ангелам

— Геронда, как-то раз Вы нам сказали: «В духовной борьбе необходимо блокировать противника». Что Вы имели в виду?

— Во время войны врага стараются блокировать. Его окружают, загоняют внутрь городских стен, оставляют голодным. Потом его лишают и воды. Ведь если враг не имеет запасов воды, продовольствия и боеприпасов, то он бывает вынужден сдаться. Я хочу сказать, что если мы боремся с диаволом подобным же образом — постом и бдением, — то он бросает оружие и отступает. «Посто́м, бде́нием, моли́твою небе́сная дарова́ния прии́м…»[1] — говорит песнописец.

С помощью аскезы, подвига человек уподобляется бесплотным Силам. Конечно, воздерживаться нужно, имея в виду высшую духовную цель. Если человек воздерживается, чтобы избавиться от вредных для здоровья жиров, то он заботится лишь о благе своей плоти. В этом случае его аскеза похожа на аскезу тех, кто занимается

---

[1] Из общего тропаря преподобным: «Пусты́нный жи́тель и в телеси́ а́нгел…»

йогой. К несчастью, вопрос аскезы, подвижничества отодвинули на задний план даже люди, принадлежащие к Церкви. «Ну а что же, — говорят такие люди, — ведь надо покушать, насладиться одним, другим… Ведь Бог сотворил всё для нас». Знаете, что заявил мне один архимандрит за обедом, устроенным в нашу честь? Заметив, что я не мог заставить себя съесть больше, чем обычно, архимандрит сказал: *«А́ще кто Бо́жий храм растли́т, растли́т сего́ Бог»*[2]. — «А ты случайно, — спросил его я, — ничего не перепутал? К чему относится это место Священного Писания? К аскезе или к блудной, распущенной жизни? Священное Писание имеет в виду тех, кто растлевает, то есть разрушает своё тело — храм Божий — блудом, злоупотреблениями. Священное Писание не имеет в виду тех, кто совершает аскезу от любви ко Христу». А он — видишь как — успокаивал свой помысел и говорил: «Мы должны есть как следует, для того чтобы не „растлить" своим воздержанием храм Божий — своё тело»! А ещё один человек, посетив монастырь, делился со мной впечатлениями: «Я был в монастыре, где монахи так запостились, что заболели. Бурдюки с маслом у них совсем не тронуты. Вот до чего, отче, доводит пост и бдения!» Что ты тут скажешь? Такие люди не хотят ничего лишиться. Они съедают свой обед, свои фрукты и свои пирожные, а потом, желая себя оправдать, начинают обвинять других — тех, которые совершают аскетический подвиг. Такие люди никогда не чувствовали той духовной радости, которую даёт аскеза, воздержание. «Мне необходимо выпить столько-то стаканов молока, — говорит человек подобного склада. — Нет, постом я, конечно, буду воздерживаться. Однако потом я восполню те недостающие стаканы молока, ко-

---

[2] 1 Кор. 3:17.

торых был лишён во время поста мой организм! Ведь мне необходимо получить столько-то белка». И дело не в том, что его организм действительно нуждается в белке. Нет, он говорит, что имеет право пить это молоко, и успокаивает свой помысел тем, что у него всё в порядке, тем, что это не грех. Но даже если человек просто будет думать подобным образом, это уже будет грехом. До чего же доходит человеческая логика! Человек умудряется выполнять установленные Церковью посты, но при этом и не лишаться того, что во время этих постов он потерял. Э-э, ну как после этого в таком человеке устоит Дух Святой?

А посмотри, каким любочестием отличаются некоторые семейные люди! Как-то раз один очень простой человек, имевший девять детей, пришёл на исповедь, и духовник благословил его причаститься. «Эх, батюшка, — ответил тот. — Куда мне там причащаться! Ведь кушаем-то мы с маслицем. Я ведь работаю. И дети мои тоже». — «А сколько у тебя детей?» — спросил его духовник. «Девять». — «А много ли масла вы добавляете в пищу?» — «Две ложки растительного». — «Сколько же масла тебе достаётся, горемыка ты мой? — воскликнул духовник. — Иди и причащайся!» На одиннадцать душ — всего-навсего две ложечки растительного масла. И при этом его ещё мучил помысел!

Я знал мирян, освятившихся от той аскезы, которую они совершали. Да вот не так много лет назад на Святой Горе трудился один мирянин со своим сыном. Они проработали на Афоне долгое время. Потом у них на родине нашлась хорошая работа, и отец принял решение уехать со Святой Горы, забрав с собой и ребёнка, чтобы вся семья жила вместе. Однако сына привела в умиление аскетическая жизнь монахов, и он, помня о мирской жизни с её душевной тревогой, возвращаться не захотел.

«Ведь у тебя, отец, — говорил он, — есть и другие дети. Оставь одного в Саду Пресвятой Богородицы». Он не поддался на уговоры отца, и тот был вынужден оставить его на Святой Горе. Этот парень был неграмотным, но очень чутким, он имел многое любочестие и простоту. Он чувствовал себя совсем недостойным монашеского пострига, поскольку считал, что исполнять монашеское правило и тому подобное ему будет не по силам. И вот он нашёл одну крохотную каливу, которую раньше использовали как стойло для вьючных животных, завалил дверь и окно камнями и ветками папоротника и оставил только маленькую круглую щель — нору, для того чтобы вползать в своё жилище и выползать из него. Изнутри он закрывал нору старым разорванным пальто, которое где-то подобрал. Он не зажигал даже огня. Гнёзда птиц были лучшими жилищами, чем его гнездо, берлоги зверей были лучшими домами, чем тот дом, в котором жил он. Однако радости, которую испытывала эта душа, не имеют и те, кто живёт в богатых дворцах. Ведь этот человек подвизался ради Христа, и Христос был рядом с ним — не только в его каливе, но и внутри его духовного дома — в его теле, в его сердце. Поэтому он жил в раю. Изредка он вылезал из своей берлоги и шёл в какую-нибудь келью, где братья занимались работами в огородах. Он помогал братии в трудах, и за это ему давали немного сухарей и маслин. Если ему не давали работать, то сухари и маслины он не брал. За те благословения, которые он принимал, он считал необходимым заплатить своим трудом вдвойне. Конечно, о его духовной жизни знал Один Бог, потому что он жил в безвестности, просто и без шума. Но по одному случаю, который стал потом известен, можно понять многое. Как-то он зашёл в один монастырь и спросил, когда начинается Великий пост, хотя Великий пост был для этого человека почти круглый год. Потом он ушёл к себе в «берлогу» и закрылся изнутри. Прошло почти три месяца, а он даже этого не заметил. Однажды он вышел из своей каливы и пошёл в один из монастырей, чтобы спросить, скоро ли Пасха. Он постоял на службе, причастился за Божественной Литургией и потом вместе с отцами пошёл на трапезу. На трапезе он увидел красные яйца. В тот день было отдание Пасхи[3]. Он удивился и спросил одного брата: «Слушай, неужели уже Пасха?» — «Какая там Пасха? — ответил тот.— Ведь завтра уже Вознесение!» То есть этот человек постился весь Великий пост и плюс ещё сорок дней до Вознесения! Таким вот образом он подвизался до самого смертного часа. Охотник нашёл его спустя два месяца после его смерти и сообщил о происшедшем в полицию и врачу. «От него не только не было трупного запаха,— рассказывал мне врач,— но, напротив, его тело издавало благоухание».

Пост детей

— Геронда, должны ли поститься перед Святым Причастием пяти-шестилетние дети?

— По крайней мере, вечером, накануне того дня, в который они будут причащаться, им надо покушать постную пищу с маслом. Но этот вопрос находится в компетенции духовника. Лучше, чтобы мать спросила духовника, как поститься её ребёнку, потому что у малыша могут быть проблемы со здоровьем и ему, к примеру, нужно пить молоко.

— Геронда, а сколько времени маленький ребёнок должен поститься?

---

[3] Тридцать девятый день после Пасхи, когда в последний раз в храме поётся «Христо́с воскре́се» и другие пасхальные песнопения.— *Прим. пер.*

— Если ребёнок крепкий, отличается здоровьем, то он может поститься. Кроме того, сейчас в продаже имеется огромное количество постных продуктов. Раньше дети постились и целыми днями носились и играли. В Фарасах Великим постом все — и дети, и взрослые — постились до девятого часа[4]. Родители собирали детей в крепости, оставляли им игрушки, чтобы те играли, а в три часа пополудни, когда церковный колокол звонил на Литургию Преждеосвященных Даров, шли в церковь и причащались. Святой Арсений Каппадокийский говорил: «Дети, если они целый день играют, о еде даже не вспоминают. Так неужели они не выдержат поста сейчас, когда в посте им помогает и Христос?»

И взрослых, которые не постятся, начинает обличать совесть, когда они видят, как постятся дети. Помню, я был маленьким и работал со своим мастером в одном доме. Там же мы и обедали. По средам и пятницам я уходил, не оставаясь на обед, и шёл есть к себе домой, потому что эти люди не постились. Однажды, помню, была среда, они принесли пирожные и хотели меня угостить. «Спасибо, — сказал им я, — но я пощусь». — «Погляди-ка, — удивились они, — мальчуган постится, а мы, взрослые дяди, едим всё подряд».

Пост с любочестием

Постом человек показывает своё произволение. От любочестия он предпринимает подвиг, аскезу, и Бог ему помогает. Однако если человек насилует себя и говорит: «Куда деваться? Вот снова пришла пятница — и надо поститься», то он себя мучает. А вот войдя в смысл

---

[4] То есть ничего не ели и не пили до трёх часов пополудни — девяти часов по византийскому времени.

поста и совершая пост от любви ко Христу, он будет радоваться. «В этот день, — будет думать такой человек, — Христос был распят. Ему не дали пить даже воды — Его напоили уксусом[5]. И я сегодня целый день не буду пить воды». Поступая так, человек почувствует в себе радость большую, чем тот, кто пьёт самые лучшие прохладительные напитки.

И погляди, многие мирские люди не могут выдержать пост в Великий Пяток. А вот на тротуаре, напротив какого-нибудь министерства, они могут сидеть, объявив голодовку протеста — от упрямства, настырности, — чтобы чего-то добиться. На это диавол им силы даёт. То, что они делают, — это самоубийство. А другие, когда приходит Пасха, с радостью громко поют «Христо́с воскре́се…», думая о том, как они сейчас хорошо покушают. Такие люди похожи на иудеев, которые хотели сделать Христа царём за то, что Он накормил их в пустыне[6]. А помните, что говорит пророк? *Про́клят творя́й де́ло Госпо́дне с небреже́нием*[7].

Одно дело, если у человека есть доброе расположение к посту, но он не может поститься, потому что, если не поест, у него будут дрожать ноги, он станет падать и тому подобное. То есть его силы, его здоровье не способствуют тому, чтобы он постился. Другое дело — если человек не постится, имея силы. Где тут найдёшь доброе расположение? А вот расстройство, огорчение того человека, который хочет, но не может подвизаться, восполняет многий подвиг, и сам он имеет мзду бо́льшую, чем тот, кто имеет силы и подвизается. Ведь тот, кто имеет силы и подвизается, чувствует и некое

---

[5] См. Мф. 27:34; Мк. 15:36; Лк. 23:36 и Ин. 19:29.
[6] См. Ин. 6:5-15
[7] Иер. 48:10.

удовлетворение. Сегодня приходила одна несчастная женщина лет пятидесяти пяти. Она плакала, потому что не может поститься. Муж с ней развёлся. У неё был один ребёнок, который попал в аварию и погиб, и она осталась одна. Её мать тоже умерла, и у неё нет ни крыши над головой, ни куска хлеба. То одна, то другая из её знакомых берут эту женщину в свой дом, и она делает там какую-нибудь работу. «У меня на совести лежит тяжкий груз, отче, — сказала мне несчастная, — потому что я ничего не делаю. И хуже всего то, что я не могу поститься. Ем что мне дают. Иногда, в среду и пятницу, дают постное, однако часто дают скоромное, и я бываю вынуждена есть скоромное, потому что, если я не ем, теряю силы и не могу стоять на ногах». — «Ешь, — сказал я ей, — поскольку у тебя нет сил». Человек должен за собой следить. Если он видит, что его сил не хватает, то пусть съест побольше. «Определи себе меру», — говорит преподобный Нил Постник[8].

— Геронда, а как в старину некоторые женщины в деревнях ничего не ели с чистого понедельника и до субботы святого Феодора Ти́рона?[9] Как у них хватало сил на такой пост — с кучей дел, с домом, детьми, скотиной, огородами?

— В своём помысле эти женщины говорили: «Если бы мы постились по-настоящему, то должны были бы ничего не есть до Великой Субботы». Ну ладно, думали, попощусь хоть до субботы первой седмицы — ведь эта суббота наступит скоро. Или, может быть, они думали: «Христос постился сорок дней[10]. Так что же, я не могу по-

---

[8] См. Творения преподобного отца нашего Нила Синайского. М., 2000. С. 130.

[9] То есть воздерживались от пищи и воды пять дней на первой седмице Великого поста.

[10] См. Мф. 4:2 и Лк. 4:2.

поститься всего одну неделю?» А кроме того, эти женщины отличались простотой и поэтому могли выдержать такой пост. Если у человека есть простота, смирение, то он приемлет благодать Божию, смиренно постится и божественно питается. Тогда он обладает Божественной силой, и во время продолжительных постов у него есть большой «запас прочности». В Австралии один юноша лет двадцати семи дошёл до того, что мог ничего не есть в течение двадцати восьми дней. Духовник прислал его ко мне, чтобы он мне об этом рассказал. Этот юноша был очень благоговейным и имел подвижнический дух. Он исповедовался, ходил в церковь, читал святоотеческие книги, а больше всего — Новый Завет. Однажды, читая в Евангелии о том, как Христос постился сорок дней, юноша умилился сердцем и подумал: «Если Господь, будучи Богом, а по человечеству — безгрешным Человеком, постился сорок дней, то что же надо делать мне — человеку очень грешному?» Поэтому он попросил у духовника благословение на пост, однако при этом даже не подумал высказать духовнику свой помысел о том, что в течение сорока дней он хотел совершенно ничего не есть и не пить. Итак, он начал пост с понедельника первой седмицы Великого поста и до Крестопоклонной недели постился, не беря в рот даже воды. А работал он на фабрике, и работа у него была тяжёлая — складировать ящики, ставя их один на другой. Когда наступил двадцать восьмой день поста, он почувствовал во время работы небольшое головокружение и поэтому ненадолго присел. Потом попил чаю и съел небольшой сухарик. Он подумал, что если упадёт и его отвезут в больницу, то там поймут, что он выбился из сил от поста, и скажут: «Посмотри-ка, эти христиане умирают от поста». — «Геронда, — сказал он мне, — пропостившись столько дней, я испытываю к пище отвращение. Но я заставляю себя что-то есть, потому что иначе не могу работать». Однако этого юношу беспокоил помысел о том, что он не восполнил сорока дней начатого им поста, и он высказал этот помысел духовнику. Духовник с рассуждением ответил: «И тех дней, что ты постился, было достаточно, не мучь себя помыслами». Потом духовник прислал его ко мне, чтобы, если у него всё же остался мучивший его помысел, я помог ему прогнать его. Желая убедиться в том, что побудительные причины молодого человека были чисты, я спросил его: «Ты что, дал клятву поститься сорок дней?» — «Нет», — ответил он. «Когда ты брал у духовника благословение на пост, то ты просто не подумал открыть ему свой помысел о том, что хочешь ничего не есть и не пить сорок дней, или же ты сознательно скрыл от него этот — якобы добрый — помысел, для того чтобы пропоститься сорок дней по собственной воле?» — спросил я снова. «Нет, отче», — снова ответил он. Тогда я сказал: «Я, конечно, и сам понимал твоё расположение. Но я спросил тебя об этом для того, чтобы ты сам понял, что за те дни, которые ты постился, ты будешь иметь небесную мзду. Этих дней было достаточно. И не мучай себя помыслами о том, что ты не смог выдержать сорокадневный пост. Однако в следующий раз говори духовнику и те добрые помыслы, которые у тебя есть, и то доброе, что ты скрываешь у себя в сердце. А духовник будет решать, нужно ли тебе брать на себя подвиг или что-то подобное этому». Этот юноша имел многое смирение благодаря тем смиренным помыслам, которые он в себе возделывал. И этот пост он подъял от многого любочестия, ради Христа. И было естественно, что Христос укрепил его Своей Божественной благодатью. А вот если подъять такой пост захочет кто-то не имеющий такого смирения и эгоистично говорящий: «А почему и я не могу сделать то же самое, раз это сделал другой?» — то он пропостится всего один-два дня и после этого свалится. И его ум тоже омрачится, потому что его покинет благодать Божия. Такому человеку станет жалко даже усилий, потраченных на тот пост, который он едва выдержал. Он даже может дойти до того, что скажет: «Ну и что дал мне этот пост?»

Посредством поста человек превращается в агнца, ягнёнка. Если он превращается в зверя, это значит одно из двух: либо то, что предпринятая аскеза превышает его силы, либо то, что он занимается ею от эгоизма и поэтому не получает Божественной помощи. Даже диких животных, зверей пост иногда приручает, смиряет. Погляди, ведь когда животные голодны, они приближаются к человеку. Инстинктивно животные понимают, что от голода они умрут, а приблизившись к человеку, могут найти пищу и остаться в живых. Однажды мне довелось видеть волка, который от голода стал как ягнёнок. Зимой, когда выпало много снега, он спустился с гор и зашёл к нам во двор. Мы с братом вышли покормить скотину, и я держал в руках светильник. Увидев волка, брат схватил ухват и начал его бить. И волк никак на это не реагировал.

Если человек не дойдёт до того, чтобы делать то, что он делает, от любви к Богу и от любви к сочеловеку — своему ближнему, то он растрачивает свои силы зря. Если он постится и имеет гордый помысел о том, что совершает что-то важное, то весь его пост идёт насмарку. Потом такой человек становится похож на дырявый бак, в котором ничего не держится. Попробуй налей в дырявый бак воды — потихоньку вся она утечёт.

Удовольствие лёгкого живота

Если человек не воздерживается, то он носит на себе целые запасы жира. А вот если он воздерживается и ест столько, сколько ему необходимо, то его организм сжигает съеденное, и оно не откладывается в теле.

Разнообразие блюд растягивает желудок и разжигает аппетит, но кроме этого оно делает человека дряблым и приносит ему телесные разжжения. Если за трапезой предлагается только одно блюдо и оно не очень вкусное, то человек, может быть, даже его не доест или — если оно вкусное и он увлечётся чревоугодием — съест чуть побольше. Однако если ты видишь перед собой рыбу, суп, картошку, сыр, яйцо, салат, фрукт и сладость, то ты хочешь всё это съесть и ещё просишь добавки. Аппетит разгорается и на одно, и на другое; съев что-то одно, хочешь съесть и то другое, что стоит рядом. И погляди, ведь человек не может перенести, вытерпеть от своего ближнего простого слова. Того он не переваривает, этого он не переваривает... А вот несчастный желудок терпит и смиряется со всем, что мы в него бросаем. А мы его спрашиваем, сможет ли он это переварить? То есть желудок, у которого нет разума, превосходит нас в добродетели! Он прилагает усилия, чтобы переварить всё! А если одна съеденная нами пища несовместима с другой, то, попадая в желудок, они начинают между собой «ругаться». И что тогда остаётся делать желудку? У него начинается несварение.

— А как, геронда, можно отсечь привычку много есть?

— Надо себя маленько притормаживать. Не надо есть то, что тебе нравится, чтобы не разжечь аппетит, потому что потихоньку-полегоньку «гумно» становится всё больше и больше. Потом желудок — этот, как говорит авва Макарий, «злой мытарь»¹¹ — постоянно просит ещё и ещё. Вкушая что-то, ты получаешь удовольствие, однако потом тебе хочется спать: ты не можешь даже работать. Если же есть пищу одного вида, это помогает отсечь аппетит.

— Геронда, а если на столе разнообразие блюд, однако в малых количествах, то человек встречается с той же самой трудностью?

— Э-э, трудность та же самая. Только партийные фракции невелики, и поэтому они не могут сформировать правительство!.. Когда есть разнообразие блюд, это похоже на то, что в животе собирается много политических партий. Одна партия раздражает другую, они сцепляются, бьются между собой — и начинается несварение желудка…

Удовольствие от умеренной пищи больше, чем то удовольствие, которое дают самые вкусные кушанья. Будучи ребёнком, я уходил в лес и в день съедал только кусочек бублика. О, да я не хотел ничего другого! Самые вкусные блюда не могли бы заменить того духовного удовольствия, которое я испытывал. Но я делал это с радостью. Однако многие люди никогда не чувствовали удовольствия лёгкого живота. Вначале, кушая что-то вкусное, они чувствуют удовольствие, а потом подключается гортанобесие, чревоугодие, они едят много и — особенно в пожилом возрасте — чувствуют тяжесть. Так они лишают себя удовольствия лёгкого живота.

---

¹¹ См. *Παλλαδίου, Ἐπισκόπου Ἑλενοπόλεως. Λαυσαϊκὴ Ἱστορία, Φιλοκαλία*, т. 6, ἔκδ. «Τὸ Βυζάντιον». Θεσσαλονίκη, 1996. Σ. 124.

ЧАСТЬ ПЯТАЯ

ОБ ИСПЫТАНИЯХ В НАШЕЙ ЖИЗНИ

«Для того чтобы пойти в сладкий рай, надо вкусить в этой жизни много горького и получить на руки „загранпаспорт" после пройденных испытаний».

ГЛАВА ПЕРВАЯ
ПРОИДО́ХОМ СКВОЗЕ́ ОГНЬ И ВО́ДУ…[1]

Кресты испытаний

— Геронда, я постоянно ношу на себе крестик, которым Вы меня благословили. Этот крестик помогает мне в трудностях.

— Знаешь, кресты каждого из нас — это такие же крестики. Они похожи на маленькие крестики, которые мы носим на шее и которые охраняют нас в нашей жизни. А что, ты думаешь, мы несём какие-то великие кресты? Только Крест Христов был очень тяжёлым, потому что Христос от любви к нам — людям — не захотел использовать для Себя Своей Божественной силы. А после распятия Он взял, берёт и будет брать на Себя тяжесть крестов каждого человека и Своей Божественной помощью и Своим сладким утешением облегчает нас от боли испытаний.

Благий Бог даёт каждому крест в соответствии с имеющимися у него силами. Бог даёт человеку крест не для того, чтобы он мучился, но для того, чтобы с креста человек взошёл на Небо. Ведь в сущности крест — это лестница на Небо. Понимая, какое богатство мы

---

[1] Пс. 65:12.

откладываем в небесную сокровищницу, терпя боль испытаний, мы не станем роптать, но будем славословить Бога, беря на себя тот маленький крестик, который Он нам даровал. Поступая так, мы будем радоваться уже в этой жизни, а в жизни иной получим и «пенсию», и «единовременное пособие». Там, на Небе, нам гарантированы владения и наделы, которые приготовил нам Бог. Однако если мы просим, чтобы Бог избавил нас от испытания, то Он даёт эти владения и наделы другим, и мы их лишаемся. Если же мы будем терпеть, то Он даст нам ещё и духовные проценты.

Человек, который мучается здесь, блажен, потому что чем больше он страдает в жизни этой, тем большую получает пользу для жизни иной. Это происходит потому, что он расплачивается за свои грехи. Кресты испытаний выше, чем те таланты, дарования, которыми наделяет нас Бог. Блажен человек, который имеет не один, а пять крестов. Страдание или мученическая смерть влекут за собой и чистую мзду. Поэтому в каждом испытании будем говорить: «Благодарю Тебя, Боже мой, потому что это было мне необходимо для моего спасения».

Испытания помогают людям прийти в себя

— Геронда, я получила известие о том, что страдания моих родных никак не кончаются. Будет ли когда-нибудь конец их скорбям?

— Терпи, сестра, и не теряй упования на Бога. Бог любит вас и попускает испытания для того, чтобы вся ваша семья духовно очистилась. Если посмотреть на испытания, постигшие твою семью, мирским взглядом, то вы покажетесь несчастными. Однако, посмотрев на них взглядом духовным, мы поймём, что вы счастливы, и в жизни иной вам будут завидовать те, которые считаются счастливыми в жизни этой. Терпя все эти испытания, твои родители всё равно что подвизаются. Ведь им непонятен или неведом иной — благородный, духовный способ подвига, то есть подвиг по собственному произволению. Но что ни говори, в испытаниях, постигших твою семью и некоторые другие семьи, скрыта какая-то тайна. Ведь за твоих родных совершается столько молитв! Кто весть суды Божии? Да прострёт Бог Свою руку и положит конец испытаниям.

— Геронда, а разве нельзя, чтобы люди приходили в себя не посредством скорбей и испытаний, а как-то по-другому?

— Всякий раз перед тем, как попустить испытание, Бог старается привести человека в чувство по-доброму. Однако Его не понимают, и поэтому Он попускает испытание. Посмотрите: ведь если непослушный ребёнок не слушается отца, то вначале отец пытается исправить его по-доброму, разрешает ему делать то, что он хочет. Однако если ребёнок не исправляется, то отец меняет доброту на строгость — для того чтобы исправить своё чадо. Так и Бог — иногда, если человек не понимает по-доброму, даёт ему испытания, чтобы тот пришёл в себя. Если бы люди не испытывали немного боли, болезней и подобного этому, то они превращались бы в зверей и совсем бы не приближались к Богу.

Эта жизнь ложна и коротка. И хорошо, что она коротка, потому что те горькие скорби, которые, подобно горьким лекарствам, исцеляют наши души, пройдут быстро. Посмотри, ведь и врачи, когда больные мучаются, дают им горькое лекарство, потому что больные исцеляются не от сладкого, а от горького. Я хочу сказать, что горькое влечёт за собой и здравие тела, и спасение души.

Когда нам больно, нас посещает Христос

Человек, который не проходит через испытания, который не хочет, чтобы ему было больно, не хочет потерпеть скорбь, не хочет, чтобы его расстраивали или сделали замечание, но стремится жить припеваючи, находится вне реальности. *Проидо́хом сквозе́ огнь и во́ду и изве́л еси́ ны в поко́й*, — говорит псалмопевец.

Посмотри, ведь и нашей Владычице Пресвятой Богородице было больно, и святые нашей Церкви тоже испытывали боль. Поэтому мы тоже должны испытать боль. Ведь мы следуем по тому же пути, что и они, только с той разницей, что, испытывая в этой жизни небольшое страдание или скорбь, мы погашаем счета своих грехов и достигаем спасения. Но и Христос пришёл на землю с болью. Он снишёл с Неба, воплотился, пострадал, претерпел распятие.

И сейчас христианин понимает, что его посещает Христос, именно из этого — из боли. Когда человека посещает боль — тогда его посещает Христос. А вот когда человек не испытывает никакой скорби — это похоже на то, что Бог его оставил. Такой человек и не расплачивается за грехи, и не откладывает никаких духовных сбережений. Конечно, я говорю о том, кто сам не хочет пострадать ради любви ко Христу. «Я здоров, — говорит такой человек. — У меня прекрасный аппетит. Я кушаю вдоволь, живу припеваючи и тихо». И такой человек при этом не говорит: «Слава Тебе, Боже!» Если бы он, по крайней мере, с благодарностью признавал все те благословения, которые подаёт ему Бог, это бы ещё куда ни шло. «Я был этого недостоин, — следовало бы сказать такому человеку. — Но, поскольку я слаб, Бог относится ко мне снисходительно». В житии святого Амвросия рассказывается о том, что как-то раз святитель и его спутники были приняты на ночлег в дом богатого человека. Видя там несметные богатства, святитель Амвросий спросил, испытывал ли этот человек хоть раз в жизни скорбь. «Нет, никогда, — ответил богач. — Мои богатства постоянно увеличиваются, мои нивы приносят изобильный урожай, я не испытываю никакой боли и даже не знаю, что такое болезнь». Тогда святой Амвросий заплакал и сказал своим спутникам: «Готовьте повозки и поскорее уедем отсюда, потому что этого человека никогда не посещал Бог!» И как только святой и его спутники вышли на улицу, дом богача рухнул! Та беззаботная, лишённая скорбей жизнь, которую проводил этот человек, была на самом деле оставлением Божиим[2].

«Его́же бо лю́бит Госпо́дь, наказу́ет…»[3]

— Геронда, отчего люди испытывают сегодня столько страданий?

— От любви Божией. Ты, будучи монахиней, поднимаешься рано утром, исполняешь своё монашеское правило, молишься по чёткам, творишь поклоны и тому подобное. Для людей мирских те трудности, через которые они проходят, — это их правило, их канон. С помощью этих трудностей и страданий люди очищаются. Эти страдания оказывают им большую пользу, чем мирская беззаботная жизнь, которая не помогает им ни приблизиться к Богу, ни отложить на небесный счёт духовные сбережения. Поэтому люди должны принимать скорби и искушения как подарки от Бога.

---

[2] См. Ὁ Μέγας Συναξαριστὴς τῆς Ὀρθοδόξου Ἐκκλησίας. Τ. 12. Σ. 243–244.
[3] Притч. 3:12.

Благий Бог, желая, чтобы Его дети вернулись к Нему, как Добрый Отец воспитывает их с помощью испытаний. Он делает это от любви, от Божественной доброты, а не от злобы и не от мирской законнической справедливости. То есть, желая спасти Свои создания, желая, чтобы они унаследовали Его Небесное Царство, Бог попускает им испытания. Он попускает их для того, чтобы человек предпринял борьбу, подвиг и сдал экзамены на терпение в боли, так, чтобы диавол не мог сказать: «За что же Ты даёшь ему воздаяние или как же Ты его спасаешь? Ведь он не трудился». Жизнь земная Бога не интересует, Его интересует жизнь будущая. Прежде всего Он заботится о нашей будущей жизни, и только потом — о жизни земной.

— Геронда, однако почему Бог одним людям посылает многие испытания, а другим не посылает совсем?

— Что говорит Священное Писание? *Егóже бо лю́бит Госпóдь, наказýет*. К примеру, у какого-то отца восемь детей. Пять живут дома с отцом, а трое уходят из дома и об отце забывают. Если дети, живущие с отцом, в чём-то провинятся, он может надрать им уши, или дать подзатыльник, или же, если они благоразумны, приласкать их, дать шоколадку. А вот те, которые живут вдали от отца, не имеют ни ласки, ни подзатыльника. Так же поступает и Бог. Людей, которые живут с Ним, и тех, кто имеет доброе расположение, если они допускают погрешность, Он наказывает «подзатыльником», и они расплачиваются за свой грех. Или же, если Он даст им больше «подзатыльников», — скапливают себе небесную мзду. А тем, кто живёт от Него вдали, Он даёт долгие годы жизни, чтобы они покаялись. Поэтому мы видим, как мирские люди совершают серьёзные грехи, и, несмотря на это, в изобилии имеют материальные блага, и живут долгие годы, не испытывая скорбей. Это происходит по

Промыслу Божию — для того чтобы эти люди покаялись. Если они не покаются, то в жизни иной им будет нечем оправдаться.

Богу больно за те скорби, которые испытывают люди

Какие же мучения испытывают люди! Сколько у них проблем! Некоторые приходят сюда, чтобы за две минуты, на ходу рассказать мне о своей боли и получить немного утешения. Одна измученная мать говорила мне: «Геронда, бывают мгновения, когда у меня не остаётся сил терпеть. Тогда я прошу: „Христе мой, сделай небольшой перерыв, а потом пусть мучения придут снова"». Как нуждаются люди в молитве! Но, кроме того, каждое испытание — это ещё и дар от Бога. Это ещё один дополнительный «балл», для того чтобы поступить в иную жизнь. Эта надежда воздаяния в будущей жизни даёт мне радость, утешение и силы, и я могу выдержать боль от тех скорбей, которые терзают многих и многих.

Наш Бог — это не Ваал, но Бог любви. Он — Отец, который видит страдания Своих детей от различных терзающих их искушений и испытаний. И Он даст нам воздаяние, лишь бы мы терпели это малое мученичество пришедшего к нам испытания или, лучше сказать, пришедшего к нам благословения.

— Геронда, некоторые спрашивают: «Но разве не жестоко то, что попустил Бог? Разве Богу не больно?»

— Боль Бога за людей, которые мучаются от болезней, от бесов, от варваров и тому подобного, имеет в себе и радость за то небесное воздаяние, которое Он им уготовил. То есть Бог имеет в виду воздаяние, которое воспримет на Небе человек, испытывающий искушение. Он знает, что ждёт такого человека в жизни иной, и это даёт Богу «силы терпеть» эту боль. Ведь Бог попустил

Ироду совершить столько преступлений! Ирод заклал четырнадцать тысяч младенцев и множество родителей, которые не давали воинам убивать своих детей![4] Ведь этих родителей тоже убили. Варвары-воины, желая угодить своим начальникам, разрубали младенцев на мелкие кусочки. И чем бóльшие муки испытывали эти младенцы, тем бóльшую боль испытывал Бог. Но настолько же больше Он радовался за ту величайшую славу, которую им предстояло восприять на Небе. Он радовался за этих маленьких ангелов, которым предстояло составить ангельский мученический чин. Ангелы из мучеников!

Во время скорбей Бог утешает человека истинным утешением

Бог, находясь рядом с нами, видит скорби Своих детей и утешает нас, как Добрый Отец. А что ты думаешь, неужели Он хочет видеть, как Его ребёнок страдает? Бог учитывает все его страдания, весь его плач и потом воздаёт ему за это. Только Бог даёт в скорбях истинное утешение. Поэтому человек, который, не веруя в истинную жизнь, не веруя в Бога, не просит Его милости в терзающих душу испытаниях, пребывает в полном отчаянии. Жизнь такого человека не имеет смысла. Он всегда остаётся беспомощным, неутешенным и измученным в этой жизни, но кроме этого ещё и навеки осуждает свою душу.

Однако у духовных людей нет собственных скорбей, потому что все случающиеся с ними испытания они преодолевают, находясь близ Христа. Такие люди собирают многую горечь чужих скорбей, но одновременно они собирают и многую любовь Божию. Когда я пою:

---

[4] См. Мф. 2:16.

«Не ввéри мя человéческому предстáтельству, Пресвятáя Владычице…», то иногда останавливаюсь на словах «но приими́ молéния рабá Твоегó». Если у меня нет скорби, то как я смогу произнести слова «скорбь бо обдержи́т мя»[5]? Как я смогу сказать ложь? В духовном отношении к испытаниям нет скорби, потому что если человек расположит себя правильно, духовно, то всё меняется. Если человек дотронется горечью своей боли до Сладкого Иисуса, то все его горечи и страдания превращаются в мёд.

Постигнув таинства духовной жизни и тот таинственный способ, которым трудится Бог, человек прекращает расстраиваться из-за того, что с ним случается. Он с радостью принимает горькие лекарства, которые Бог даёт ему для здравия души. Всё происходящее с ним такой человек считает результатом своей молитвы, потому что он постоянно просит у Бога, чтобы Тот убелил его душу. Однако, относясь к испытаниям по-мирски, люди мучаются. Но раз Бог следит за каждым из нас, то каждый из нас должен без остатка предавать себя Ему. В противном случае жизнь человека превращается в муку: он хочет, чтобы всё в его жизни шло, как хочется ему самому. Однако всё идёт не так, как ему хочется, и поэтому его душа не находит покоя.

Сыт или голоден человек, хвалят его или к нему относятся несправедливо, он должен радоваться и ко всему относиться со смирением и терпением. Тогда Бог будет давать ему благословения — до тех пор, пока его душа не дойдёт до такого состояния, что эти благословения не будут в неё вмещаться. Благословения Божии будут такой душе уже не по силам. И чем больше человек будет

---

[5] Последование молебна ко Пресвятой Богородице. Стихира после Евангелия, по 6-й песни канона.

духовно преуспевать, тем в большей степени он будет видеть любовь Божию и таять от этой любви.

Искушения и скорби по попущению Божию

Иногда происходящие с нами испытания — это «антибиотики», которые Бог даёт нам для исцеления болезни нашей души. Эти испытания подают нам большую духовную помощь. Человек слегка получает от Бога «по затылку», и его сердце умягчается. Конечно, Бог и не испытывая нас знает, в каком состоянии находится каждый, но, поскольку этого не знаем мы, Он попускает нам пройти через испытания — для того чтобы мы познали себя, обнаружили скрывающиеся в нас страсти и не имели в день Страшного Суда чрезмерных претензий. Ведь даже если бы Бог закрывал глаза на наши страсти и брал нас в рай такими, какие мы есть, то и в раю мы тоже поднимали бы волну смущений и неудовольствий. Поэтому Бог попускает диаволу создавать искушения здесь, чтобы эти искушения выбивали из нас пыль и чтобы посредством скорбей наша душа смирилась и очистилась. А после этого Бог исполняет нас Своей благодатью.

Настоящая радость рождается от той горечи, которую человек с радостью вкушает за Христа — Вкусившего горечь, для того чтобы нас спасти. Христианин должен особенно радоваться тогда, когда на него находит испытание, а сам он при этом не давал для него повода.

Иногда мы говорим Богу: «Боже мой, не зная, что Ты сделаешь, я без остатка предаю Тебе всего себя для того, чтобы Ты сделал из меня человека». И Бог, слыша эти слова, хочет сделать меня не только человеком, но чем-то бо́льшим, чем человек. Поэтому Он позволяет диаволу прийти, чтобы меня искусить и помучить. Сейчас, болея раком, я вижу плутни диавола, и мне становится смешно. Вот ведь какой этот диавол! Знаете, каким мылом моет диавол человека, когда Бог позволяет ему его искусить, чтобы человек прошёл через испытания? Диавол моет человека пеной своей злобы. Вот какое у него хорошее мыло! Подобно тому, как верблюд в злобе плюётся пеной, так ведёт себя и диавол в подобных случаях. А потом он начинает тереть человека. Конечно, он делает это не для того, чтобы стереть с человека грязь и сделать его чище. Нет, он делает это от злобы. Однако Бог позволяет диаволу тереть человека до тех пор, пока не отстираются его грязные пятна и он не станет чистым. Ведь если бы Бог позволил диаволу тереть человека так, как трут одежду, когда её стирают, то диавол превратил бы человека в лохмотья.

— Геронда, можем ли мы говорить, что разные искушения, которые случаются в нашей жизни, происходят с нами по воле Божией?

— Нет, не будем смешивать волю Божию со всем тем, что приносит искуситель. Бог даёт диаволу свободу искушать человека до определённого момента. И человека Он тоже оставляет свободным сделать добро или зло. Однако Бог не будет виноват в том зле, что сделает человек. К примеру, Иуда был учеником Христовым. Но разве допустимо сказать, что воля Божия была, чтобы он стал предателем? Нет, это сам Иуда позволил диаволу войти в себя. Один человек попросил священника: «Прошу тебя, отче, отслужи заупокойную литию за Иуду». Всё равно что говорил: «Ты, Христе, несправедлив. То, что Иуда Тебя предал, было Твоей волей. Поэтому сейчас помоги ему».

Редко случается, что Бог попускает некоторым благоговейным людям пройти через испытания ради того, чтобы кто-то, живущий скверной жизнью, пришёл в чувство и покаялся. Многие люди, проходя через испытания, расплачиваются за грехи своей жизни, но при этом неоправданно ропщут. Бог даёт им возможность получить помощь, видя пример терпения тех, кто страдает и не ропщет, не будучи виноватым. Такие благоговейные люди получают двойную мзду. Предположим, что очень хороший, благоговейный глава семьи сидит у себя дома вместе со своей женой и детьми. Внезапно начинается землетрясение, дом рушится, всю его семью заваливает обломками, и после страшных мучений все умирают. Для чего Бог попустил это? Для того чтобы не роптали другие — те, кто виноват и заслуженно подвергается наказанию.

Поэтому тот, кто размышляет о великих крестах, которые несли праведники, никогда не расстраивается из-за собственных маленьких испытаний. Такие люди видят: несмотря на то, что они совершили в своей жизни разные грехи, они страдают меньше, чем праведники, и поэтому исповедуют подобно благоразумному разбойнику: «Эти люди ни в чём не согрешили и претерпели такие страдания. Каких же страданий достойны мы?»[6] Однако, к несчастью, некоторые похожи на того разбойника, который был распят слева от Христа. Такие люди говорят о претерпевших страдания праведниках: «Посмотри-ка, всю жизнь не выпускали из рук креста, и какое с ними произошло несчастье!»

Бывают и случаи — правда, очень-очень редко, — когда Бог по любви попускает некоторым избранным подвижникам претерпеть великие испытания. Он делает это, чтобы их увенчать. Такие люди — подражатели Христа. Посмотрите: поскольку святая Синклитикия духовно помогала многим людям своими увещаниями, диавол

---

[6] Ср. Лк. 23:41.

захотел помешать ей в этом деле и три с половиной года преподобная из-за болезни пребывала безгласной[7].

А в других случаях настоящий подражатель Христа просит у Бога милости простить грехи ближних и не подвергать их Своему праведному гневу. Такой человек просит, чтобы Бог вместо этих согрешивших людей наказал его, несмотря на то что сам он не виноват. Такой человек находится с Богом в тесном родстве, и Бога очень трогает, умиляет великая благородная любовь Его чада. Бог не только оказывает такому человеку милость, о которой он просит, то есть не только прощает грехи других, но и попускает этому человеку мученическую кончину — согласно его усердному прошению. А одновременно Бог приуготовляет такому человеку самый лучший райский царский дворец с ещё большей славой, потому что многие люди своим наружным судом несправедливо судили об этом человеке и думали, что Бог наказывает его якобы за его собственные грехи.

Неблагодарность за любовь Божию

— Геронда, испытания всегда идут людям на пользу?

— Зависит от того, как человек относится к испытаниям. Те, кто не имеет доброго расположения, в находящих на них испытаниях начинают хулить Бога. «Почему со мной это произошло? — ропщут такие люди. — Погляди, ведь у такого-то всё так хорошо! Ну что это за Бог, Который попускает всё это?» Такие люди не говорят «согреши́х», но мучаются. А вот люди благочестивые благодарят Бога так: «Слава Богу! Это испытание привело

---

[7] Память прп. Синклитикии совершается 5 (18) января. См. Синаксарь: Жития святых Православной Церкви. В 6 т. Т. 3. М.: Сретенский монастырь, 2011. С. 80.

меня к Нему. Бог попустил это для моего блага». Раньше такие люди могли совсем не ходить в церковь, но после испытаний они начинают ходить в храм, исповедоваться и причащаться. А кроме того, часто людей очень жёстких Бог в какой-то момент испытаниями приводит в состояние такого любочестия, что сами они поворачиваются на сто восемьдесят градусов и рассыпаются в прах от боли, которую испытывают за всё то, что они сделали.

— Геронда, когда у нас всё идёт хорошо, то мы должны говорить «Слава Тебе, Боже»?

— Да уж если мы не говорим «Слава Тебе, Боже» в радостях, то как мы скажем это в скорбях? Ты что, благодаришь Бога в скорбях и не хочешь отблагодарить Его в радостях? Но, конечно, если человек неблагодарен, то любовь Божия ему неведома. Неблагодарность — это великий грех. Для меня это грех смертный. Человек неблагодарный ничем не удовлетворяется, ничто ему не приносит радость. По всякому поводу он ропщет. Всё и все перед ним виноваты. У меня на родине, в Фарасах, в качестве сладости очень любили виноградное сусло. И вот как-то ночью одна девица начала плакать, потому что ей захотелось виноградного сусла. Что тут поделать? Пришлось её матери идти к соседям и просить. Съев немного сусла, девица снова принялась плакать, стучать ногами по полу и кричать: «Мама, я хочу и сметаны!» — «Доченька, где же я тебе найду сметаны в такой час?» — спросила мать. Нет, «хочу сметаны», и всё тут. Что делать? Поплелась бедняжка мать к соседке и попросила в долг и сметаны. Попробовав сметаны, дочка опять заревела. «Ну а что ты сейчас плачешь?» — спрашивает мать. «Мама, я хочу, чтобы ты мне их смешала!» Ну что ж, берёт мама сусло и сметану и смешивает. Но дочка всё своё: реветь не перестаёт. «Мама, я не могу их есть вместе! Хочу, чтобы ты мне их разделила!» Ну тут уж маме ничего не оставалось, как от души отдуть дочку по щекам! Так вот и отделилось сусло от сметаны.

Я хочу сказать, что подобно этой девице ведут себя некоторые люди, и тогда к ним приходит наказание Божие. Нам надо по крайней мере, признав свою неблагодарность, день и ночь благодарить Бога за те благословения, которые Он нам подаёт. Поступая так, мы будем наступать на пятки трусливому диаволу, который, собрав всех своих тангалашек, улетучится, подобно чёрному дыму, потому что, признавая свою неблагодарность и благодаря Бога за Его благословения, мы будем бить диавола в больную точку.

Наши малые испытания и большие испытания наших ближних

В каждом из постигших нас искушений самое лучшее лекарство — это ещё более тяжёлое испытание, которое постигло наших ближних. Надо лишь сравнивать его с испытанием, постигшим нас самих, и видеть между ними большую разницу и ту великую любовь, которую оказал Бог, попустив малое испытание нам. Поступая так, мы станем Его благодарить, нам будет больно за нашего ближнего, который страдает больше, чем мы, и мы будем молиться сердечной молитвой о том, чтобы Бог подал ему помощь. К примеру, мне ампутировали ногу. «Слава Тебе, Боже, — скажу я, — что у меня есть хотя бы одна нога. Ведь другому ампутировали обе. И даже если я превращусь в культяпку, если мне отрежут и руки, и ноги, то я всё равно скажу: „Слава Тебе, Боже, за то, что я ходил на ногах столько лет, ведь другие уже родились на свет не способными к движению калеками"».

Услышав, что один глава семьи одиннадцать лет мучается от кровотечений, я сказал: «Куда мне до него! Мирской человек одиннадцать лет мучается кровотечениями, при этом он имеет детей, должен подниматься утром и идти на работу, тогда как я не промучился этими кровотечениями даже и семи лет!»[8] Думая о другом, о том, кто испытывает такие страдания, я оправдать себя не могу. А вот начиная думать о том, что я страдаю, в то время как другие живут припеваючи, о том, что по ночам я каждые полчаса вынужден подниматься, потому что у меня проблемы с кишечником, и я не могу уснуть, тогда как другие спят безмятежным сном, я оправдываю себя, даже если ропщу. Ты, сестра, сколько времени мучаешься от герпеса[9]?

— Восемь месяцев, геронда.

— Видишь? Одному Бог даёт помучиться этой болезнью два месяца, другому — десять месяцев, третьему — пятнадцать. Я тебя понимаю. Тебе очень больно. Некоторые от этой болезни доходят до отчаяния. Но вот если мирской человек, помучившись один-два месяца от герпеса и от сильной боли впав в отчаяние, узнаёт, что духовный человек мучается той же болезнью уже целый год и при этом терпит и не ропщет, то он сразу же получает утешение. «Погляди-ка, — говорит больной. — Я заболел два месяца назад и уже дошёл до отчаяния, а другой бедолага мучается целый год — и ничего! А я ведь ещё и грешу, тогда как он живёт духовно». Таким образом, этого человека ещё никто не вразумлял и не наставлял, а он уже получает помощь!

---

[8] С 1988 года у преподобного Паисия были постоянные кишечные кровотечения.

[9] *Опоясывающий гéрпес* — вирусное заболевание, с высыпаниями на коже сгруппированных пузырьков на эритематозно-отёчном основании. Вызывает сильные боли и различные осложнения в организме. — *Прим. пер.*

Скорби, которые причиняют нам люди

— Геронда, если человек по Богу терпит скорби и несправедливости от людей, то это терпение очищает его от страстей?

— Она ещё спрашивает! Да оно его не просто очищает, оно его дистиллирует! Разве есть что-то выше такого терпения? Подобным образом человек может расплатиться со своими грехами. Посмотрите: пойманного преступника бьют, заключают в тюрьму, там он исполняет свой малый «канон». И если такой человек искренне покается, то он спасается от вечной темницы. Разве пустячное дело, если через земное страдание человек оплачивает свой счёт в вечности?

С радостью претерпевайте любую скорбь. Скорби, которые причиняют нам люди, более сладки, чем те сладкие «сиропы», которыми поят нас те, кто нас любит. Посмотри, ведь в заповедях блаженства Христос не говорит: «Блажени есте егда похвалят вы», но *Блаже́ни есте́, егда́ поно́сят вам... и* вдобавок *на вы лжу́ще*[10]. Когда человек подвергается неправедному поношению, он откладывает духовные сбережения в небесную сокровищницу. А если поношения, которым он подвергся, заслужены, то он расплачивается со своими грехами. Поэтому мы не только безропотно должны терпеть того, кто нас искушает, но и чувствовать к нему благодарность, потому что этот человек даёт нам благоприятную возможность потрудиться в любви, в смирении, в терпении.

Конечно, клеветники работают в сотрудничестве с тангалашкой. Но обычно сильный ветер ломает и выкорчёвывает те хилые деревья, корни которых неглубоки.

---

[10] Мф. 5:11.

А вот тем деревьям, которые имеют глубокие корни, сильный ветер помогает пустить корни ещё глубже.

Мы должны молиться за всех, кто нас злословит, и просить у Бога, чтобы он дал им покаяние, просвещение и здравие. Мы не должны оставлять в себе ни следа ненависти к этим людям. Будем удерживать в себе только опыт от происшедшего с нами искушения, выбрасывать всю горечь обид и неприязней и помнить слова преподобного Ефрема Сирина: «Если ты потерпишь клевету и после этого чистота твоей совести станет явной, то не высокомудрствуй, но Избавившему тебя от человеческой клеветы Господу работай в смиренномудрии, чтобы ты не пал жалкой жертвой»[11].

---

[11] См.: *Святой Ефрем Сирин*. В подражание притчам. Творения. Т. 1. Репринтное издание. М.: Издательский отдел Московского Патриархата, 1993. С. 127.

ГЛАВА ВТОРАЯ
О БОЛЕЗНИ

Болезни помогают людям

— Геронда, что значит выражение «доброго тебе рая»?
— Доброго тебе пути в рай.
— Геронда, а может быть, это выражение значит: «Желаю тебе оказаться в добром раю»?
— Ты когда-нибудь слышала, чтобы кто-то говорил о рае недобром? Но как бы там ни было, чтобы попасть в сладкий рай, человек должен вкусить в этой жизни много горького. Так он получит на руки «загранпаспорт» после пройденных им испытаний. Что же творится в больницах! Какие трагедии! Какая же у людей боль! Сколько несчастных матерей, идя на операцию, думают о своих детках и терзаются беспокойством о семье! Сколько отцов болеют раком, идут на облучение, и как они мучаются! Эти люди не могут работать, а ведь им надо платить за жильё, ведь у них столько расходов! Тут вон другие, находясь в прекрасном здравии, всё равно не могут справиться с расходами, а уж что говорить о тех, кто болен и при этом выбивается из сил, работает, чтобы хоть как-то справиться со своими семейными расходами.

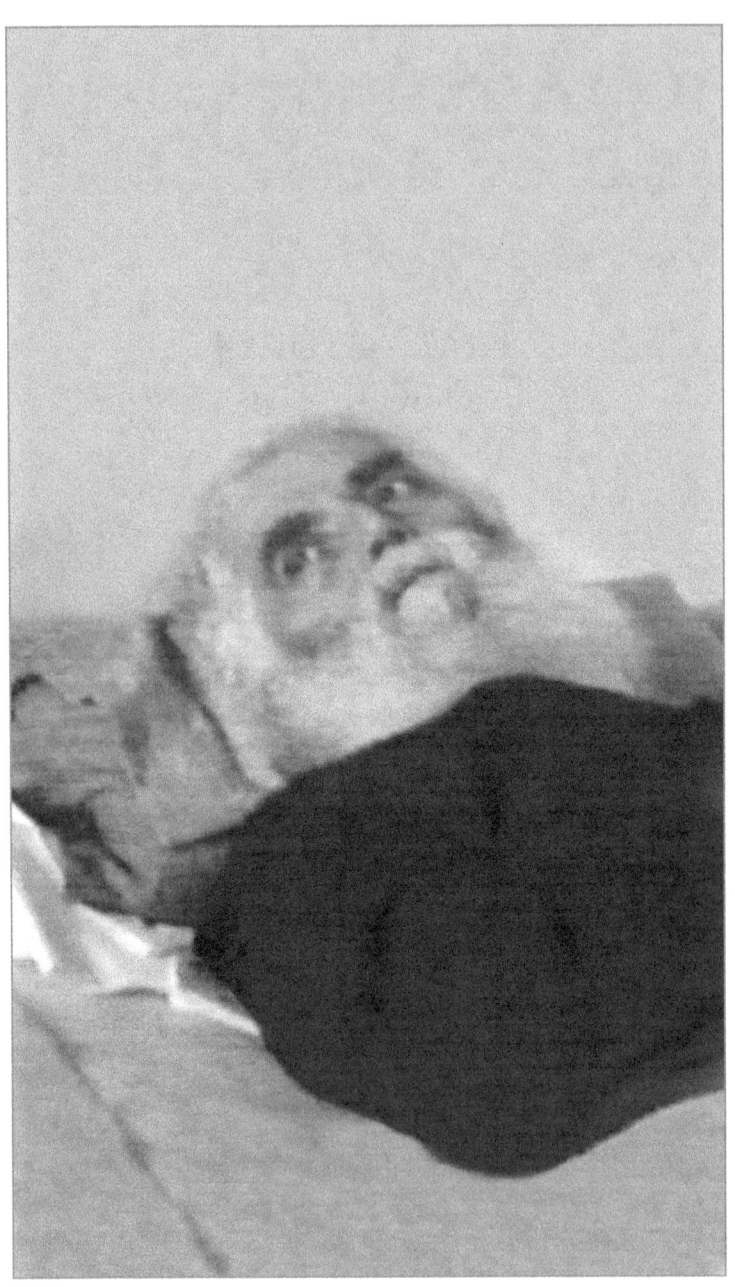

Меня страшно давит человеческое горе. Сколько всего я слышу каждый день! Бесконечные мучения, трудности!.. Целый день мой рот исполнен горечи от людского горя, а вечером я голодный ложусь немножко отдохнуть. Я испытываю огромную телесную усталость, но вместе с тем получаю и внутреннее отдохновение.

— Геронда, болезнь всегда приносит человеку пользу?

— Да, она приносит огромную пользу всегда. Болезни помогают людям, у которых нет добродетелей, умилостивить Бога. Здоровье — это большое дело, но то доброе, что приносит человеку болезнь, здоровье ему дать не может! Болезнь приносит человеку духовное добро. Болезнь — это великое, великое благодеяние. Она очищает человека от греха, а иногда «гарантирует» ему небесную мзду. Душа человека подобна золоту, а болезнь подобна огню, который это золото очищает. Посмотри, ведь и Христос сказал апостолу Павлу: *Си́ла Моя́ в не́мощи соверша́ется*[1]. Чем больше мучается человек от болезни, тем более чистым и более святым он становится — лишь бы он терпел и принимал болезнь с радостью.

Единственное, что необходимо в некоторых болезнях, — это немного терпения. Бог попускает болезнь, для того чтобы человек получил небольшую мзду, и посредством этой болезни Бог очищает человека от имеющихся у него недостатков. Ведь телесная болезнь помогает в исцелении болезни душевной. Болезнь телесная приносит человеку смирение и таким образом нейтрализует его душевную болезнь. Бог из всего извлекает пользу для блага человека! Всё, что Он попускает, оказывает нам духовную пользу. Он знает, что необходимо каждому из нас, и в соответствии с этим даёт нам болезнь — либо

---

[1] 1 Кор. 12:9.

для того, чтобы мы восприяли за неё мзду, либо для того, чтобы мы расплатились за какие-то грехи.

Небесная мзда за болезнь

— Как поживает твоя мать?

— Плохо, геронда. Время от времени у неё очень высоко поднимается температура, и это причиняет ей невыносимую боль. Её кожа трескается, покрывается ранами, и по ночам она не может уснуть.

— Знаешь, ведь такие люди — мученики. Если не полностью мученики, то наполовину точно.

— А у неё, геронда, вся жизнь — одно сплошное мучение.

— Значит, и мзда, которую она получит, будет сугубой. Знаешь, сколько ей предстоит получить? Рай ей гарантирован. Видя, что человек может вынести тяжёлую болезнь, Христос даёт ему эту болезнь, так, чтобы за малое страдание в жизни земной человек получил многую мзду в небесной вечной жизни. Он страдает здесь, но получит мзду там, в жизни иной, потому что есть рай и есть воздаяние за скорби.

Сегодня приходила одна женщина с больными почками[2]. Она уже много лет ходит на гемодиализ[2]. «Батюшка, — попросила она меня, — пожалуйста, перекрестите мне руку. На моих венах нет живого места, и я не могу даже нормально делать гемодиализ». — «Эти раны и язвы на твоих руках, — сказал я, — в жизни иной превратятся в алмазы большей цены, чем алмазы мира сего. Сколько лет ты ходишь на гемодиализ?» — «Двенадцать». — «Стало

---

[2] *Гемодиа́лиз* — несколькочасовая процедура удаления вредных веществ из организма, при которой кровь больного циркулирует через специальный аппарат (диализатор) и возвращается в организм через вену.

быть, — ответил я ей, — ты имеешь право и на духовное „единовременное пособие", и на „минимальную пенсию"». Потом она показала мне рану на другой руке и сказала: «Батюшка, эта рана не закрывается. Через неё видно кость». — «Да, — ответил я ей, — но через неё видно ещё и Небо. Терпи, желаю тебе доброго терпения. Молитвенно желаю, чтобы Христос умножил в тебе Свою любовь и ты забывала о боли. Конечно, я могу пожелать тебе и другого: того, чтобы твоя боль утихла, но тогда исчезнет и многая мзда. Следовательно, лучше то, что я пожелал тебе сначала». От этих слов несчастная женщина получила утешение.

Когда тело претерпевает испытание, душа освящается. От болезни страдает тело, наш глинобитный домик, но от этого будет вечно радоваться хозяин этого домика — наша душа — в том небесном дворце, который готовит нам Христос. По этой духовной логике, которая нелогична для людей мира сего, я тоже радуюсь и хвалюсь теми телесными болезнями и изъянами, которые у меня есть. Единственное, о чём я не думаю, так это о том, что мне предстоит получить небесную мзду. Я понимаю свою боль так, что через неё я расплачиваюсь за свою неблагодарность Богу, поскольку я не ответил подобающим образом на Его великие дары и благодеяния. Ведь всё в моей жизни — это один сплошной духовный пир: и моё монашество, и мои болезни. Бог во всём относится ко мне человеколюбиво, Он во всём ко мне снисходит. Однако помолитесь, чтобы Он не записал мне всего этого на счёт лишь этой жизни, потому что тогда — горе мне, горе! Христос оказал бы мне великую честь, если бы ради Его любви я пострадал бы ещё больше. Лишь бы Он меня укреплял так, чтобы я мог выдержать эту боль. А воздаяние мне не нужно.

Когда человек в полном порядке в отношении здоровья, то это как раз значит, что у него что-то не в порядке.

Лучше бы ему чем-то болеть. Я получил от своей болезни такую пользу, какую не получил от всего подвига аскезы, который совершал до того, как заболел. Поэтому я говорю, что если у человека нет обязанностей по отношению к другим, то ему лучше предпочитать здоровью болезни. Будучи здоровым, человек остаётся в должниках, а вот от болезни, относясь к ней с терпением, — он получит мзду. Когда я жил в общежительном монастыре[3], туда однажды приехал один святой епископ, очень старый, по имени Иерофей. Он был на покое и подвизался в скиту святой Анны. Когда, уезжая, он садился на лошадь, у него задрались брюки и все увидели его страшно опухшие ноги. Монахам, которые помогали ему сесть на лошадь, стало жутко. Епископ понял это и сказал: «Это самые лучшие дары, которыми наградил меня Бог. Я прошу Его, чтобы Он у меня их не забирал»[4].

Терпение в боли

Когда мы чем-то заболеваем, нам лучше всецело предавать себя Христу. Нам надо думать о том, что наша душа имеет гораздо большую нужду в терпении и славословии во время боли, чем в «стальном» теле, с помощью которого мы можем совершать большие телесные подвиги. Ведь от этих подвигов мы подвергаемся опасности тщеславия и похвальбы, не понимая этого, потому что нам может показаться, будто мы способны завоевать рай собственной «кавалерийской атакой».

Знаете, сколько лет я испытываю боль? Иногда её можно выносить, а иногда она невыносима. Боль, ко-

---

[3] В монастыре Эсфигме́н, в 1953–1955 годах.
[4] О епископе Иерофее см. *Новый Афонский Патерик*. Т. II. М.: Орфограф, 2015. С. 131–132. — *Прим. пер.*

торую можно выносить, — это стабильное состояние. Знаете, сколько я натерпелся от бронхоэктаза[5] и от сделанной мне операции? Потом начались все эти истории с кишечником. Потом полгода я страдал от междисковой грыжи и испытывал сильную боль. Я не мог делать столько поклонов, сколько делал раньше, и, несмотря на то что мне было даже трудно за собой ухаживать, надо было помогать и приходящим ко мне людям. Потом у меня в животе появилось что-то твёрдое, и мне сказали, что это грыжа. Когда я уставал, она начинала болеть и очень опухала. Однажды, накануне праздника святого великомученика Пантелеимона, грыжа распухла и болела. Однако мне надо было идти в Пантелеимоновский скит на всенощное бдение. «Пойду, и будь что будет», — решил я, потому что мне надо было обязательно быть на этом празднике. Во время бдения мне хотелось немного присесть, но я подумал, что если я опущу сиденье стасидии и сяду, то сядут все остальные. Поэтому я предпочёл совсем не садиться и стоял. После двенадцатичасового всенощного бдения я думал, что моё состояние очень ухудшится. Едва я возвратился к себе в келью, как кто-то постучал в железное клепальце возле калитки. «Открывай, отче!» — услышал я чей-то голос. Я засмеялся. «Ну всё, — сказал я себе, — сейчас только успевай поворачиваться». И действительно: вскоре пришли другие посетители, потом ещё и ещё. А вечером, отпустив последних посетителей, я увидел, что моя грыжа... совершенно исчезла! Но на следующий день, после того как я отдохнул, она снова появилась! Потом она мне мешала и болела, но одновременно с этим она доставляла мне и радость. Ведь Христос знал о моём состоянии, Он знал и о том, что пойдёт мне на пользу. Поэтому Он

---

[5] См. сноску 5 на стр. 31.

оставил мне эту грыжу на пять лет. Знаешь, как я с ней намучился?

— Геронда, а помните, когда у Вас были проблемы с ногами?

— Это другая история. Я не мог стоять на ногах. И когда приходили люди, мне было нелегко. Потом боль в ногах прошла, но начались кровотечения. Врачи сказали, что это был язвенный колит. Открылась новая страница… Семь лет кровотечений, болей… Но не расстраивайтесь, только моли́тесь о здравии моей души. Я радуюсь, что Бог почтил меня и наградил этим даром, и не хочу, чтобы Он у меня его отнимал. Слава Богу, Он попускает, чтобы от болезней я получил пользу. Таким образом мы сдаём экзамены на терпение. Сегодня одно, завтра другое… *Терпе́ния бо и́мате потре́бу*[6]. Ведь если не будем терпеть мы, люди, имеющие хоть сколько-то страха Божиего, то что останется делать людям мирским? Однако я вижу, что многие миряне превосходят нас, монахов, в добродетели. Мои родители рассказывали мне о том, что фарасиоты, заболевая чем-то, не сразу бежали к Хаджефенди́[7], для того чтобы он их исцелил. Сначала они терпели боль. Они терпели, сколько могли — в соответствии со своим любочестием и терпением, потому что они считали благословением пострадать. «Дай-ка, — говорили они, — я тоже помучаю немножко свою душу ради Христа, раз Христос испытал великие мучения, чтобы меня спасти». Они шли к Хаджефенди за исцелением только тогда, когда видели, что болезнь мешала их работе и начинали страдать их

---

[6] Евр. 10:36.
[7] *Хаджефенди́* — от тур. «господин, совершивший хадж (паломничество)» — так называли преподобного Арсения Каппадокийского жители Фарас. — *Прим. пер.*

домашние. Видишь, какое у них было любочестие! Раз уж эти люди, будучи мирянами, размышляли подобным образом и терпели, то как до́лжно размышлять мне — монаху? Христос сказал: *В терпе́нии ва́шем стяжи́те ду́ши ва́ша*[8]. Смотрите: ведь милостыни Иова в то время, когда он имел все блага, были не столь угодны Богу, сколько Ему было угодно терпение Иова во время постигшего его искушения[9].

— Геронда, когда Вы говорите, что человек терпит боль, то Вы имеете в виду, что он совсем не показывает виду, что ему больно?

— В крайнем случае он может дать окружающим немного понять, что ему больно. Он может сказать им о своей боли, но не говорить о том, насколько эта боль сильна. Ведь если он совсем скроет свою боль от других, то они могут соблазниться от каких-то его поступков. К примеру, если монах мучается от боли и не может пойти на службу, то если он не скажет о своём состоянии другим, возможно, кто-то, не имеющий добрых помыслов, повредится.

Отношение к боли

— Геронда, какую боль Вы называете невыносимой?

— Боль, при которой текут слёзы. Это не слёзы покаяния и не слёзы радования. К какой категории относятся эти слёзы, как вы думаете?

— Может быть, геронда, к категории мученичества?

— Конечно, к категории мученичества.

— Геронда, когда я испытываю сильную боль, то мне трудно сказать слова «слава Тебе, Боже».

---

[8] Лк. 21:19.
[9] См. Ветхий Завет. *Книга Иова*.

— Почему тебе трудно их сказать? Думай о том, что претерпел Христос. Побои, уничижение, бичевание, распятие! Он вытерпел всё это *безгре́шен Сы́й*[10], для того чтобы нас спасти. И ты, когда тебе больно, говори: «Ради Твоей любви, Христе мой, я буду терпеть».

— Геронда, что необходимо, чтобы преодолеть боль?

— Необходимо мужество, усилие.

— А как человеку преодолеть боль невыносимую?

— Если он человек мирской — то мирской песней, если он человек духовный — то духовным песнопением… Однажды у моего отца поднялся сильный жар и началась страшная головная боль. Знаете, что он сделал? Он наелся солёной селёдки, выпил стаканчик вина и затянул песню: «Проснись, мой несчастный, бесправный народ». Потом он спел ещё несколько партизанских песен, и его головная боль прошла! Так — для того чтобы боль рассеялась — и мы будем петь духовные песнопения! Помню, как я однажды простыл, и у меня началась такая страшная головная боль, что голова раскалывалась. Ну что же, я начал петь одно очень красивое песнопение, и головная боль ушла. Действительно, псалмопение вместе с Иисусовой молитвой очень помогает в подобных случаях. Оно делает душу нежной, услаждает её, потому что постоянные скорби и боли угнетают душу, и она охладевает. И вчера ночью я тоже не мог уснуть от боли. Я даже подумал о том, что если умру до рассвета, то потом для меня наступит один длинный день. Ведь в жизни иной не бывает ни закатов, ни рассветов… Но потом я принял… болеутоляющую «таблетку» — спел тропарь: «Боле́зньми святы́х, и́миже о Тебе́ пострада́ша, умоле́н бу́ди Го́споди, и вся на́ша боле́зни исцели́, Человеколю́бче, мо́лимся»[11].

---

[10] См. Ис. 53:9.
[11] Тропарь сорока мученикам Севастийским; память 9 (22) марта.

Действие этой «таблетки» оказалось продолжительным, её хватило на всю ночь! У врачей есть такие таблетки?

— Геронда, говорят, что ночью боли усиливаются.

— Да, ночью человеку становится хуже. Но, кроме того, днём, общаясь с людьми, разговаривая, больные забывают о своей боли. Ночью они остаются наедине с собой, их ум уходит в боль, и им кажется, что она усиливается. От болей во время болезни никуда не денешься, но задача в том, чтобы повернуть ручку духовной настройки на другую частоту, чтобы об этих болях забывать. Ведь если ты относишься к боли неправильно, то тебе в два раза больнее. Если ты думаешь о боли, то боль усугубляется. А вот если ты включаешь в работу добрый помысел, — к примеру, вспоминаешь о тех, кому ещё больнее, чем тебе, или если поёшь что-то церковное, — то боль забывается.

— Геронда, боль обычно предупреждает о том, что в организме что-то неладно. В связи с этим какое внимание надо уделять боли?

— Надо испытать, насколько хватает твоих сил, и быть внимательным в соответствии с этим. Особенно если речь идёт о человеке пожилом. Здесь необходимо внимание, потому что если продолжать гнать старый автомобиль с той же скоростью, с которой он ездил, когда был новым, то он разлетится на кусочки: колёса полетят в одну сторону, карбюратор в другую… Когда у меня болела поясница, я не мог молиться по чёткам стоя. Увидев, что состояние немножко улучшилось, я попробовал встать: стоя помолился по чёткам и сделал земные поклоны. Поясница заболела снова. Я немного присел. Потом сказал себе: «А ну-ка, попробуй ещё раз». Повторилось то же самое. Поясница опять заболела. Потом я уже воздерживался от стояния на ногах и поклонов, но мой помысел был спокойным.

— Геронда, если я знаю, что моя боль не оказывает на организм никаких других побочных последствий, то она меня не беспокоит. Однако она беспокоит, если я знаю, что через боль проявляется серьёзная болезнь.

— Смотри: к примеру, боль в пояснице может не иметь для организма серьёзных последствий, однако эта боль сковывает, парализует человека, и он не может двинуться. А вот боли другого рода тело терпеть может.

— Геронда, боль ожесточает человека?

— Если человек не относится к боли духовно, то она может его ожесточить. Однако, относясь к ней духовно, он имеет мир и утешается божественным утешением. Потом болезнь становится праздником, торжеством. Человек радуется, потому что он будет причтён к исповедникам и мученикам. Святые мученики забывали боль, потому что их любовь ко Христу была сильнее, чем их боль, и её нейтрализовала.

— А разве человек, который испытывает боль и не относится к ней духовно, не очищается?

— Человек мирской очищается, но монах — нет.

Соучастие в чужой боли

Когда человеку больно за ближнего, это некоторым образом приводит Бога в умиление. Бог радуется, потому что такой человек своей любовью показывает, что он находится с Богом в родстве, и это даёт ему божественное утешение. Если бы этого божественного утешения не было, то человек не мог бы выдержать боль за своего ближнего.

— Геронда, как можно почувствовать чужую боль?

— Если ты тоже испытываешь боль, то ты думаешь о боли другого человека, встаёшь на его место и бо́льшую боль испытываешь не за себя, а за него. То есть твоя собственная боль помогает тебе понять боль других. А когда ты принимаешь свою собственную боль с радостью, то ты утешаешь и тех, кому больно. Но, конечно, одно дело — это просто узнать, что кто-то заболел, а другое дело — заболеть самому. Тогда ты понимаешь больного. Раньше, слыша слово «химиотерапия», я думал, что это «химотерапия»[12], то есть я думал, что раковым больным в качестве лекарства дают соки, натуральную пищу. Откуда мне было знать, что такое «химиотерапия»? Однако сейчас я понял, что это за мука.

— Геронда, а что переносится тяжелее — химиотерапия или облучение?

— Тяжелее? Одно другого не легче — и облучение, и химиотерапия... И хуже всего то, что все эти процедуры отбивают аппетит. Тебе надо хорошо есть, но ты не можешь есть ничего. А врачи настаивают: «Тебе надо есть хорошо». Надо-то надо, ну а как тут будешь есть, если все эти химиотерапии и облучения отбивают аппетит и превращают тебя в труп! Когда я проходил облучение, то, несмотря на то что весь горел, совсем не мог пить воды. Даже вода вызывала во мне отвращение. Меня начинало от неё рвать[13].

— Геронда, если бы Вы согласились на операцию чуть раньше...

— Что там «раньше»! Я о том, чтобы мне выздороветь, не молюсь, потому что, болея раком, страдаю с теми, кто испытывает страдание. Я лучше понимаю тех, кому больно, и соучаствую в их боли. Но, кроме того, болезнь духовно полезна и мне самому. Я прошу только о том, чтобы быть в состоянии ухаживать за собой самостоятельно и помогать другим. Однако пусть будет так, как хочет Бог.

---

[12] Χυμοθεραπεία (от греч. χυμός — сок) — лечение соками. — *Прим. пер.*
[13] Произнесено в июне 1994 года, за месяц до кончины.

Если у тебя есть болезнь и она тебя не занимает, то есть ты не обращаешь на неё внимания, то ты, если так можно выразиться, имеешь право просить Бога, чтобы Он улучшил состояние здоровья других людей. Но и тот человек, у которого ничего не болит, пусть хоть немного пострадает за тех, кто испытывает боль. Как говорили фарасиоты: «Я понесу твою котомку», то есть я возьму на себя твою боль, твою муку, твоё горе.

— Геронда, а каким образом они брали это на себя?

— Любовью. Если человек с любовью говорит кому-то: «Я возьму твою боль», то он её берёт. Однако если он её возьмёт, потом необходимо много терпения, много мужества, много сил для того, чтобы её понести. Некоторые люди приходят и говорят мне: «Геронда, я хочу взять на себя твою боль». Некоторые говорят это действительно от мужества, однако некоторые трусишки сами не знают, что лепечут. Сами они по первому пустяку бегут к врачу и очень быстро впадают в отчаяние. Не могут вытерпеть свою собственную малую боль, а ещё говорят, что возьмут на себя боль мою! Лучше бы уж они терпели свою собственную боль, с радостью принимали те скорби, которые Бог им попускает, и не просили, якобы от любви, взять на себя болезнь чужую. Ведь если Бог вдруг исполнит их прошение, но они сами к тому времени уже забудут, о чём они Его просили, и станут роптать, то, может быть, они даже обвинят Бога в том, что с ними произошло.

Уход за больными

Вчера вечером, идя в храм на бдение, я увидел в одном уголочке отца с малышом на инвалидной колясочке. Я подошёл к ним, обнял малыша и поцеловал его. «Ты знаешь о том, что ты ангел?» — спросил я его. А его отцу я сказал:

«Для тебя великая честь ухаживать за ангелом. Радуйтесь, потому что вы оба пойдёте в рай». Их лица просияли от радости, потому что они почувствовали божественное утешение. Те, кто с любовью и терпением ухаживает за больными, за калеками и тому подобными, своей жертвой стирают свои грехи. Если же у них грехов нет, то они освящаются. Как-то раз одна женщина рассказывала мне о чудесных случаях из своей жизни. Я удивился, потому что те состояния, о которых она рассказывала, мы встречаем в житиях святых, а она была обычная, простая женщина. Но когда она рассказала мне о том, как прожила бо́льшую часть своей жизни, я понял, что вся её жизнь была одной сплошной жертвой. Ещё девушкой она начала ходить за больными, потому что в доме её родителей жили дед и бабушка, которые были больны. Когда она вышла замуж, то вместе с ними жили свёкр и свекровь, которые тоже были больными. Потом заболел её муж. Он лежал прикованным к постели, и она ухаживала за ним. То есть всю свою жизнь эта женщина провела, ухаживая за больными. Все эти годы она очень хотела читать духовные книги, ходить в храм на всенощные бдения, но у неё не оставалось для этого времени. Однако, поскольку у неё было оправдание, Бог дал ей всю Свою благодать, собранную вместе.

— Геронда, знаете, некоторые люди, заболевая, начинают сильно чудить.

— Да, это действительно случается. Но и здоровые должны хоть немножко оправдывать беспокойство, ропот, брюзжание или чудачества больных, потому что для них это естественно. Особенно, если сам человек ничем не болел, он не может понять больного. Ему самому никогда не было больно, и поэтому его сердце немного жестковато.

Те, кто ухаживают за больным, за прикованным к постели, должны быть очень внимательны и стараться не доводить того, за кем они ухаживают, до ропота. Они могут ухаживать за ним много лет, однако если в конце хотя бы раз доведут его до ропота, то потеряют всё. Если душа человека покидает этот мир с ропотом, то те, кто был причиной ропота, тяжко согрешают. Потом лукавый будет мучить их, якобы «утончая» их совесть воспоминанием о том, что они довели человека до ропота и он в таком состоянии умер.

— Геронда, когда ухаживаешь за больным, то твои силы забирает не только усталость, но и переживания, потому что ты видишь, как родной человек потихоньку угасает.

— Посмотри: когда заболевает один член семьи, вся семья испытывает за него боль. А если заболевший — отец и он не может работать, то вся семья и страдает, и нуждается. Все они тревожатся, думают о том, выживет или не выживет их отец. Он мучается сам, мучаются и его близкие. Он угасает, угасают и те, кто находится рядом. А на мать тогда наваливается сугубая нагрузка. Ей надо заботиться о детях, надо ходить в больницу, чтобы ухаживать за больным. Я хочу сказать, что, когда человек заболевает тяжёлой болезнью, не только сам он страдает, выбивается из сил и хочет умереть, но и родные, которые за ним ухаживают, падают духом, мучаются и выбиваются из сил. И чем теснее связаны близкие люди между собой, чем больше они друг друга любят, тем больше попускает Бог то, чтобы под конец болезни и сам больной, и те, кто за ним ухаживает, испытывали большие страдания, большую боль. Они доходят до того, что говорят: «Пусть Бог заберёт его, чтобы он отдохнул», но и сами они после его кончины тоже отдохнут. Поглядите, ведь когда в какой-то очень дружной семье родители умирают внезапно, без предварительной болезни, и ни сами родители, ни их дети не испытывают страданий, ухаживая за ними, то боль утраты, боль разлучения с родителями для детей очень велика.

— Геронда, а насколько может влиять душевное состояние человека на его телесное здоровье?

— Если человек находится в хорошем душевном состоянии, это облегчает телесную боль. Если он находится в плохом душевном состоянии, то это плохое состояние ухудшает его здоровье. Возьмём, к примеру, больного раком, от которого отказались врачи. Веруя в Бога и оказавшись в радостной духовной атмосфере, он может прожить больше времени. А в противном случае от расстройства он может угаснуть за несколько недель. Иногда с медицинской точки зрения человек может оказаться здоровым, анализы и исследования могут быть хорошими, но если он имеет в себе то, что калечит его душевно, то в действительности он нездоров. Ведь по большей части болезни начинаются с расстройства. У всех людей есть какая-то больная точка. Одного человека расстройство «ударит» по желудку, другого — по голове.

Самое лучшее лекарство в болезни — это та духовная радость, которую Божественная благодать расточает в душе. Духовная радость имеет в себе самую великую целительную силу во всех болезнях. Она — заживляющая раны Божественная мазь, тогда как расстройство эти раны раздражает.

Страдания больного и доверие Богу

— Геронда, правильно ли поступает человек, тяжело заболевший и решившийся полностью предать себя Богу?

— Если у него нет обязательств перед другими, пусть он поступает как хочет. Однако если у него есть обязательства перед другими, то уже от других зависит, следует ли ему обращаться к помощи врачей или предать себя в руки Божии. Я ведь тоже пошёл к врачу не по собственной воле... Если бы я не пошёл на это, как сказал врач, «простое обследование», то опухоль закрыла бы кишечник полностью. Я мог бы лишь пить немного жидкости, и потом всё бы закончилось... Видите как: поехал на «простое обследование», а закрутился в такой канители... То на томографию, то к кардиологу; уровень белка в крови то понижается, то повышается. Режут, зашивают, ставят заплатки... А что в конце концов из всего этого вышло? Дело идёт к тому, что я останусь здесь навсегда...

Обычно мы говорим: «Сперва больные должны постараться получить помощь по-человечески, а уже там, где они не могут получить человеческую помощь, им поможет Бог». Но не следует забывать и о том, что, получая помощь по-человечески, люди с тяжёлым заболеванием испытывают великие страдания. Они вынуждены пройти через настоящее мученичество. Им надо пережить множество обследований, операций, пересадок органов, химиотерапию, облучение... Им продырявливают руки, для того чтобы поставить капельницу, у несчастных лопаются вены, их кормят через трубочку, через нос, они не могут уснуть... И всё это для того, чтобы сделать то, что может быть сделано по-человечески. Тебе понятно? Дело не обходится чем-то простым. К примеру, в ране собрался гной, и для того чтобы очистить её от этого гноя, надо рану разрезать — потом всё заканчивается хорошо. Нет, здесь человека закручивают в самую настоящую карусель. Поэтому мы не должны говорить: «Всё в порядке, этот больной попал в руки хороших врачей» — и успокаивать себя этим. Нет, мы должны иметь в виду следующее: для того чтобы больной получил помощь врачей, он должен пройти через самые настоящие испытания, страдания. Мы должны молиться с болью о том, чтобы Христос дал ему терпение и просветил врачей, потому что врачи — особенно если у них нет смирения — могут делать ошибки.

Погляди, ведь когда разрушается дом, то хозяин не может в нём оставаться. Точно так же и хозяин тела, душа, не может оставаться в своём доме — в теле, если оно разрушается. А сейчас стараются удержать хозяина в его доме с помощью железа, стали, с помощью витаминов А, В, С... То есть больным стараются помочь посредством науки. Но не все больные получают помощь. И от такой помощи просто-напросто продолжается их жизнь с болью — или, лучше сказать, продолжается их боль. Ведь одной лишь науки недостаточно. Необходима ещё вера и молитва. Иногда даже здесь, в монастыре, я вижу, как сёстры, которые в миру были врачами, хотят больше помочь больному посредством медицинской науки, чем доверием Богу и молитвой. Однако сердечная молитва сделает этих сестёр обладательницами высшего медицинского диплома, потому что, стяжав её, они оставят упование на человеческую науку. Если в человеке будет возделана любовь с болью о всех людях вообще, то вступают в действие Божественные силы. Лишь бы в душе присутствовало глубокое смирение, чтобы человек не возгордился и не оскорбил Бога, считая, что эти силы его собственные.

Мы не должны забывать о том, что Христос может исцелить даже те болезни, которые не исцеляются врачами, но для вмешательства Христа должна быть серьёзная причина, а молящийся за больного должен быть очень верующим и очень преданным Христу.

— Геронда, то есть если люди страдают, им не надо просить медицинской помощи?

— Да ведь я же не это имею в виду, сестра ты моя! Я не говорю, к примеру, что не надо давать больному кислород и пускай он задохнётся. Я хочу подчеркнуть то, как страдает больной, получая человеческую помощь, и то, что мы должны молиться Христу, чтобы Он помог больным и они не мучились. Если болезнь тяжёлая, то будем просить Христа, чтобы Он одной лишь Своей лаской забрал эту болезнь. Ведь если Христос чуть-чуть погладит больных по руке, то все их болезни исчезают и они выздоравливают! Потом не нужны ни лекарства, ни яды. А если Он ласково погладит человека по лицу, то ещё лучше. А уж если Он его ещё и обнимет, то сердце человеческое умягчается. Вам это понятно? Однако необходимо много веры. Если у самого больного нет веры, то он не выздоравливает.

Больные дети

— Геронда, тот больной ребёнок, которого приносили сегодня его родители, очень страдает.
— Ничего, потихонечку его болезнь пройдёт. Но у него на всю жизнь останется чуткость, и он будет помнить свою болезнь. Эта чуткость будет помогать ему духовно.
— Геронда, дети, больные белокровием, тоже очень страдают.
— Таким детям очень помогает Божественное Причащение. Многие дети исцелились от своей болезни посредством Божественного Причащения. Читая сто сорок пятый псалом, в котором мы просим Бога остановить кровотечение у тех, кто им страдает[14], будем молиться о

---

[14] Преподобный Арсений Каппадокийский читал 145-й псалом в подобных случаях.

том, чтобы Бог помог детям, страдающим белокровием, а также о том, чтобы в больницах было достаточно крови для детей, страдающих малокровием. Эти дети мучаются больше, чем те младенцы, которых заклал Ирод[15]. Страдая в болезнях, маленькие дети имеют чистую мзду, потому что у них нет грехов. Скольких же малышей мы увидим в жизни иной вместе с мученическим, ангельским чином закланных вифлеемских младенцев! Двухмесячным малышам делают операции, уколы, ставят капельницы! Где там найдёшь вену на такой крохотной ручке! И вот их колют, колют… У младенца опухоль головного мозга, и его облучают, маленькая головка лежит между толстенных электрических проводов… Даже взрослый не может такого вынести, что уж тут говорить о младенцах!

— Геронда, эти младенцы в конечном итоге выздоравливают или умирают?

— Э, многие, конечно, умирают, но и их родители — как они оставят детей без медицинской помощи?

— Геронда, а есть ли смысл в том, что педиатры стараются сохранить жизнь преждевременно рождённых младенцев?

— Врачи должны делать всё возможное и одновременно молиться за этих младенцев. «Боже мой, — должны говорить врачи, — если этот ребёнок выживет и всю оставшуюся жизнь будет страдать, прошу Тебя, возьми его к Себе». Однако одновременно они должны позаботиться о том, чтобы младенцы принимали святое крещение. Тогда эти младенцы будут встречать своих врачей в раю с возжжёнными свечами.

А если дети уже находятся в таком возрасте, когда могут что-то понимать, врачи должны быть очень

---

[15] См. Мф. 2:16.

внимательными, чтобы не травмировать их, сообщая им диагноз. Одному восьмилетнему ребёнку врач сказал: «Ты ослепнешь». Его отец пришёл ко мне с этим ребёнком и прямо при нём рассказывал: «Мы возили его за границу для обследования. Нам сказали, что он ослепнет». Да тут даже здорового ребёнка, если он такое услышит, расстройство может ударить по его больному месту. Что уж говорить о ребёнке больном!

Чтобы больной стал здоров, надо идти на какую-то жертву

Если мы просим чего-то у Бога и при этом сами ничем не жертвуем, то наша просьба недорого стоит. Если я сижу сложа руки и говорю: «Боже мой, прошу Тебя, исцели такого-то больного», а сам при этом не иду ни на какую жертву, то я всё равно что бросаю хорошие слова на ветер. Если же у меня есть любовь, если у меня есть жертва, то Христос, увидев их, исполнит моё прошение — конечно, если это пойдёт на пользу другому. Поэтому, когда люди просят вас помолиться о больном, говорите им, чтобы сами они тоже молились или, по крайней мере, старались избавиться от своих недостатков.

Ко мне приходят некоторые люди и просят: «Исцели меня, я слышал, что ты можешь мне помочь». Однако эти люди хотят получить помощь, не прикладывая никаких усилий. К примеру, ты говоришь человеку: «Не ешь сладкое, соверши эту жертву, чтобы тебе помог Бог». А они тебе отвечают: «Почему? Неужели Бог не может помочь мне и без этой жертвы?» Такие люди не могут пожертвовать чем-то даже для себя самих. Где уж там они пожертвуют собой ради другого! Но есть и такие, кто не ест сладкого, чтобы Христос помог страдающим от сахарного диабета, или не спят, чтобы Христос дал немного сна тем, кто страдает бессонницей. Поступая так, человек вступает в родство с Богом. И тогда Бог подаёт людям Свою благодать.

Когда человек говорит мне, что он не может помолиться о ком-то из своих больных родных, я советую ему пойти ради этого больного на жертву, пожертвовать чем-то, что наносит вред его собственному здоровью.

Как-то раз ко мне в каливу приехал один человек из Германии. У него была парализованная дочка. Врачи от девочки отказались. Несчастный отец находился в совершенном отчаянии. «Соверши и ты какую-то жертву ради здоровья своего ребёнка, — посоветовал я ему. — Поклоны ты класть не можешь, молиться ты тоже не можешь. Ладно, что уж там. А скажи: сколько сигарет в день ты выкуриваешь?» — «Четыре с половиной пачки». — «Выкуривай одну пачку, — сказал я ему, — а деньги, которые ты тратил бы на остальные три с половиной пачки, давай в милостыню какому-нибудь бедняку». — «Отче, — сказал он мне, — пусть мой ребёнок выздоровеет, и я брошу курить совсем». — «Нет, — говорю, — когда он выздоровеет, это уже не будет иметь цены. Ты должен бросить курить сейчас. Оставь курение. Неужели ты не любишь своего ребёнка?» — «Я не люблю своего ребёнка?! Да я ради него брошусь вниз с шестого этажа!» — «Я не говорю тебе, чтобы ты бросился вниз с шестого этажа, я говорю, чтобы ты бросил курить. Если ты совершишь безумный поступок и бросишься вниз с шестого этажа, то ты оставишь своего ребёнка беспризорным и сам потеряешь свою душу. Я советую тебе сделать кое-что более лёгкое: бросить курить. Бросай прямо сейчас!» Но он ни за что не хотел бросить курить, а в конечном итоге ушёл от меня в слезах! Ну как можно помочь такому человеку? А вот те, кто тебя слушают, получают помощь.

В другой раз пришёл человек, задыхавшийся от пешего пути. Я понял, что он много курит, и сказал ему:

«Чудак человек, что же ты столько куришь? Ведь ты заболеешь». Немного отдышавшись, он сказал: «Моя жена очень больна, и она может умереть. Прошу тебя, помолись, чтобы произошло чудо. Врачи в бессилии опустили руки». — «А любишь ли ты свою жену?» — спросил я его. «Люблю». — «Тогда почему сам ты не хочешь ей помочь? Сама она сделала то, что могла, врачи тоже сделали всё возможное. Ты сейчас пришёл сюда и просишь меня, чтобы я тоже сделал то, что я могу: то есть помолился о том, чтобы ей помог Бог. Однако что сделал ты сам для того, чтобы твоя жена получила помощь?» — «А что могу сделать я, геронда?» — удивился он. «Если ты бросишь курить, — сказал я ему, — то твоя жена выздоровеет». Я подумал о том, что если Бог увидит, что выздоровление не принесёт духовной пользы его жене, то, бросив курить, этот человек, по крайней мере, сам избавится от зла, которое приносит курение. Прошёл месяц, и он радостный пришёл, чтобы меня поблагодарить. «Геронда, — сказал он мне, — я бросил курить, и моя жена выздоровела». Спустя некоторое время он снова пришёл ко мне, был очень расстроен и рассказал о том, что потихоньку опять начал покуривать — и его жена снова тяжело заболела. «Ну, — сказал я ему, — теперь лекарство ты знаешь сам. Бросай курить».

Молитва о больных

— Геронда, пришли люди, которые просят Вас помолиться о больном ребёнке. И ещё они спрашивают, выздоровеет ли он. Что им ответить?

— Ответьте им так: «Старец будет молиться. Христос любит этого ребёнка и сделает всё, что пойдёт ему на пользу. Если Он увидит, что, повзрослев, ребёнок станет лучше, то Он услышит молитву старца. Однако если

Христос увидит, что, став взрослым, ребёнок не будет находиться в добром духовном состоянии, то Он заберёт его к Себе сейчас. Он сделает это потому, что Он его любит». *Проси,* — говорит Христос, — *и Я тебе дам*[16]. Но Бог даст мне просимое в том случае, если я сам отдал себя Богу. В противном случае зачем Он будет давать мне жизнь? Затем, чтобы я от Него отошёл? Если я молюсь о больном, то радуюсь и тогда, когда он выздоравливает, и тогда, когда он умирает.

— Геронда, а молясь о своём собственном здравии, мы поступаем правильно?

— Лучше будет, если мы станем просить Бога об освобождении от наших страстей. То есть сперва будем искать и просить Царствия Божия. Прося Бога исцелить нас от болезни, мы растрачиваем наше небесное достояние. Однако если мы не выдерживаем тех страданий, которые приносит болезнь, то будем просить Бога нас исцелить, и Он поступит в соответствии с тем, что нам полезнее.

— Геронда, помогут ли больному наши молитвы, если сам он просит у Бога чего-то другого?

— Если больной просит у Бога, чтобы выздоровел только он сам, не молясь о том, чтобы получили исцеление и другие больные, то он поступает неправильно. Вот ты, сестра, когда была в миру, трудилась в больнице. Что ты делала, когда больной не мог творить Иисусову молитву?

— Я творила её сама, геронда.

— Ты, конечно, поступала хорошо, но и сам больной тоже должен был молиться.

— Он тоже молился. Он говорил: «Пресвятая Богородица, Владычица моя, спаси меня!» Но, геронда, разве терпение боли — это не молитва?

---

[16] См. Мф. 7:7; Мк. 11:24; Лк. 11:10 и Ин. 16:24.

— Вот молодец! Да, конечно, это тоже молитва! Если человек просит вас помолиться о нём, потому что в такой-то день у него назначена операция, то вы начинайте молиться сразу, как он вас об этом просит. Не ждите того дня и часа, когда его повезут в операционную, чтобы в это время начать молиться. И на службах, когда священник произносит: «О в не́мощех лежа́щих», с болью пойте «Господи, помилуй». Если вы набираете побольше воздуха и под камертон начинаете гудеть «у-у-у», чтобы пропеть «Господи, помилуй» помузыкальней, то ваш ум тоже будет витать в этом «у-у-у…» и в разной чепухе, тогда как несчастные больные, страдающие и мучающиеся, будут ждать от вас немного помощи! Ведь больные страдают от боли. Ты боли не имеешь. Так молись же за них, чтобы они получили помощь. Если ты не вздыхаешь от боли и не стонешь, катаясь по больничной койке, то воздохни, по крайней мере, в молитве о больных. Если здоровые не будут хоть немного молиться о больных, то очень скоро Христос скажет им: «Вы были здоровы и не молились за тех, кто страдал? *Не вем вас…*[17]»

Если мы не молимся за больного, то болезнь будет развиваться естественно. Тогда как, если мы за него молимся, она может изменить свой естественный ход. Поэтому всегда молитесь за больных.

---

[17] См. Мф. 25:12.

ГЛАВА ТРЕТЬЯ
О ТОМ, ЧТО ТЕЛЕСНОЕ УВЕЧЬЕ — ЭТО БЛАГОСЛОВЕНИЕ БОЖИЕ

Правильное отношение к телесному увечью

— Геронда, может ли увечье привести человека к комплексу неполноценности?

— Ах, какие же это глупости!

— Однако, геронда, с инвалидами иногда происходит именно это.

— Происходит, потому что они располагают себя неправильно. Поняв, что увечье — это благословение от Бога, люди располагают себя правильно и от комплекса неполноценности освобождаются. Когда телесное увечье имеет малыш, не получивший духовной помощи, чтобы радоваться этому увечью, то у него есть смягчающие обстоятельства, если он страдает от неполноценности. Но если ребёнок вырастает, а чувство неполноценности остаётся при нём, это значит, что он не постиг глубочайшего смысла жизни.

У одной девятилетней девчушки возникла в глазу опухоль, и врачи удалили ей глаз. Дети в школе издевались над несчастной девочкой, и она страдала. Её отец пришёл ко мне в каливу и рассказал о том, что произошло. «Геронда, — сказал он мне, — я подумал, что если буду покупать ей всё, что она у меня просит, то помогу ей, потому что она будет радоваться и забывать расстройство от своего увечья. Подумать-то я подумал, но как я могу это сделать? Ведь у меня ещё пятеро маленьких детей, которые завидуют ей, потому что они ещё ничего не понимают». — «Да что же ты такое говоришь? — ответил ему я. — Утешение, о котором ты рассказываешь, — это ложное утешение. Проблемы оно не решит. Если сейчас ты будешь покупать ей любое платье, о котором она тебя попросит, то пройдёт ещё несколько лет, и она попросит купить ей „Мерседес". Где ты найдёшь столько денег? А потом она услышит, что у некоторых на ранчо стоят собственные самолёты, и будет требовать, чтобы ты купил ей самолёт. Что ты тогда будешь делать? Постарайся лучше помочь своему ребёнку радоваться, что у него только один глаз. Пусть думает, что она мученица. Многим святым мученикам выкалывали глаза, отрезали уши, нос, и мир смеялся над ними. Однако святые, страдая от болезней и людских насмешек, не уступали и несгибаемо терпели мучения. Если девочка поймёт это и будет относиться к своему увечью, славословя Бога, то Бог поместит её в чин исповедников. Подумай: Бог устроил так, что ребёнку удалили глаз таким образом, что ему не было больно, и потом Он ещё и поместит его среди исповедников! По-твоему, это пустяки? Ведь у девочки нет грехов, чтобы она расплачивалась за них своим увечьем. И от этого увечья она будет иметь чистую мзду». Несчастный отец поблагодарил меня и ушёл в добром расположении духа. И он действительно помог своей дочке понять, что её увечье было благословением от Бога. Он помог ей славословить Бога. Так девочка выросла без отклонений, поступила на филологический факультет университета, отучилась, сейчас работает преподавательницей и радуется больше, чем другие девушки — у которых есть всё, но которые при этом мучаются, потому что они не уразумели глубочайшего смысла жизни.

Если люди не уразумевают глубочайшего смысла жизни, то они мучаются даже от тех благословений и благоприятных возможностей, которые Бог даёт им для их спасения. А вот тот, кто располагает себя правильно, радуется всему. Он хромой? А он этому радуется! Он не очень умный? А он этому радуется! Гол как сокол? И этому он радуется.

Конечно, я понимаю, какие трудности испытывают инвалиды, и очень молюсь за них, особенно за девушек. Ведь для юноши инвалидность, увечье не столь тяжелы. Однако девушке, которая хочет выйти замуж, увечье переносить тяжело.

А как мучаются слепые! Несчастные не могут сами себя обслуживать. Если они идут, то спотыкаются и падают… В своих молитвах я прошу Бога дать слепым по крайней мере немного света, чтобы они могли хоть как-то обслуживать себя в своих нуждах.

— Вот и я, геронда, расстраиваюсь из-за того, что не могу прочесть хотя бы одну главу из Евангелия, потому что очень плохо вижу. А Вы говорили нам, что если человек каждый день читает по главе из Евангелия, то он освящается.

— Что ты из-за этого расстраиваешься? По-твоему, если ты прочтёшь не главу, а только несколько стихов из Евангелия или только одно слово из Него, или просто благоговейно поцелуешь эту священную книгу, то ты не освятишься? Но, кроме того, ведь ты не вчера пришла ко Христу. Почему же ты не размышляешь о том, что прочитала и услышала до сего дня? Главное — правильно себя расположить. Скажи себе так: «Сейчас Бог хочет, чтобы я была в таком состоянии. Несколько лет назад Он хотел, чтобы я была в состоянии другом».

Один благоговейный адвокат, состарившись, потерял зрение. Однажды он мне сказал: «Помолись, святой старец, о том, чтобы я мог читать хотя бы немного, и о том, чтобы я мог узнавать любимых людей». — «Любимых людей, — ответил я ему, — ты можешь узнавать и по голосу. А что касается чтения… Ведь ты читал столько лет! Теперь твори Иисусову молитву. По всей вероятности, сейчас Бог хочет от тебя именно этого». После этого разговора несчастный стал испытывать радость бо́льшую, чем тогда, когда он мог видеть.

Небесная мзда за увечье

Если, имея увечье, мы терпим и не ропщем, то мы получаем большую мзду. Потому что все увечные люди откладывают себе какие-то сбережения. К примеру, в небесной «сберегательной кассе» на человека глухого открыт счёт за то ухо, которым он не слышит, на слепого — за слепой глаз, на хромого — за хромую ногу. Это великое дело! Если эти люди совершат ещё хоть небольшой подвиг против душевных страстей, то они будут награждены и венцами от Бога. Посмотри — ведь инвалиды войны получают особую пенсию и, кроме того, их награждают орденами.

Если человек имеет красоту, удальство, здоровье и при этом не подвизается, не старается отсечь свои недостатки, то Бог скажет ему: «В жизни земной ты насладился данными тебе благами: удальством и тому подобным! Что ещё Я тебе должен? Ничего». А вот человек, имеющий увечье — родился ли он с ним, унаследовал ли его от родителей или приобрёл позднее, — должен радоваться, потому что в жизни иной он получит воздаяние. Особенно в том случае, если он не виноват в своём увечье. В этом случае он будет иметь воздаяние чистое, без «вычетов» и «удержаний». Ведь если человек всю жизнь не может, к примеру, вытянуть ногу, не может сесть, не может сделать поклон и тому подобное, то это немалое испытание. В иной жизни Бог скажет такому человеку: «Иди сюда, дитя Моё, и уже навечно сядь на этот трон». Поэтому я говорю, что мне в тысячу раз лучше было бы родиться умственно отсталым, слепым или глухим, потому что в этом случае меня ждала бы мзда от Бога.

Если люди увечные не ропщут, но смиренно славословят Бога и живут с Ним, то в раю они займут лучшее место. Бог поместит их вместе с исповедниками и мучениками, которые ради Христовой любви отдали свои руки и ноги, и сейчас в раю они с благоговением лобызают руки и ноги Христа.

— Геронда, а если, к примеру, человек страдает глухотой и при этом ноет, жалуется на свою участь?

— Маленькие дети тоже ноют. Многому Бог значения не придаёт. Посмотрите, ведь хорошие родители, равным образом любя всех своих детей, особенной заботой покрывают детей слабых или увечных. Подобным образом и Бог, наш Добрый Отец, поступает со Своими телесно или духовно слабыми детьми, лишь бы они имели благое расположение и давали Ему право вмешиваться в их жизнь.

Умственно отсталые дети

Как же мучаются несчастные матери, имеющие умственно отсталых детей! Эти дети постоянно устраивают шумные сцены, всё пачкают... Настоящее мученичество! Я был знаком с матерью, ребёнок которой был умственно отсталым. Он уже вырос, стал здоровым парнем, и она не может с ним справляться, потому что он устраивает что-то невообразимое!.. Нечистотами он вымазывает стены, мебель, простыни... Мать наводит в доме порядок, чистит и моет, расставляет всё по местам, а он переворачивает всё вверх дном и пачкает в нечистотах. Несчастная женщина прячет от него моющие средства, а он их находит и выпивает! Целые шкафы бросает с балкона вниз. Милостью Божией он до сих пор ещё никого не убил. И ведь это продолжается не день, не два. Это продолжается годы.

— Геронда, а может ли человек умственно отсталый иметь смирение и доброту?

— Как же не может! Вот взять хотя бы того умственно отсталого малыша, которого часто привозят сюда в монастырь его родители. Какой разумный человек имеет доброту, которая есть у него? Как же он молится, как же он кладёт поклоны! Когда, страдая от грыжи, я не мог делать поклоны, родители сказали ему: «Батюшка заболел, не может делать поклоны». — «Я за него их сделаю!» — сказал малыш и начал совершать за меня поклоны! И он продолжал совершать за меня эти поклоны, обливаясь потом. Сколько же у него было любочестия, сколько великодушия! Как-то один из соседских детей его поколотил, а он, в ответ на побои, протянул ему руку и сказал: «Будь здоров!» Видишь как? Кто из людей «разумных» так поступает, даже если читает Евангелие и целую кучу духовных книг? Сюда несколько дней назад приезжала вся семья этого мальчика, для того чтобы он со мной встретился. Когда они приехали, он сел возле меня, а его маленькая сестричка чуть дальше. Увидев, что сестра сидит вдалеке от меня, он сказал ей: «Иди сядь рядом с батюшкой» — и посадил её на своё место. Этот ребёнок привёл меня в умиление, и я дал ему в благословение большой финифтевый крест, который мне привезли из Иерусалима. Взяв крест в руки, он сказал: «Бабушка, бабушка!» — и показал, как он положит этот крест на могилу своей бабушки! Представляете! Этот малыш ничего не хочет для себя, он хочет всё для других! Он и сам пойдёт в рай «без экзаменов», но и родителей своих тоже приведёт в рай.

Как бы я хотел быть на его месте! И пусть я ничего бы не понимал, и пусть бы я не мог говорить! Бог дал мне все блага, но, несмотря на это, я эти блага неблагодарно расточил. В жизни иной в сравнении с этим малышом даже богословы отойдут на задний план. Помысел говорит мне, что на Небе святые богословы не будут в лучшем положении по отношению к познанию Бога, чем такие дети. И может быть, таким детям Праведный Бог даст и что-то большее, потому что в жизни земной они были многого лишены.

Душевные заболевания

— Геронда, если человек впадает в меланхолию, что он должен делать, чтобы её преодолеть?

— Необходимо божественное утешение.

— А как получить это утешение?

— Человек должен «уцепиться» за Христа, и Христос ему это утешение даст. Ведь часто любочестие переплетается с эгоизмом. Большинство шизофреников — люди чувствительной души. С ними происходит пустячное происшествие или они не могут преодолеть какую-то трудность — и очень страдают. Иной может убить человека и вести себя так, словно ничего не произошло. Тогда как человек чуткий, случайно наступив на лапку котёнку, страдает и не может уснуть от расстройства. Ну а если он не сможет уснуть две-три ночи, то потом, конечно, побежит к врачу.

— Геронда, психологи говорят, что душевнобольной человек получит помощь, если устранить причину его болезни.

— Да, но только если эта причина существует. Ведь иногда люди запутываются в помыслах, которые могут свести их с ума даже в тех случаях, когда происходящее естественно и, если можно так выразиться, оправданно. «Может быть, у меня наследственная душевная болезнь? Может быть, я болен?» — терзаются такие люди. Я был знаком с юношей, который, когда учился, читал по одиннадцать часов в сутки. Он получал стипендию и помогал своей семье, так как его отец был болен. Под конец учёбы он выбился из сил, потому что был человеком чувствительным, тонким. У него постоянно болела голова, и он защитил диплом с огромным трудом. Потом он начал мучиться помыслами, будто страдает наследственной душевной болезнью. Да какая там ещё наследственность? Тут даже если человек просто читает по одиннадцать часов в день, это приведёт его к истощению сил. А что уж говорить, если человек учится, помогает родителям, и при этом ещё имеет чуткую душу!..

— Геронда, один ребёнок, после того как его отец покончил жизнь самоубийством, начал впадать в меланхолию, уныние. Может быть, это наследственное?

— Возможно, ребёнок получил душевную травму. Нельзя сказать с абсолютной точностью, что причина здесь в наследственности. Кроме того, мы не знаем, в каком состоянии находился его отец, что послужило причиной самоубийства. Конечно, если отец — человек замкнутый, то ребёнку необходима помощь. Ведь если ребёнок тоже будет замкнут и при этом будет иметь помысел о том, что у него плохая наследственность, то он может действительно заболеть.

Бог всегда попускает человеку пройти через испытания, которые ему по силам. Но помимо тяжести испытаний к ним прибавляется тяжесть людских насмешек, так что душа сгибается от этой дополнительной тяжести и начинает роптать. Своими издёвками люди ещё больше сводят сумасшедших с ума. Ведь в начале сумасшествие можно сдерживать в определённых рамках. В старину психиатрических лечебниц не было, и если человек сходил с ума, его закрывали в комнате на железные засовы. Помню одну сумасшедшую женщину, её звали Перистера́. Её держали запертой в доме. Дети бросали в окна камнями, издевались над ней. Несчастная приходила в бешенство, гремела засовами, кричала и выбрасывала из дома всё, что попадалось под руку. Однако в жизни иной ты увидишь, что Перистера будет выше многих «умниц» и «разумниц».

Помню ещё один случай. В одной семье старшая дочь была немного слабоумной. Но у неё было очень много доброты. Ей было сорок лет, но она вела себя так, словно ей было пять. Какие же искушения устраивали ей и взрослые, и дети! Однажды родители оставили её готовить пищу, а сами пошли работать в поле. Брат этой девушки должен был прийти с поля, привезти кукурузу и забрать готовый обед в поле, чтобы пообедали и родители, и рабочие. Несчастная нарвала в огороде кабачков, баклажанов, фасоли и приготовилась всё это варить, а её младшая сестра — не девушка, а сущее искушение — взяла за ухо осла, подвела его к собранным овощам, и осёл всё съел. Несчастная никому ничего не сказала и снова пошла в огород за овощами. Пока она снова их рвала, приехал с поля брат, а она только ставила пищу на огонь. Брат разгрузил мулов и, увидев, что пища ещё не готова, стал её бить! Какое же страдание выпадало ежедневно на её долю! Её несчастная мать просила у

Бога, чтобы сперва умерла дочь, а потом она, потому что она думала, что за дочерью будет некому ухаживать. И действительно, сперва умерла дочь, а потом мать.

Но что ни говори, те, у кого есть умственная отсталость, находятся в положении лучшем, чем другие. С таких людей не может быть никакого спроса, и поэтому они переходят в иную жизнь «без экзаменов».

Правильное отношение родителей к увечью своих детей

Есть такие матери, которые, узнав во время беременности, что ребёнок родится увечным или умственно отсталым, делают аборт и убивают своё дитя. Они не думают, что у этого ребёнка тоже есть душа. Многие отцы приходят и говорят мне: «Мой ребёнок будет ущербным? Почему Бог делает так? Я не могу этого вынести». Какое же бесстыдство по отношению к Богу несёт в себе такое отношение, какое упрямство, какой эгоизм! Такие люди, если Бог им поможет, станут ещё хуже. Однажды ко мне в каливу вместе с отцом пришёл студент, который от помыслов повредился в рассудке. Этого юношу лечили электрошоком. Несчастный у себя в доме терпел немалые стеснения. Он отличался благоговением. Совершая земные поклоны, он бился головой о землю. «Может быть, Бог пожалеет землю, — говорил он, — и пожалеет меня, который её ударил». То есть он думал о том, что Бог, пожалев землю, которой стало больно от его удара, пожалеет и его! Это произвело на меня впечатление! Себя этот юноша считал недостойным. Когда ему становилось хуже, он приезжал на Святую Гору. Я приводил в порядок его помыслы, один-два месяца он жил более-менее хорошо, а потом всё начиналось сначала. Его отец не хотел, чтобы их знакомые видели его ребёнка, потому что это задевало его самолюбие. Он страдал от своего собственного эгоизма. «Мой сын компрометирует меня в глазах людей», — заявил он мне. Услышав это, сын сказал ему: «Слушай, лучше смирись! Вот я — псих и веду себя естественно! Ты что, хочешь загнать меня в тесные рамки приличий? Знай, что у тебя ребёнок псих, и веди себя естественно. Ты что, один имеешь ребёнка психа?» — «Вот это да! — подумал я. — Кто же из них двоих сумасшедший?»

Видите, до чего нередко доводит эгоизм? Отец может даже пожелать гибели своего ребёнка! Когда я жил в миру, то был знаком с одним умственно отсталым ребёнком. Родители, идя в гости, не брали его с собой, чтобы им не было из-за него стыдно! И надо мной смеялись, потому что я с этим ребёнком разговаривал. Однако этот ребёнок занимал в моём сердце место лучшее, чем те, кто над ним смеялся.

ГЛАВА ЧЕТВЁРТАЯ
О ДУХОВНЫХ ЗАКОНАХ

Как действуют духовные законы

— Геронда, какие законы называются духовными?

— Я тебе объясню. Подобно тому как существуют законы природы, так и в жизни духовной существуют законы духовные. Предположим, человек бросает вверх тяжёлый предмет. Чем с большей силой и чем выше он его подбросит, тем с большей силой предмет упадёт вниз и разобьётся. Это природный естественный закон. А в жизни духовной — чем выше человек поднимается от своей гордости, тем сильнее будет его духовное падение, и в соответствии с высотой своей гордыни он разобьётся духовно. Ведь гордец поднимается вверх до какого-то предела, а потом падает и терпит полную неудачу. *Вознося́йся смири́тся*[1]. Это закон духовный.

Однако между естественными и духовными законами есть значительная разница. Естественные законы «несердобольны», и человек не может их изменить. А вот законы духовные «сердобольны», и человек изменить их может, потому что он имеет дело со своим Творцом и Создателем — с Многомилостивым Богом. То есть

---

[1] Лк. 18:14. См. также Мф. 23:12.

быстро осознав, как «высоко» он залетел от своей гордости, человек скажет: «Боже мой, у меня нет ничего своего, и я ещё горжусь?! Прости меня!» — и сразу же бережные руки Бога подхватывают этого человека и нежно опускают его вниз, так что его падение остаётся незаметным. Таким образом человек не сокрушается от падения, потому что ему предшествовало сердечное сокрушение и внутреннее покаяние.

То же самое происходит и в случае с евангельским законом: *Вси́ бо прие́мшие нож ноже́м поги́бнут*[2]. То есть если я ударю кого-то мечом, то по духовному закону я должен расплатиться за это тем, что мечом ударят меня самого. Однако если я осознаю свой грех, если меня «бьёт мечом» собственная совесть и я прошу у Бога прощения, то духовные законы прекращают действовать, и я приемлю от Бога Его любовь, подобную целебному бальзаму.

То есть в глубине судов Божиих — а Его суды это бездна — мы видим, что Бог «меняется» тогда, когда меняются люди. Если непослушный ребёнок берётся за ум, кается и его мучает совесть, то отец с любовью ласкает и утешает его. Человек может изменить решение Бога! Это дело нешуточное. Ты совершаешь зло? Бог даёт тебе по затылку. Говоришь: «Согреших»? Он подаёт тебе Свои благословения.

Благородные дети Бога

Некоторые люди покаялись в своём грехе, и Бог их простил. Духовные законы действовать прекратили, но, несмотря на это, люди своего греха не забывают. Они настоятельно просят у Бога быть наказанными за свой

---

[2] Мф. 26:52.

грех в сей жизни — чтобы за него расплатиться. И поскольку они на этом настаивают, Благий Бог исполняет их любочестные прошения. Однако в Своей небесной «сберегательной кассе», в раю сберегает им мзду и те духовные проценты, которые по ней накапливаются. Такие люди — благородные дети Бога, Его самые любочестные дети.

В книге «Луг духовный» рассказывается об авве Пимене, который был пастухом. Однажды его посетил человек и попросил, чтобы авва принял его на ночлег в своей келье. Не имея особого места для гостей, авва поместил посетителя там, где проводил ночи, а сам пошёл ночевать в одну из пещер. Утром, когда он возвратился в келью, посетитель спросил его: «Как ты провёл ночь, авва, не замёрз ли ты?» — «Нет, — ответил авва Пимен, — я провёл ночь хорошо. Я залез в одну пещеру и увидел в ней спящего льва. Я тоже прилёг и спиной прислонился к его гриве. От львиного дыхания в пещере было жарко, как в печке, и я не замёрз». — «Ты не испугался, что лев тебя съест?» — «Нет, — ответил авва, — не испугался, но знай, что меня сожрут дикие звери». — «Откуда ты это знаешь?» — «В миру я был пастухом, — ответил авва. — Однажды я пас своё стадо, и мои псы растерзали одного человека, который проходил мимо. Я мог спасти этого человека, но проявил равнодушие. С того времени я постоянно прошу Бога, чтобы меня сожрали дикие звери. И я верю, что Бог окажет мне эту милость». Действительно, этого авву сожрали звери. Однако в жизни иной такие люди будут находиться в самом избранном месте[3].

---

[3] См. *Блаженный Иоанн Мосх.* Луг духовный. Глава 167. Печ. по изд. 1915 г. Изд-во Владимирской епархии, 2002. С. 197.

— Геронда, в комментариях к одной святоотеческой книге я читала, что когда человек совершает грех, он должен быть наказан, для того чтобы расплатиться за содеянное им зло.

— Нет, это не так. Если человек кается, то он не наказывается: его милует Христос. К комментариям святоотеческих текстов надо быть очень внимательным, потому что какой-нибудь «комментатор» может быть неплохим человеком, но его толкования могут быть неправильными. Если ты не уверен, что составитель комментариев толкует всё правильно, то лучше читать только святоотеческий текст. Мне один человек сказал, что пророка Исаию распилили деревянной пилой, потому что он должен был быть распилен за грехи людей. Тогда как на самом деле пророк сам просил Бога, чтобы его распилили за грехи народа, и эта великая любовь пророка к людям приклонила Бога на просимое. Но сколько раз провели пилой по телу пророка, столько венцов и дал ему Бог. Для того чтобы понимать какие-то вещи, необходимо иметь определённые предпосылки, что-то знать. Вот авва Пимен, о котором я рассказывал, мог бы понять пророка Исаию, хотя с ними произошло не одно и то же, потому что в случае с пророком Исаией присутствовала жертва за людей.

— Геронда, а в нашу эпоху встречаются ли подобные случаи?

— Да, конечно. Помню один случай, происшедший, когда я жил в монастыре Филофей. Один человек сжёг в печи турка, который зарезал его отца. Потом он покаялся, пришёл на Святую Гору, стал монахом и с усердием принялся за исполнение монашеских подвигов. Однако денно и нощно он просил Бога, чтобы Тот попустил ему сгореть. Однажды в монастыре вспыхнул пожар. Я в то время был келарем. Я наполнил водой вёдра, другие ёмкости, и все мы побежали тушить пожар. А когда мы потушили пожар, то нашли этого монаха сгоревшим. Эта сцена до сих пор стоит у меня перед глазами… Что же произошло? Монаху, о котором идёт речь, исполнилось тогда восемьдесят пять лет. За ним ухаживал другой монах, тому было семьдесят пять. В тот день монах, ухаживавший за больным, желая хоть немножко облегчить его боль от ревматизма, натёр его ноги керосином и, укутав, уложил старика возле горящего очага. От каштановых дров выскочил горящий уголёк. Он попал на ноги укутанного монаха, они загорелись, он сгорел сам, и в монастыре случился пожар. Я очень расстроился из-за происшедшего и не мог успокоиться! Потом духовник сказал мне: «Не расстраивайся. Он сам просил у Бога этого, чтобы загладить свой грех. Случившееся было даром Божиим».

Духовные законы и любовь Божия

— Геронда, духовные законы всегда действуют сразу?

— Бывает по-всякому. Часто остаётся только удивляться! Кто-то, стоит ему чуть-чуть возгордиться, сразу же терпит полную неудачу, то есть духовный закон действует молниеносно. К примеру, монахиня моет стёкла, и ей приходит гордый помысел о том, что она моет их лучше, чем другая сестра. Тут же она на что-то отвлекается — неудачное движение — и стекло лопается. А в других случаях духовные законы действуют не сразу.

— Геронда, а когда духовные законы действуют сразу, что это значит?

— Это хороший признак. В таких случаях человек должен понять, что любовь Божия его покрывает, потому что он расплачивается за каждую из своих ошибок в отдельности, а не платит за всё вместе впоследствии. Однако если по отношению к человеку духовные законы не действуют, это опасно. Это показывает, что человек — ребёнок, удалившийся от своего Отца — Бога, что он не живёт в Его доме. Есть люди, которые постоянно ведут себя с гордостью, и с ними ничего не происходит. Это значит, что их гордыня столь велика, что перестала быть человеческой. Она дошла до своей высшей степени — до бесовской гордыни, до сатанинского превозношения. Такой человек тоже падает, но уже с другой стороны вершины. Падает прямо в ад. Он падает люциферическим падением, но те, которые находятся по эту сторону вершины, его падения не видят. То есть люди, о которых идёт речь, не попадают под действие духовного закона в жизни сей, но по отношению к ним действует апостольское изречение: *Лука́вии же челове́цы и чароде́е преуспе́ют на го́ршее, прельща́юще и прельща́еми*[4].

— Геронда, а может ли творение человеческих рук портиться от того, что им любуется тот, кто его создал?

— Да, потому что вступают в действие духовные законы. Бог забирает от кого-то Свою благодать — и человек портит эту вещь, произведение искусства или тому подобное. Это происходит для того, чтобы пришёл в чувство и разумение тот, кто возгордился творением собственных рук.

— Геронда, то есть если кто-то портит нечто, сделанное другим, это значит, что вступили в действие духовные законы?

— Да, конечно.

— А разве не может быть такого, что человек портит что-то просто по неаккуратности или неумению?

— Такие случаи редки. Поэтому, насколько возможно, живите смиренно. Думайте о том, что у нас нет ничего своего. Всё, что у нас есть, дано нам Богом. Всё, что у

---

[4] 2 Тим. 3:13.

нас есть, — Божие. Наши — только грехи. Если мы не будем смиряться, то духовные законы будут вступать в действие по отношению к нам постоянно, до тех пор, пока не сокрушится наш эгоизм. И пусть — пусть Бог устраивает всё так и смиряет нас до тех пор, пока нас не застанет смерть.

— Геронда, а может ли человек не понимать того, что по отношению к нему вступили в действие духовные законы?

— Если человек не следит за собой, то он не понимает ничего и ни от чего не получает помощь. Ничто не идёт ему на пользу.

— Геронда, то есть духовные законы прекращают действовать только в том случае, когда человек смирится?

— Да, главным образом они прекращают действовать от смирения или в том случае, когда с человека нечего спросить. Я приведу тебе пример. Одна женщина постоянно била своего мужа, и он никому ничего не говорил, потому что был учителем и боялся потерять свою репутацию. Однако в его случае вступили в действие духовные законы. Будучи маленьким, он потерял отца, и его мать-вдова на свою маленькую пенсию старалась выучить его, чтобы он стал учителем. А он вместо благодарности её бил. Что же перенесла эта несчастная мать! И вот, когда он вырос и женился, Бог попустил, что его стала бить жена. Бог попустил это для того, чтобы он расплатился за свой грех. Но знаете, что произошло после? Этот человек умер, и его сын начал бить его вдову — свою мать. Таким образом и она расплатилась за свой грех. Потом их сын тоже вырос и женился. У девушки, на которой он женился, было не всё в порядке с головой. Она не просто била его, но при этом ещё и пела: «Христо́с воскре́се из ме́ртвых, сме́ртию сме́рть попра́в»! Видите, как всё устроил Бог, чтобы этот человек тоже расплатился за свои грехи? Однако на этом духовные законы своё действие прекратили, потому что с его несчастной сумасшедшей жены было нечего спрашивать.

— Геронда, а если человек совершает падение и скорбит об этом, то расплачивается ли он подобным образом за свои духовные долги?

— Он осознаёт свой долг пред Богом или скорбит эгоистично? Если он осозна́ет свой долг, то платить за своё падение уже не будет. Однако если он своего долга не осозна́ет, то Бог попустит и расплату. К примеру, христианин должен подавать другим милостыню. Если жестокосердный человек милостыню не даёт, но копит и копит деньги, то к нему забираются грабители, избивают его, забирают его деньги, — и таким образом он расплачивается за свою ошибку. Если мы имеем духовные долги и не расплачиваемся за них в жизни сей, то это очень плохой знак. Это значит — Бог нас оставил. А если человек не несёт никаких наказаний и принимает лишь благословения, то, видимо, он совершил что-то доброе и за это доброе Христос платит ему в сей жизни — вдвойне и втройне. Однако за свои ошибки такой человек не расплачивается. И это тоже плохо. Предположим, я совершил что-то доброе на десять процентов, а Христос воздаёт мне за это на двадцать процентов, и я не имею ни скорбей, ни расстройства. Но в этом случае я не расплачиваюсь за свои грехи.

Как говорит святой Исаак Сирин, несчастья в этой жизни уменьшают адскую муку[5]. То есть в подобном случае по отношению к человеку вступают в действие духовные законы, исчезает какая-то часть адских мучений.

---

[5] В русском переводе С. И. Соболевского: «Наказуемый здесь за свой срам вкушает своей геенны». *Исаак Сирин, прп.* Слова подвижнические. М., 1993. С. 365.

ЧАСТЬ ШЕСТАЯ

О СМЕРТИ И БУДУЩЕЙ ЖИЗНИ

«После всего того, что Бог сделал для нас, людей, будет очень неблагодарно, если мы попадём в ад и Его огорчим. Боже упаси попасть в ад не то что человеку, а даже какой-нибудь птичке».

ГЛАВА ПЕРВАЯ
ОБ ОТНОШЕНИИ К СМЕРТИ

Память смертная

— Геронда, о чём должен думать человек в день своего рождения?

— Он должен думать о дне своей будущей смерти и готовиться к этому великому путешествию.

— Геронда, если при извлечении из могилы окажется, что останки усопшего не разложились, то причина этого — грех, в котором человек не покаялся?

— Нет, не всегда. Причина может быть и в тех лекарствах, которые он принимал, или в составе почвы кладбища. Но как бы там ни было, если усопший при извлечении его останков из могилы окажется неразложившимся, то он расплачивается за часть своих грехов. Это происходит потому, что и после смерти он становится посмешищем для других.

— Геронда, смерть — это самое несомненное событие, которое произойдёт с человеком. Почему же тогда мы о ней забываем?

— Знаешь, раньше в общежительных монастырях одному из монахов давали послушание напоминать другим отцам о смерти. Когда другие братья занимались послушаниями, этот монах подходил к ним и говорил каждому: «Братия, нам предстоит умереть». Жизнь наша обёрнута смертной плотью. Эту великую тайну непросто понять тем людям, которые состоят лишь из плоти и поэтому не хотят умирать, не хотят даже слышать о смерти. Смерть становится для таких людей двойной смертью и двойным горем. Но, к счастью, Благий Бог устроил всё так, чтобы по крайней мере люди пожилые получали пользу от некоторых признаков наступающей для них старости. Ведь пожилые люди естественным образом находятся ближе к смерти, чем молодые. У них седеют волосы, у них уже не та бодрость, силы постепенно их оставляют, у них начинают течь слюни, и таким образом они смиряются и бывают вынуждены любомудрствовать о суетности мира сего. Даже если пожилые люди хотят «взбрыкнуть», они не могут этого сделать, потому что всё, что с ними происходит, их тормозит. Или когда они слышат, что кто-то из стариков такого же возраста, как они, или даже младше, умер, они тоже вспоминают о смерти. Вы видели, как в деревнях, когда звонит погребальный колокол, сидящие в кофейне старики встают, осеняют себя крестом и спрашивают, кто умер и когда он родился? «О, — говорят они, — ты только погляди, пришёл и наш черёд! Все мы покинем сей мир!» Они понимают, что их годы ушли, что нить их жизни подошла к концу и к ним приближается смерть. Так пожилые люди постоянно думают о смерти. Попробуй-ка скажи малому ребёнку: «Имей память смертную». Он ответит тебе: «Тру-ля-ля» — и побежит опять играть с мячиком. Ведь если бы Бог помог малому ребёнку понять, что он умрёт, то несчастный разочаровался бы в жизни и пришёл бы в полную негодность, потому что ничто бы его не привлекало. Поэтому Бог, как Добрый Отец, устраивает всё так, чтобы ребёнок не понимал, что такое смерть, и беззаботно и радостно играл с мячиком. Однако чем старше становится ребёнок, тем постепенно всё больше он понимает, что такое смерть.

Погляди, ведь и новоначальный монах, особенно если он молод, не может иметь память смертную. Он думает, что у него впереди годы жизни, и вопрос смерти его не занимает. Помните, как апостол Пётр сказал: «Позовите юношей, чтобы они забрали мёртвых Ананию и Сапфиру»?[1] В монастырях мёртвых обычно погребают молодые монахи. Старые монахи, погружённые в задумчивость, бросают на тело усопшего немного земли. Они с благоговением бросают горсть земли только на тело — и никогда на голову усопшего. Оказавшись на похоронах в одном монастыре, я стал свидетелем неприятной картины. Усопшего погребали и засыпали землёй, священник произносил слова: «Земля́ еси́ и в зе́млю отыдеши». В то время как все монахи, по обычаю, со многим благоговением и скромно бросали горсть земли на тело своего усопшего брата, один юный монах подобрал свой подрясник, схватил лопату и без внимания, как заведённый, принялся забрасывать усопшего всем, что оказывалось на его лопате: землёй, камнями, деревяшками… Он делал это для того, чтобы показать, какой он молодец! Вот ведь выбрал час, чтобы показать свою силу, свою работоспособность! Другое дело, если бы в монастыре сажали деревья или засыпали кювет и он, проявляя доброту и жертвенность, сказал бы: «Другие монахи — старички. Что от них можно ждать, какой работы? Дай-ка поработаю я». В этом случае он устал бы чуть больше, но других бы разгрузил. Да тут даже если видишь мёртвое животное, его становится жалко. Что уж говорить, если ты видишь, как в могиле

---

[1] См. Деян. 5:6-10.

лежит твой брат… А ты, как землечерпалка, равнодушно забрасываешь его землёй и камнями… Всё это показывает, что у этого молодого монаха совершенно не было памяти смертной.

Если ты хочешь умереть, то не умираешь

— Геронда, поставлен окончательный диагноз. Ваша опухоль злокачественная. Это рак в одной из самых худших форм.

— Принеси-ка мне какой-нибудь платочек, и я пущусь в пляс! Я станцую танец «Будь здоров, прощай, несчастный этот мир!». Я не танцевал ни разу в жизни, но сейчас пущусь в пляс от радости, что приближается смерть.

— Геронда, врач сказал, что сперва Вас будут возить на облучение, чтобы ослабить опухоль, а потом будут делать операцию.

— Понятно. Сперва будет бомбить авиация, а потом пойдут в атаку войска! Вот что, лучше-ка я сразу пойду наверх и расскажу вам, что там творится!.. Некоторые, даже пожилые люди, если врач скажет им «ты умрёшь» или «есть надежда на пятьдесят процентов, что ты выживешь», расстраиваются. Они хотят жить. А ради чего? Удивительное дело! Если хочет жить человек молодой, это ещё куда ни шло, этому есть какое-то оправдание. Но если старается выжить старик, я этого не понимаю. Понимаю, если он лечится, чтобы быть в состоянии как-то выдерживать боль. То есть он не хочет, чтобы его жизнь продлевалась, но хочет лишь быть в состоянии хоть немного выносить боль и ухаживать за собой, пока не умрёт. В таком лечении есть смысл.

— Геронда, мы просим Бога о том, чтобы Он продлил Вашу жизнь.

— Зачем? Разве в псалме не написано, что семьдесят лет — это срок нашей жизни?

— Однако псалмопевец прибавляет: *А́ще же в си́лах, о́смьдесят лет...*

— Да, но потом он говорит и о том, что *...мно́жае их труд и боле́знь*[2]. Так что лучше упокоение в жизни иной!

— Геронда, а может ли человек от смирения чувствовать себя духовно не готовым к иной жизни и хотеть пожить ещё немного, чтобы приготовиться?

— Это, конечно, хорошо. Но откуда такой человек знает: может быть, если он проживёт дольше, то станет ещё хуже?

— Геронда, а когда человек сдруживается, примиряется со смертью?

— Когда? Если в человеке живёт Христос, то смерть для него — радость. Однако не дело радоваться тому, что ты умрёшь, потому что устал от жизни. Когда человек радуется смерти — в добром смысле этого слова, — то смерть уходит от него и приходит к какому-нибудь трусу! Если ты хочешь умереть, ты не умираешь. Человек, живущий припеваючи, боится смерти, потому что мирская жизнь приносит ему удовольствие, и он не хочет умереть. Если кто-то говорит такому человеку о смерти, то он отвечает: «Постучи три раза по деревяшке!» А вот тот, кто страдает, испытывает боль и тому подобное, считает смерть избавлением и говорит: «Как жаль, что ещё не пришла смерть, для того чтобы меня забрать... Видно, она повстречала на пути какое-то препятствие».

Смерти желают немногие. Большинство людей хотят успеть что-то завершить в сей жизни, и поэтому не хотят умереть. Однако Благий Бог устраивает так, что человек умирает, когда он становится зрелым. Но что ни

---

[2] См. Пс. 89:10.

говори, человек духовный, будь он молодым или старым, должен радоваться и тому, что он живёт, и тому, что ему предстоит умереть. Не надо только добиваться смерти самому, потому что это будет самоубийством.

Для человека, умершего миру и духовно воскресшего, в отношении смерти совсем нет тревоги, страха или беспокойства, потому что он ждёт смерти с радостью. Это происходит, потому что он пойдёт ко Христу и будет радоваться рядом с Ним. Но и находясь в жизни сей, он тоже радуется, потому что и в сей жизни он тоже живёт со Христом и чувствует часть райской радости. Такой человек спрашивает себя о том, существует ли в раю радость выше, чем та, которую он переживает здесь, на земле. Люди, о которых идёт речь, подвизаются с любочестием и самоотвержением. Имея перед глазами смерть и ежедневно размышляя о ней, они подготавливаются к ней более духовно, подвизаются с большим дерзновением и побеждают суету.

Больные, лежащие на смертном одре

— Геронда, нас попросили помолиться о человеке, который несколько дней висел на волоске от смерти, но его душа не выходила.

— Почему она не выходила? Он исповедовался?

— Нет, исповедоваться он не хочет. То есть, геронда, муки человека во время исхода его души имеют причину в его греховности?

— Нет, это не безусловно. Также не безусловно и то, что если душа человека выходит из него тихо и спокойно, то он находился в хорошем состоянии. Даже если люди страдают и мучаются в последние мгновения жизни, это не обязательно значит, что у них много грехов. Некоторые люди от великого смирения усердно просят у Бога, чтобы Он дал им плохую кончину — чтобы после смерти остаться в безвестности. Или кто-то может иметь плохую кончину, для того чтобы расплатиться с небольшим долгом. К примеру, при жизни человека хвалили больше, чем он этого заслуживал, поэтому Бог попустил, чтобы в час смерти он вёл себя как-то странно, для того чтобы пасть в глазах людей. В других случаях Бог попускает некоторым страдать в час смерти, чтобы те, кто находится рядом, поняли, насколько тяжело приходится душе там, в аду, если она не приведёт себя в порядок здесь. Ну а если твои «документы» в порядке (то есть если ты находишься в хорошем духовном состоянии), то ты переходишь из земной жизни в вечную так, что тангалашки к тебе даже не приближаются.

— Геронда, если человек умирает или имеет серьёзную болезнь, правильно ли будет сказать ему правду?

— Это зависит от того, что он за человек. Иногда человек, больной раком, спрашивает меня: «Как ты думаешь, геронда, я выживу или умру?» Если ты ему скажешь, что он умрёт, то он умрёт тут же, на твоих глазах — от расстройства. Если ему об этом не сказать, то он ободряется, относится к своей болезни без страха. «Дозрев», больной человек сам берёт на себя свой крест и находит силы преодолевать всё, что случается с ним после. А значит, он сможет прожить ещё несколько лет, помочь своей семье, подготовиться к смерти сам, а также дать возможность подготовиться к этому своим родным. Конечно, я не говорю таким людям, что они проживут тысячу лет или что их болезнь — пустяк, но говорю им так: «По-человечески помочь тебе трудно. Конечно, для Бога нет ничего невозможного, однако постарайся духовно привести себя в порядок».

— Геронда, иногда родные тяжелобольного человека боятся его причастить, чтобы у него не начались помыслы о том, что он умрёт.

— То есть что же, получается, человек должен умереть без Причастия ради того, чтобы он не понял, что умирает, и не расстроился? Пусть родные такого человека скажут ему: «Божественное Причащение — это лекарство. Оно тебе поможет. Тебе хорошо бы причаститься». Таким образом человек причащается, получает помощь и одновременно готовится к жизни иной.

— Геронда, надо ли совершать таинство соборования над людьми, отходящими от сей жизни?

— Над теми, кто не может отдать Богу свою душу, читают «Чин, бываемый на разлучение души от тела». Таинство соборования совершается над всеми больными, а не только над теми, кто находится при последнем издыхании.

— Геронда, имеют ли связь те слова, которые произносит находящийся при последнем издыхании человек, с его духовным состоянием?

— Не будем слишком легко делать выводы. Кто-то в момент, когда его душа выходит из тела, может испытывать боль, тяжесть, и его лицо может иметь выражение боли, так что окружающие думают, что он находится в недобром духовном состоянии. Однако выражение боли на лице отличается от выражения озлобления и страха. Бывает, что человек страдает, мучается от боли, а окружающие истолковывают это так, что он борется с бесами, которые пришли, чтобы забрать его душу!

— Геронда, проходит ли через мытарства душа, исходящая из сей жизни в духовно упорядоченном состоянии?

— Если на Небо восходит душа человека духовно упорядоченного, то тангалашки не могут сделать ей зла. А вот если она духовно не упорядочена, то тангалашки её мучают. Иногда бывает и такое: Бог попускает душе человека видеть мытарства в тот час, когда она выходит из тела, чтобы помочь тем самым нам, ещё живущим, чтобы мы подъяли подвиг и расплатились со своими долгами ещё в сей жизни. Помните житие блаженной Феодо́ры?[3] То есть Бог попускает некоторым людям видеть мытарства для того, чтобы получили помощь и покаялись другие. В житии преподобного Евфросина мы читаем о том, что игумен монастыря после одного видения проснулся с яблоком в руке, чтобы это увидели другие и получили помощь[4].

А иногда Бог попускает душе умирающего человека собеседовать с кем-то ради покаяния либо самого умирающего, либо тех, кто его слышит. Видишь как: у Бога много способов спасти человека. В одних случаях он помогает человеку посредством ангелов, в других — испытаниями или различными знамениями.

Я был знаком с женщиной, которая варварски, бесчеловечно обращалась с мужем и со свекровью. Она била обоих. Сама она ходила по соседям, молола языком, а старушку свекровь посылала работать в поле. Несчастная старушка ежедневно два часа шла пешком на поле, еле волоча ноги, и работала в поле с утра до вечера, никому не жалуясь. И вот однажды, вернувшись домой убитая от усталости, она упала на пол и сказала своей невестке: «Архангел Михаил пришёл забрать мою душу. Подотри кровь, доченька». — «Какую кровь?» — со страхом спросила невестка, потому что не видела никакой крови. «Да вот же, доченька, кровь, течёт кровь! Подотри, подотри!» Невестка стала оглядываться и искать кровь, а в это время старушка предала Богу душу. После этого случая невестка взялась за ум и изменила свою

---

[3] См. *Суд за гробом, или Мытарства преподобной Феодоры*. СПб., 1995. День памяти прп. Феодоры 30 декабря (12 января).

[4] См. *Благолюбие (Эвергетин)*. Кн. 1. Т. 2. Святая Гора Афон: Келья во имя Рождества Иоанна Предтечи Хиландарского монастыря, 2010. С. 493–496. Память прп. Евфросина-повара совершается 11 (24) сентября.

жизнь. Из дикого зверя она превратилась в агнца. То, что она видела, как её свекровь умирает с этими словами, и верила тому, что архангел Михаил с обнажённым мечом забирает её душу, произошло по Промыслу Божию — чтобы она испугалась и покаялась. То есть Бог заговорил с ней на языке, который она понимала, чтобы она пришла в себя. По всей вероятности, у этой женщины было доброе расположение.

— Геронда, а если умирающий человек зовёт своих усопших сродников, что это значит?

— Часто это происходит для того, чтобы дать пример другим, тем, которые находятся возле умирающего. Я знал одну богатую госпожу, она была святой женщиной. Замуж она не вышла и жила вместе с сестрой, которой отдала всё своё богатство. Её свояк, то есть муж сестры, умер после неё. Умирая, он стал её звать: «Иди сюда, Де́спина, попросим друг у друга прощения. Прости меня… Как же я тебя мучил, прости меня!» — «Где ты видишь Де́спину?» — спрашивали его окружающие. «Да вот же она, разве вы не видите, вон там!» — ответил он им и предал Богу душу.

— Геронда, а получают ли люди прощение, если, умирая, они просят прощения у того, кто уже умер?

— Бог попускает это для того, чтобы они получили прощение хотя бы подобным образом, потому что человек в свой смертный час кается и чувствует необходимость попросить прощения у тех, кого обидел.

Самоубийство

— Геронда, некоторые люди, встречаясь в своей жизни с трудностью, тут же начинают думать о том, чтобы наложить на себя руки.

— К делу подмешивается эгоизм. Большинство людей, накладывающих на себя руки, слушают диавола, который говорит им, что если они сами положат конец своей жизни, то спасутся от той внутренней муки, которую испытывают. От эгоизма такие люди убивают себя. К примеру, если человек совершает кражу, и потом эта кража раскрывается и становится явной, то вор говорит: «Всё, теперь я испортил свою репутацию» — и вместо того, чтобы, покаявшись, смирившись и поисповедовавшись, избавить свою душу от вечной муки, идёт и убивает себя. Другой накладывает на себя руки из-за того, что его ребёнок парализован. «Как же так: я — и имею парализованного ребёнка?» — говорит такой человек и впадает в отчаяние. Но если ответственность за то, что его ребёнок парализован, лежит на нём самом и он признаёт свою вину, то пусть он покается. Как можно налагать на себя руки и оставлять своего ребёнка под открытым небом? Разве после этого его вина не станет ещё больше?

— Геронда, мы часто слышим, что человек покончил жизнь самоубийством, потому что был душевно болен.

— Душевнобольные люди, оканчивая жизнь самоубийством, имеют смягчающие вину обстоятельства, потому что их разум не в порядке. Даже увидев, как на небе просто собираются тучи, такой человек уже начинает чувствовать душевную тяжесть. Если же к этому подмешивается ещё какое-то расстройство, то тучи становятся сугубыми. Однако о людях, которые оканчивают жизнь самоубийством, не будучи душевнобольными, Церковь не молится, так же, как Она не молится и за умерших еретиков. Этих людей Церковь оставляет на суд и на милость Божию. Имена таких людей священник не поминает на проскомидии и не вынимает за них частицу, потому что самоубийством такие люди отказываются от жизни, презирают её. А ведь жизнь — это дар Божий. Оканчивая жизнь самоубийством, такие люди всё равно что швыряют этим даром в лицо Бога.

Но мы должны много молиться за тех, кто оканчивает жизнь самоубийством, чтобы Благий Бог что-то сделал и для них. Ведь мы не знаем, отчего они наложили на себя руки, не знаем и того, в каком состоянии они находились в последний момент жизни. Может быть, в час, когда их душа выходила из тела, они покаялись, попросили у Бога прощения, и их покаяние было принято. И, может быть, их душу принял ангел Господень.

Я слышал историю об одной девочке, которая жила в деревне и ходила пасти козочку. Она привязывала козочку на лугу, а сама играла неподалёку. Однажды, когда она заигралась, коза отвязалась и убежала. Девочка стала её искать, но не нашла и вернулась домой без козы. Её отец страшно разгневался, избил её и выгнал из дома. «Иди ищи козу! — сказал он. — Если ты её не найдёшь, то лучше тебе повеситься». Несчастная девочка пошла искать козу. Наступила ночь, а она ещё не возвратилась домой. Родители забеспокоились, пошли её искать и нашли висящей на дереве. Она сделала на верёвке, к которой была привязана коза, петлю и повесилась. Несчастная девочка имела любочестие и поняла слова отца буквально. Её похоронили за кладбищенской оградой.

Конечно, Церковь поступила правильно, похоронив её за церковной оградой. Церковь сделала это для того, чтобы притормозить тех, кто накладывает на себя руки из-за пустяков. Но и Христос поступит правильно, если возьмёт эту девочку в рай.

ГЛАВА ВТОРАЯ
…ДА НЕ СКОРБИТЕ́, Я́КОЖЕ И ПРО́ЧИИ НЕ ИМУ́ЩИИ УПОВА́НИЯ[1]

Смерть детей

— Геронда, одна мать девять лет назад потеряла ребёнка. Сейчас она просит Вас помолиться, чтобы она увидела его хотя бы во сне и утешилась.

— А сколько лет было ребёнку? Он был маленьким? Это имеет значение. Если ребёнок был маленький и если мать находится в состоянии таком, что, когда он явится, она не потеряет душевного покоя, то он ей явится. Причина того, что ребёнок не является, находится в ней самой.

— Геронда, а может ли ребёнок явиться не своей матери, которая об этом просит, а кому-то ещё?

— Как же не может? Ведь Бог устраивает всё в соответствии с нашей пользой. Когда мне говорят о том, что какой-то юноша умер, я скорблю, но скорблю по-человечески. Ведь исследовав вещи глубже, мы увидим, что чем взрослее становится человек, тем больше ему надо бороться и тем больше у него накапливается грехов. Особенно люди мира сего: чем дольше они живут, тем больше — своими попечениями, несправедливостями и

---

[1] 1 Фес. 4:13.

тому подобным — они ухудшают своё состояние, вместо того чтобы его улучшить. Поэтому человек, которого Бог забирает из этой жизни в детстве или в юности, больше приобретает, чем теряет.

— Геронда, почему Бог попускает, чтобы умирало так много молодых?

— Никто ещё не подписывал с Богом контракт о том, когда ему умереть. Бог забирает каждого человека в наиболее подходящий момент его жизни, забирает особым, только для него пригодным образом — так, чтобы спасти его душу. Если Бог видит, что человек станет лучше, Он оставляет его жить. Однако, видя, что человек станет хуже, Он забирает его, чтобы его спасти. А других — тех, что ведут греховную жизнь, но имеют расположение сделать добро, — Он забирает к Себе до того, как они успевают это добро сделать. Бог поступает так, потому что знает, что эти люди сделали бы добро, если бы им представилась для этого благоприятная возможность. То есть Бог всё равно что говорит им: «Не трудитесь: хватит и того доброго расположения, которое у вас есть». А кого-то ещё — очень хорошего — Бог забирает к Себе, потому что в раю нужны и цветочные бутоны.

Конечно, родителям и родственникам умершего ребёнка всё это понять нелегко. Посмотри: когда умирает малыш, Христос берёт его к Себе словно маленького ангела, а его родители рыдают и бьют себя в грудь, тогда как им следовало бы радоваться. Ведь откуда они знают, кем бы он стал, когда вырос? Смог бы он спастись? Когда в 1924 году мы уезжали из Малой Азии на корабле, я был младенцем. На корабле было полно беженцев. Я лежал на палубе, закутанный матерью в пелёнки. Один матрос случайно на меня наступил. Мать подумала, что я умер, и начала плакать. Одна женщина из нашей деревни размотала пелёнки и убедилась, что со мной ничего не произошло. Но если бы я умер тогда, то точно был бы в раю. А сейчас мне уже столько лет, я столько подвизался, но в том, окажусь я там или нет, всё равно ещё не уверен.

Но, кроме того, смерть детей помогает и их родителям. Родители должны знать, что с того момента, как у них умирает ребёнок, у них появляется молитвенник в раю. Когда родители умрут, их дети с рипидами придут к двери рая, чтобы встретить души отца и матери. А это ведь немалое дело! Кроме того, маленьким детям, которые были измучены болезнями или увечьем, Христос скажет: «Придите в рай и выберите в нём самое лучшее место». А дети ответят Христу так: «Здесь прекрасно, Христе, но мы хотим, чтобы вместе с нами была и наша мамочка», и Христос, услышав прошение детей, найдёт способ, чтобы спасти их мать.

Конечно, матери не должны бросаться и в другую крайность. Некоторые матери верят, что их умерший ребёнок стал святым, и от этого впадают в прелесть. Одна такая мать хотела дать мне что-то из вещей своего умершего сына — в благословение, потому что верила, что он стал святым. «Благословите, — спросила она меня, — давать людям его вещи в благословение?» — «Нет, — сказал я ей, — лучше не надо». А другая такая мать в Великий Четверг прикрепила к стоящему посреди храма Распятию фотографию своего ребёнка, которого убили немцы. Она говорила: «И мой сын пострадал так же, как Христос». Женщины, которые оставались в храме возле Распятия на всю ночь перед Страстной Пятницей, не стали ей мешать, оставили в покое, чтобы её не ранить. А что ей было говорить? Ведь её душа была травмирована.

Утешение скорбящего

— Геронда, какая же огромная сила необходима людям для того, чтобы не испугаться внезапной смерти!

— Если люди постигли глубочайший смысл жизни, то они находят силы правильно отнестись к смерти. Ведь постигнув смысл жизни, они относятся к смерти духовно. Знаете, сколько подростков разбивается на мопедах! Знаете, сколько молодых людей попадает в аварии на мотоциклах! Ребята поднимают мотоциклы на заднее колесо, и в таком положении им очень легко перевернуться, удариться головой об асфальт и разбить себе голову. Они ещё считают героем того, кто задерёт мотоцикл выше других. «Я, — хвалятся такие подростки, — заставил свой мотоцикл ехать на заднем колесе, как на задних лапках!.. Но потом я перевернулся». Видишь, чему учит их диавол, желая, чтобы они размозжили себе головы? Ведь если бы они ехали как обычно, на двух колёсах, то, даже попав в аварию, они могли удариться не головой, а чем-то ещё, и остаться в живых. Однако если Бог попускает диаволу делать зло или же попускает кому-то быть невнимательным, то это значит, что из диавольского зла или из человеческой невнимательности выйдет что-то доброе.

— Геронда, тогда почему наша Церковь молится «и о е́же сохрани́тися нам» от внезапной смерти?[2]

— Это дело другое. Церковь просит Бога, чтобы смерть не застала нас неподготовленными.

— Геронда, одна мать приходит сюда и безутешно скорбит, потому что она послала своего ребёнка по делам, а он был сбит машиной насмерть.

— Скажи ей: «Водитель сбил твоего ребёнка по злобе? Нет. Ты послала его по делам, для того чтобы его сбила машина? Нет. Значит, говори: „Слава Тебе, Боже", потому что, если бы машина его не сбила, он мог бы пойти по кривой дорожке. А сейчас Бог забрал его в самый

---

[2] См. Часослов. Полунощница вседневная. Сугубая ектения. — *Прим. пер.*

подходящий момент. Сейчас он находится на Небе и не рискует его потерять. Что ты плачешь? Неужели ты не знаешь, что ты своим плачем мучаешь своего ребёнка? Что ты хочешь: чтобы твой ребёнок мучился или чтобы он радовался? Позаботься помочь другим своим детям, которые живут вдали от Бога. О них тебе надо плакать, а не о том, который убился». Да вот и вчера сюда приходила одна заплаканная мать. «Бог забрал моего единственного сына», — плакала она — и обвиняла в этом Бога. «Если ты как следует подумаешь о том, что с тобой произошло, — сказал ей я, — то придёшь к выводу, что Бог оказал тебе честь. Он забрал к Себе маленького ангела, забрал ребёнка крещёным, не попустив ему приобрести грехи и страсти. Бог взял к Себе ангела, а ты Его за это ещё и ругаешь? Очень скоро ты ощутишь, как твой умерший сын молится о тебе Богу». Потом эта женщина рассказала мне о своей жизни. Она сказала, что когда была молодой, могла иметь много детей, но тогда она этого не хотела.

Знаете, сколько матерей молятся и просят, чтобы их дети жили с Богом! «Я не знаю, что Ты сделаешь, Боже мой, — говорят эти женщины, — я хочу, чтобы мой ребёнок спасся, чтобы он был с Тобой». Однако если Бог видит, что ребёнок собьётся с правильного пути, что он катится к погибели и нет другого способа его спасти, Он берёт его к Себе неожиданной смертью. К примеру, Он попускает пьяному водителю сбить ребёнка и таким образом забирает его к Себе. Если бы для ребёнка была возможность стать лучше, то Бог помешал бы произойти несчастному случаю. Потом хмель выветривается из головы и у того, кто сбил ребёнка. Человек приходит в чувство, и всю последующую жизнь его мучает совесть. «Я совершил преступление», — говорит такой человек и постоянно просит у Бога, чтобы Он его простил. Таким образом этот человек тоже спасается. А мать погибшего ребёнка, мучаясь от душевной боли, начинает жить более собранно, задумывается о смерти и готовится к жизни иной. Так спасается и она. Видите, как Бог за молитвы матери устраивает так, чтобы спасались человеческие души? Однако если матери этого не понимают, то они начинают обвинять Бога! Чего же только не приходится Богу от нас слышать!

Если человек перестаёт относиться к вещам по-мирски, то его душа находит покой. Ведь как человек может обрести истинное утешение, если он не верит в Бога и в истинную жизнь — в жизнь после смерти, в жизнь вечную? Когда я был в монастыре Стомион в Конице, неподалёку жила вдова, которая постоянно ходила на кладбище и по несколько часов рыдала там навзрыд. Она билась головой о могильную плиту и своими криками будоражила всю округу. Она давала на кладбище выход всей своей боли. Люди приходили туда, забирали её, а она всё равно возвращалась. Это продолжалось годы. Муж этой женщины был убит немцами, а её дочь через несколько лет после смерти отца, едва только ей исполнилось девятнадцать, умерла от сердечной болезни. Так эта несчастная женщина осталась одна. Если кто-то посмотрит на происшедшее с ней внешне, то скажет: «Почему Бог попустил это?» И сама женщина, относясь к происшедшему с ней именно так — внешне, не могла утешиться. Однажды, когда я тоже пришёл на кладбище, чтобы посмотреть, что происходит, она начала мне говорить: «Почему Бог сделал всё так? Мой муж убит на войне. У меня была единственная дочь. Бог забрал у меня и её…» Она всё говорила и говорила, и обвиняла Бога. Дав ей немного выговориться, я сказал: «Я тебе тоже кое-что скажу. Мужа твоего я знал. Человек он был очень хороший. Он погиб на войне за Отечество, выполняя свой священный долг. Бог не отнесётся к нему несправедливо. Потом, после смерти твоего мужа, Бог на несколько лет оставил тебе дочь. Она жила с тобой, и ты имела какое-то утешение. Однако потом Бог, видя, что девушка, может быть, сбилась бы в скором времени с правильного пути, забрал её в том добром устроении, в котором она находилась. Он сделал это, чтобы её спасти». Эта вдова, хотя муж её был очень тихим человеком, сама была немножко мирской. Конечно, я не сказал ей об этом прямо, не сказал ей: «Ты была мирским человеком», но спросил её: «О чём думаешь сейчас ты сама? Ты любишь мир?» — «Я не хочу никого и ничего видеть», — ответила она. «Вот видишь, — сказал я ей, — мир умер и для тебя тоже. Боль помогает тебе, и ничто мирское тебя не интересует. Таким образом, очень скоро все вы вместе будете в раю. Кому ещё Бог оказал такую честь, как тебе? Ты это понимаешь?» После этой беседы несчастная перестала ходить на кладбище. Как только — с чужой помощью — она смогла уловить глубочайший смысл жизни, так сразу же успокоилась.

— Геронда, я слышала, что если человек умирает насильственной смертью, то он расплачивается за свои грехи, потому что его грехи берёт на себя убийца.

— У человека убитого, если можно так выразиться, есть смягчающие вину обстоятельства. Он может сказать Богу так: «Я бы покаялся, но меня убили». Таким образом, тяжесть его грехов падёт на убийцу. Однако некоторые, у которых не хватает в голове соображения, говорят: «Если бы существовал Бог, Он не позволил бы совершаться такому множеству преступлений. Он наказывал бы преступников». Такие люди не понимают, что Бог оставляет преступников жить для того, чтобы в день Суда им нечем было оправдаться: ведь они не покаялись, несмотря на то что Он дал им для этого годы. А тех, кого преступники убивают, Бог не забудет.

Смерть — разлука на недолгое время

Мы должны понять, что в действительности человек не умирает. Смерть — это просто переселение из одной жизни в другую. Это разлука на недолгое время. К примеру, если человек уезжает на год за границу, то его родные расстраиваются, потому что они разлучатся на один год, или, если он уезжает на десять лет, они расстраиваются из-за этой десятилетней разлуки. Подобно этому люди должны смотреть и на ту разлуку с любимыми людьми, которую приносит смерть. К примеру, если у пожилых людей умирает близкий человек, то они должны сказать: «Лет через пятнадцать мы опять встретимся». Если люди, у которых умер близкий, ещё молоды, то пусть они скажут: «Мы снова встретимся лет через пятьдесят». Конечно, человек испытывает боль из-за смерти родного ему человека, однако к смерти надо относиться духовно. Помните, что говорит апостол Павел? *Да не скорби́те я́коже и про́чие не иму́щие упова́ния*[3]. К примеру, как часто я видел бы своего умершего родственника, если бы он остался жив? Раз в месяц? Так надо подумать о том, что там, в жизни вечной, я буду видеть его постоянно. Наша тревога оправданна только в том случае, если человек, который умер, жил плохо, не по-христиански. К примеру, если он был человеком жестоким, то нам надо за него много молиться — если мы его действительно любим и хотим встретиться с ним в жизни иной.

---

[3] 1 Фес. 4:13.

ГЛАВА ТРЕТЬЯ
О ЖИЗНИ ПОСЛЕ СМЕРТИ

Осуждённые усопшие

— Геронда, когда человек умирает, то он сразу же понимает, в каком состоянии находится?

— Да, он приходит в себя и задаёт себе вопрос: «Что же я натворил?» Но — «файда йок»[1]; то есть в том, что он задаёт себе такой вопрос, ему уже нет пользы. К примеру, пьяный, убив свою мать, смеётся, распевает песенки, потому что не понимает, что наделал. А когда хмель выветривается из головы, он начинает плакать, рыдать, спрашивать себя: «Что же я натворил?» То же самое происходит и с теми, кто живёт греховно. Эти люди подобны пьяным. Они не понимают, что делают, не чувствуют своей вины. Однако когда они умирают, из их головы выветривается хмель и они приходят в себя. У них открываются душевные очи, и они осознают свою вину, потому что душа, выйдя из тела, движется, видит, ощущает всё с непостижимой скоростью.

Некоторые обеспокоены тем, когда будет Второе Пришествие. Однако для человека умирающего Второе

---

[1] Турецкое выражение, которое значит «нет смысла», «бессмысленно».

Пришествие, если можно так выразиться, уже наступает. Потому что человек судится в соответствии с тем состоянием, в котором его застигает смерть.

— Геронда, а что испытывают сейчас те, кто находится в адской муке?

— Эти люди осуждены. Находясь в темнице, они испытывают мучения в соответствии с теми грехами, которые совершили в жизни земной. Эти люди ждут окончательного суда — грядущего Суда Христова. Но среди них есть осуждённые строгого и особого режима, а есть и осуждённые на более мягкие наказания.

— А где сейчас святые и благоразумный разбойник[2]?

— Святые и благоразумный разбойник сейчас в раю, но они ещё не восприяли конечную славу, подобно тому как и осуждённые в аду ещё не восприяли конечное осуждение. Бог ещё сколько веков назад сказал: *Покáйтеся, приближи́бося Цáрствие Небéсное*[3]. Но, несмотря на это, Он всё продлевает и продлевает время, потому что ждёт нашего исправления[4]. А мы, продолжая пребывать в наших страстях и грехах, проявляем тем самым несправедливость к святым, потому что они из-за нас не могут восприять конечную славу, которую воспримут после грядущего Страшного Суда.

Молитва за усопших и заупокойные службы

— Геронда, могут ли молиться осуждённые усопшие?

— Они приходят в чувство и просят помощи, однако помочь себе уже не могут. Те, кто находится в аду, хотели бы от Христа только одного: чтобы Он дал им

---

[2] См. Лк. 23:32-33, 39-43.
[3] Мф. 3:2.
[4] Говоря «нашего», преподобный имел в виду всё человечество.

пять минут земной жизни, чтобы покаяться. Мы, живущие на земле, имеем запас времени на покаяние, тогда как несчастные усопшие уже не могут сами улучшить своё положение, но ждут помощи от нас. Поэтому мы обязаны помогать им своей молитвой.

Помысел говорит мне, что только десять процентов осуждённых усопших находятся в состоянии демоническом и, будучи в аду, хулят Бога, подобно тому как это делают демоны. Эти души не только не просят помощи, но и не приемлют её. Да и зачем им помощь? Что может сделать для них Бог? Представьте, что ребёнок уходит из дома своего отца, растрачивает всё его имущество и вдобавок ко всему ещё и поносит отца последними словами. Э-э, чем тогда может помочь ему отец? Однако другие осуждённые в аду — те, у кого есть немного любочестия,— ощущают свою вину, каются и страдают за свои грехи. Они взывают о помощи и получают существенную помощь от молитв верующих. То есть сейчас Бог даёт этим осуждённым людям благоприятную возможность получать помощь до тех пор, пока не наступит Второе Пришествие. В жизни земной друг царя может походатайствовать перед ним, чтобы помочь какому-то осуждённому. Подобно этому, если человек — «друг» Бога, то он может походатайствовать своей молитвой перед Богом и испросить осуждённым усопшим перевод из одной «темницы» в другую — в лучшую, из одной «камеры» в другую, более удобную. Он даже может исходатайствовать им перевод из «камеры» в какую-нибудь «комнату» или «квартиру».

Подобно тому, как, навещая заключённых, мы приносим им прохладительные напитки и тому подобное и облегчаем тем самым их страдания, так же мы облегчаем страдания усопших молитвами и милостынями, которые совершаем об упокоении их душ. Молитвы живых об усопших и совершаемые об их упокоении службы — это последняя возможность получить помощь, которую даёт усопшим Бог — до Второго Пришествия. После конечного Суда возможности получить помощь у них уже не будет.

Бог хочет помочь усопшим, потому что Ему больно за них, однако Он не делает этого, потому что у Него есть благородство. Он не хочет дать диаволу право сказать: «Как же Ты спасаешь этого грешника, ведь он совсем не трудился?» Однако, молясь за усопших, мы даём Богу «право» на вмешательство. Надо сказать и о том, что в большее умиление Бога приводят наши молитвы об усопших, чем о живых.

Поэтому наша Церковь и установила освящение заупокойного колива, заупокойные службы, панихиды. Заупокойные службы — это самый лучший адвокат для душ усопших. Заупокойные службы обладают такой силой, что могут даже вывести душу из ада. И вы после каждой Божественной Литургии освящайте коливо за усопших. В пшенице есть смысл. *Се́ется в тле́нии, восстае́т в нетле́нии*[5], — говорит Священное Писание. В миру некоторые люди ленятся сварить немного пшеницы и несут в церковь изюм, печенье, бисквиты, чтобы священники прочитали над всем этим молитву об упокоении усопших. А на Святой Горе старенькие монахи за каждой Божественной Литургией освящают коливо и за усопших, и за празднуемого святого, для того чтобы иметь его благословение.

— Геронда, а люди, умершие недавно, имеют бо́льшую нужду в молитве?

— Ну а как же! Когда человек только попадает в тюрьму, разве вначале ему не особенно тяжело? Будем

---

[5] 1 Кор. 15:42.

молиться об усопших, которые не благоугодили Богу, чтобы Бог как-то помог и им. Особенно если мы знаем, что человек был жёстким или жестоким — точнее, если он казался жестоким, потому что иногда мы считаем человека жестоким, а в действительности он не таков. А если такой человек ещё и жил греховно, то нам надо за него много молиться, подавать его имя на поминовение за Божественной Литургией, записывать его на сорокоусты и давать беднякам милостыню о спасении его души, для того чтобы, услышав молитву бедняков: «Да будет благословен его прах», Бог приклонился на милость и помиловал этого человека. Таким образом, то, что не сделал сам человек, сделаем за него мы. А вот если у человека была доброта, пусть он и не жил хорошо, — то от малой молитвы он получает большую пользу. Это происходит потому, что он имел доброе расположение.

Я знаю случаи, свидетельствующие о пользе, которую усопшие получают от молитвы духовных людей. Один человек пришёл ко мне в каливу и с плачем рассказал: «Геронда, я перестал молиться за одного усопшего знакомого, и он явился мне во сне. „Ты, — сказал он, — не помогал мне уже двадцать дней. Ты забыл меня, и я страдаю". И действительно, я забыл о нём как раз двадцать дней назад от множества забот, и в эти дни не молился даже о себе».

— Геронда, когда кто-то умирает и нас просят помолиться о нём, то правильно ли будет совершать о его упокоении одну чётку[6] первые сорок дней после кончины?

— Если ты молишься об усопшем по чёткам, то вместе с ним молись и о других усопших. Зачем поезду ехать в

---

[6] Обычно «чёткой» называется сто (иногда триста) молитв «Господи Иисусе Христе, помилуй раба твоего (имярек)».

такую даль только с одним пассажиром? Ведь он может взять и других. Знаете, сколько усопших нуждаются в молитве? Несчастные просят помощи, и у них нет никого, кто бы за них помолился! Некоторые люди очень часто совершают панихиду о ком-то из своих усопших сродников. Но от этого не получает помощи даже тот человек, о котором совершается молитва, потому что такая молитва не очень-то угодна Богу. Раз они совершили об этом усопшем столько заупокойных богослужений, то пусть одновременно молятся и за других усопших.

— Геронда, иногда я начинаю беспокоиться о спасении своего отца, потому что он не имел с Церковью никакой связи.

— Ты до последнего момента не можешь знать того, каким будет Суд Божий. Когда тебя это беспокоит? Каждую субботу?

— Я не следила. А почему каждую субботу?

— Потому что суббота — это день усопших, усопшие имеют на него право.

— Геронда, а те усопшие, за кого некому помолиться? Получают ли они помощь от молитв людей, которые молятся об усопших вообще — не называя конкретных имён?

— Конечно, получают. Я, молясь обо всех усопших, вижу во сне и своих родителей, потому что они радуются молитве, которую я совершаю. Каждый раз, когда у меня в келье служится Божественная Литургия, я совершаю и общую заупокойную литию обо всех усопших, молюсь об усопших королях, архиереях и так далее. А в конце говорю: «И о и́хже име́н не помяну́хом». А если иногда я опускаю молитву об усопших, то мои знакомые умершие являются мне. Один мой родственник был убит на войне, и я не записал его имя для поминовения на заупокойной литии, потому что оно было записано для поминовения на проскомидии вместе с другими, павшими смертью храбрых. И вот я увидел этого человека во весь рост стоящим передо мной во время заупокойной литии. И вы подавайте для поминовения на проскомидии не только имена больных, но и имена усопших, потому что усопшие имеют в молитвах большую нужду.

Самое лучшее поминовение усопших

Полезнее, чем все поминовения и заупокойные службы, которые мы можем совершить за усопших, будет наша внимательная жизнь, та борьба, которую мы совершаем ради того, чтобы отсечь свои недостатки и очистить душу. Ведь результатом нашей свободы от вещей материальных и от душевных страстей будет не только то, что сами мы почувствуем облегчение. Облегчение получат и усопшие праотцы всего нашего рода. Усопшие испытывают радость, если их потомок живёт с Богом. Если мы не находимся в добром духовном состоянии, то наши усопшие родители, деды и прадеды, все наши предки страдают. «Посмотри-ка, как живёт наш потомок!» — говорят они и расстраиваются. Однако если мы находимся в добром духовном устроении, они радуются, потому что были сотрудниками Бога в нашем рождении и Бог некоторым образом обязан им помочь. То есть усопшим доставит радость, если мы предпримем подвиг и постараемся благоугодить Богу своей жизнью. Поступая так, мы встретимся с нашими усопшими в раю и все вместе будем жить в жизни вечной.

Из этого следует, что стоит трудиться и вести брань с нашим ветхим человеком, чтобы, став новым, он уже не вредил ни себе, ни другим людям, но помогал и себе, и другим — будь они живые или усопшие.

Дерзновения праведников к Богу

— Геронда, в письме к новоначальным монахам Вы пишете: «Хотя истинные монахи понимают, что получаемое ими в этой жизни есть лишь часть райской радости и что в раю она будет больше, при этом из-за сильной любви к своему ближнему они хотят ещё пожить на земле, чтобы помочь людям молитвой, чтобы в дела мира вмешался Бог и мир получил помощь»[7].

— Читай: «Монахи хотят пожить на земле для того, чтобы страдать вместе с людьми и помогать им молитвой».

— Геронда, а в жизни иной настоящий монах тоже своей молитвой будет помогать людям?

— Он будет помогать им своей молитвой и в жизни иной, но тогда он не будет страдать, тогда как сейчас он им сострадает. Он не живёт на земле припеваючи, «со счастливыми глазами и сияющим лицом»! Однако чем большее страдание монах испытывает за своего ближнего, тем большим божественным утешением ему воздаётся, и это воздаяние некоторым образом извещает монаха, что его ближний получил пользу. Эта райская радость есть Божественное воздаяние за боль, которую он испытывает за своего брата.

— Геронда, то есть святые, которых мы просим о помощи, не сострадают вместе с нами?

— Да сестра ты моя, — ведь там же нет боли! Где им страдать? В раю? «Идеже несть болезнь, ни печаль, ни воздыхание»[8]? Разве не так говорится о рае? Кроме того, святые опытно знают о том Божественном воздаянии,

---

[7] Старец Паисий Святогорец. Письма. Свято-Троицкая Сергиева Лавра, 2001. С. 44.

[8] Из заупокойного кондака «Со святыми упокой…».

которое воспримут люди, мучающиеся в этой жизни, и это знание доставляет им радость. Ведь иначе и Сам Бог, имея столько любви, столько сострадания, как бы мог переносить эту великую человеческую боль? Он может её переносить, потому что знает о том Божественном воздаянии, которое ждёт страдающих людей. То есть чем больше мучаются люди здесь, тем большую небесную мзду Бог откладывает им на Небе. А вот мы всего этого не видим, и поэтому сострадаем тем, кому больно. Но если человек хотя бы немного видит, что ждёт страдающих в жизни иной, и знает о том Божественном воздаянии, которое они получат, то его страдание не столь велико.

— Геронда, а если мы просим Бога помочь усопшему, который не нуждается в этой помощи? Тогда наша молитва совершается впустую?

— Как же она может совершаться впустую? Когда мы говорим: «Упокой раба́ Твоего́ (имяре́к)», а этот человек в жизни иной находится близ Бога, то он на нас не обижается. Наоборот: наша молитва приводит его в умиление. «Погляди-ка, — говорит он, — я в раю, близ Бога, а они переживают». Так наша молитва действует на любочестие этого человека, и, молясь о нас Богу, он помогает нам ещё больше. Но, кроме того, откуда ты знаешь, в каком состоянии находится тот или иной усопший? Конечно, прежде всего надо молиться о тех, о ком ты знаешь, что своей земной жизнью они огорчили Бога. Потом надо молиться о других подобных ему усопших, а после этого — молиться о всех усопших вообще.

Грядущий Страшный Суд

— Геронда, как очищается душа?

— Если человек потрудится в хранении и возделывании заповедей Божиих, если он совершает работу над собой, если он очищается от страстей, то его ум просвещается. Он возносится на высоту созерцания, и его душа становится такой, какой была душа человека до падения первозданных людей. В таком состоянии человек будет находиться после воскресения мёртвых. Однако, совершенно очистившись от страстей, человек может увидеть воскресение своей души ещё до общего воскресения. Если это произойдёт, то его тело будет ангельским, бестелесным и материальная пища его не будет заботить.

— Геронда, а как будет происходить Страшный Суд?

— На Страшном Суде в одно мгновение будет открыто, в каком состоянии находится каждый человек. Каждый сам пойдёт в то место, которого он достоин. Каждый, как по телевизору, будет видеть и своё собственное непотребство, и духовное состояние другого. Человек, как в зеркало, будет смотреться в своего ближнего и, склонив голову, пойдёт на своё место. К примеру, невестка в жизни земной сидела перед своей свекровью нога на ногу, а свекровь со сломанной ногой заботилась о её, невесткином, сыне — своём внуке. Если на Страшном Суде эта невестка увидит, что Христос помещает её свекровь в рай, а саму её туда не берут, то она не сможет ничего возразить и спросить Христа, почему Он это делает. Ведь та земная сцена будет стоять у неё перед глазами. Она будет помнить, как её свекровь со сломанной ногой ухаживала за внуком, и не дерзнёт пойти в рай. Да и сама она не сможет поместиться в раю. А, к примеру, монахи увидят те трудности, те испытания, которые переживали люди мирские, увидят, как они их преодолевали. Если монахи жили неправильно, то они, потупив голову, сами пойдут в то место, которое заслуживают. Монахини, которые не угодили Богу, увидят на Страшном Суде матерей-героинь, которые не давали монашеских обетов, не имели тех благословений и благоприятных возможностей, которые имеют монахини, и, несмотря на это, подъяли подвиг и достигли высокого духовного устроения. Как же, видя всё это, устыдятся монашки за мелочность и низость, которые они проявляли и от которых сами же мучились! Вот так — говорит мне помысл — пройдёт Страшный Суд. То есть на Страшном Суде Христос не станет говорить: «Иди-ка сюда, что ты там натворил?» или «Ты пойдёшь в ад, а ты в рай». Нет: каждый человек, сравнивая себя с другим, сам пойдёт на то место, которое он заслуживает.

Будущая жизнь

— Геронда, я принесла сладости, чтобы Вы угостили сестёр.

— Погляди-ка, как они радуются! В жизни иной мы будем говорить: «Каким же мы радовались глупостям! Как же нас тогда эти глупости волновали!» А сейчас, у-у-у, наше сердце просто прыгает от этих радостей.

— Геронда, а как нам понять суетность этих радостей уже сейчас?

— Если вы поймёте это сейчас, то не скажете так в жизни будущей. Что ни говори, но те, кто живут там, на Небе, живут хорошо. Знаешь, каким на Небе занимаются рукоделием? Непрестанным славословием Бога.

— Геронда, почему тело умершего человека называется «останками»?

— Потому что тело — это то, что остаётся на земле после человека, после его смерти. Основной человек — душа — уходит на Небо. На грядущем Суде Бог воскресит и тело человека, чтобы он был судим вместе с ним, потому что человек вместе с ним жил и грешил. В жизни иной все будут иметь одинаковое тело — тело духовное, все будут одинакового роста: и маленькие, и высокие, все будут одинакового возраста: и юноши, и старики, и младенцы, — поскольку у всех людей одинаковая душа. То есть в жизни иной у всех людей будет один и тот же ангельский возраст.

— Геронда, а в будущей жизни те, кто будет находиться в аду, смогут ли видеть тех, кто будет в раю?

— Представь, что ночью в комнате горит свет. Те, кто стоит на улице, видят тех, кто находится в этой светлой комнате. Так же и те, кто будет находиться в аду, будут видеть тех, кто будет находиться в раю. И это будет для них ещё большей мукой. И представь опять: те, кто ночью находится в свете, не видят тех, кто стоит на улице в темноте. Так же и находящиеся в раю не увидят тех, кто в аду. Ведь если бы те, кто находится в раю, видели мучающихся грешников, то им было бы больно, они скорбели бы об их горькой участи и не могли бы наслаждаться раем. Но в раю «несть болéзнь…». Те, кто в раю, не только не будут видеть тех, кто в аду, — они даже не будут помнить, имели ли они брата, или отца, или мать, если и те не будут в раю вместе с ними. *В той день погибнут вся помышлéния егó*[9], — говорит псалмопевец. Ведь если находящиеся в раю будут помнить о своих мучающихся в аду родственниках, то какой же это для них будет тогда рай? И мало того: те, кто в раю, будут думать о том, что других людей, кроме находящихся в раю, нет. Так же они не будут помнить и о тех грехах, которые совершили в жизни земной. Если они будут помнить о своих грехах, то от любочестия не смогут вынести мысль, что огорчили Бога.

Надо сказать и о том, что количество радости, которую будет испытывать каждый человек в раю, не будет

---

[9] Пс. 145:4.

одинаковым. У одного будет напёрсток радости, у другого — чашка радости, у третьего — целое озеро радости. Однако каждый будет чувствовать себя наполненным, и никто не будет знать, сколько радости, сколько божественного веселья испытывает другой. Благий Бог устроил так, потому что если бы один человек знал о том, что другой испытывает бо́льшую радость, чем он, то рай не был бы раем, потому что тогда и в раю началась бы зависть, подобная земной: «Почему он испытывает бо́льшую радость, а я меньшую?» То есть каждый в раю увидит славу Божию в соответствии с чистотой своих душевных очей. Однако эта острота духовного зрения славы Божией не будет определена Богом — она будет зависеть от чистоты каждого отдельного человека.

— А вот некоторые, геронда, не верят в то, что существует ад и рай.

— Не верят в то, что есть ад и рай? Но если нет рая и ада, то как мёртвые могут существовать в небытии? Ведь они — души! Бог бессмертен по естеству, а человек бессмертен по благодати. Следовательно, и в аду он тоже останется бессмертным. Кроме того, даже в сей земной жизни наша душа в какой-то степени переживает рай или ад — в соответствии с тем состоянием, в котором находится. Если человека мучает угрызение совести, если он испытывает страх, смущение, душевную тревогу, отчаяние или же одержим ненавистью, завистью и тому подобным, то он ещё в земной жизни живёт в адской муке. А вот если в человеке есть любовь, радость, мир, кротость, доброта и подобное этому, то он живёт в раю. Вся основа — это душа. Ведь это она чувствует и радость, и боль. Попробуй-ка подойди к умершему и начни говорить ему самые приятные для него вещи, к примеру: «Приехал твой брат из Америки», или что-нибудь подобное этому. Он ничего не поймёт. Если же ты набросишься на него и переломаешь ему руки и ноги, то он тоже ничего не поймёт. Из этого следует то, что в человеке чувствует не что иное, как душа. Разве всё это не заставляет задуматься тех людей, которые сомневаются в существовании ада и рая? Или предположим, что ты видишь прекрасный приятный сон. Ты радуешься, твоё сердце сладостно бьётся, и ты не хочешь, чтобы этот сон заканчивался. Ты просыпаешься, и тебе жалко, что ты проснулся. Или же ты видишь сон дурной. К примеру, тебе снится, что ты упал и сломал себе ноги, во сне ты страдаешь и плачешь. От страха просыпаешься с мокрыми глазами, видишь, что с тобой ничего не произошло, и радостно восклицаешь: «Слава Богу, что это был сон!» То есть к этому причастна душа. Видя дурной сон, человек страдает больше, чем он страдал бы в действительности, подобно тому как больной ночью страдает больше, чем днём. Так же, когда человек умрёт и пойдёт в адскую муку, для него это будет более скорбным, чем то состояние адской муки, которое он, возможно, переживал на земле. Представьте, что человек вечно переживает кошмарный сон и вечно мучается. Тут и нескольких минут не можешь вытерпеть дурной сон. А представь — Боже упаси! — находиться в скорби вечно. Поэтому в ад лучше не попадать. Что вы на это скажете?

— Геронда, мы столько времени бьёмся, чтобы не попасть в ад. Так что же, по-Вашему, мы туда всё-таки попадём?

— Если у нас не будет ума, то попадём. Я нам вот чего пожелаю: уж если в рай, так всем, а уж если в ад — так никому... Правильно говорю или нет? Будет очень неблагодарным, если после всего того, что Бог сделал для нас, людей, мы попадём в адскую муку и Его огорчим.

Да Боже упаси — чтобы не только человек в ад попал, но даже и птичка.

Пусть Благий Бог даст нам доброе покаяние, чтобы смерть застала нас в добром духовном устроении и мы снова вернулись в Его Небесное Царство. Аминь.

УКАЗАТЕЛИ

ИМЕННОЙ УКАЗАТЕЛЬ

14 тысяч вифлеемских младенцев, мученики 216, 247
Адам, праотец 36, 45, 100
Амвросий Медиоланский, святитель 212
Арсений Каппадокийский, преподобный 74, 138, 198, 234, 246
Ахиллий, святитель 185
Ева, праматерь 100
Евлогия Эзнепидис, мать преподобного Паисия 91, 98, 118, 145, 148, 288
Евфросин Палестинский, преподобный 283
Иерофей, епископ Милитопольский 232
Иоаким и Анна, праведные богоотцы 67–68
Иоанн Златоуст, святитель 73
Иов Многострадальный, праведный 235
Ирод Великий, царь 216, 247
Исаак Сирин, преподобный 271
Исаия, пророк 267
Иуда, предатель 219
Макарий Александрийский, преподобный 126
Макриянис И., генерал-майор 62
Нектарий Эгинский, святитель 90
Нил Синайский, преподобный 200
Пётр, апостол 277
Пимен Палестинский, преподобный 266
Продром Эзнепидис, отец преподобного Паисия 117–118, 125, 145, 150, 169, 236
Синклитикия, преподобная 220
Спиридон Филофейский, старец 149–150
Спиридон, святитель 185
Феодора Цареградская, преподобная 283
Хаджи-Георгий, старец 98–99

ТЕМАТИЧЕСКИЙ УКАЗАТЕЛЬ

А

аборт
очень тяжкое убийство 84, 262
истребление людей 74, 83
закон, легализующий аборты 85
участь душ убитых абортами детей 84–85

ад
имеет разные степени мучения 296–297
туда падают гордецы 269
грешник пойдёт туда сам 305
о достоверности ада 307–308
несчастья уменьшают адскую муку 271
часть адской муки может быть в душе 161, 307

ангел-хранитель
даётся при крещении 100
хранит маленьких детей 131–132

аскеза *см.* пост

Б

бабушка
её любовь и ласка к внукам 112, 152

безмолвие
помогает в духовной жизни 166

беременность
время воспитания ребёнка 92, 102

беседа
с неверующими 176

бесстрастие
возможность его достичь дана всем 69
святых Иоакима и Анны 67

благоговение
лучшее наследство своим детям 105

благодарение Бога
в испытаниях 210, 221
в болезни 235
в благополучии 212, 222–223

неблагодарность — великий
  грех 222
благодать
  подаётся
  – крещённым 309
  – соблюдающим заповеди
    74, 309
  – любочестивым 20, 309
  – сохранившим девство до
    брака 40
  – любящим супругам 48
  – за терпение 53
  – за послушание и
    смирение 54
  – за смирение 142, 190,
    201–202, 218
  – ухаживающим за
    больными 241
  – идущему на жертву 249
  помогает врачу 189
  Бог забирает Свою
    благодать 166, 269
Бог
  Его любовь к человеку
    209, 214–215, 218, 265, 268
  чтит свободу человека 23
  всё премудро устраивает
    42, 44, 54, 68
  кому помогает встать на
    верный путь 109–110
  попускает скорби и болезни
    211, 214
  Его боль и радость за наши
    скорби 215
Богородица
  каким было Её рождение
    67–68
  испытала боль 212

имела ли первородный грех
  68
богословы
  по сравнению с умственно
    отсталыми детьми 259
болезнь *см. также*
  испытания
  приносит духовную пользу
    229–230, 238
  небесная награда за болезнь
    230–232
  терпение болезни лучше
    милостыни 235
  делает человека
    сострадательным
    238–239
  при невыносимой боли —
    петь 236–237
  вспомнить о тех, кому ещё
    больнее 237
  молиться ли о своём
    исцелении 251
  как можно исцелиться от
    болезни 245–246, 248
  обращаться ли к врачу в
    болезни 243
  в каком лечении есть смысл
    278
  духовная радость — лучшее
    лекарство 243
  почему дети страдают от
    болезней 132
  страдающие от болезней
    младенцы 247
  телесное увечье
  – как его переносить
    253–255
  – за него небесная мзда
    256–257

душевнобольные
- чувствительные люди 259–260
- им уготована небесная мзда 261–262
большинство начинаются с расстройства 243, 248
болезни прп. отца Паисия 233–234, 239, 244, 278

боль
путь Христа и всех святых 212
людей, человеческое горе 227–229
что значит взять на себя чужую боль 240

больной
ему необходимо Святое Причащение 282
ему необходимо таинство соборования 282
говорить ли обречённому больному о смерти 281–282
страдания родных больного 242
за больных молиться с болью 245, 252
уход за больными имеет награду 241
ухаживающий за больным должен быть внимателен 242

брак
отношения до брака 40
что значат венцы в таинстве брака 40

В

вера
необходима, чтобы исцелиться 246

воскресение мёртвых
состояние человека по всеобщем воскресении 304–305

воскрешение умершего 191

врач
как ему освящать свой труд 189
если у него нет смирения, может ошибаться 245
его духовная забота о больных младенцах 247

Г

гордость
Бог не помогает гордым 26
больше гордость — сильнее падение 264, 269
возгордившийся терпит неудачу, портит вещь 268–269
как её культивируют в ребёнке 124
гордый помысел при работе 184
гордый помысел постящегося 203

грех
расплата за грех 13, 54, 212, 214, 220, 225, 241, 266, 268, 271, 275, 297
сегодня вошёл в моду 115

грех первородный
  была ли Богородица освобождена от него 68
грехопадение
  рождение человека после грехопадения 67

Д

девство
  сохранить до брака 40
дети *см. также* юные; младенец
  наследуют страсти родителей 70, 110
  пока маленькие — легко исправимы 100–101
  живые — шумят, озорничают 119
  причины непослушания детей 103–104
  применять ли к ним телесные наказания 117–118
  не ругать их на ночь 117
  нуждаются в родительской любви 106–107
  «шоколадные деревья» для детей 130–131
  благословение родителей для них — великое дело 154
  как должны принимать наказания родителей 144–145
  должны открывать свои проблемы родителям 141
  должны уважать родителей 145
  из распавшихся семей 58–59
  мучаются из-за родителей 107–108
  духовные преимущества детей-сирот 137–138
  приёмные дети — бесплодным родителям 79
  кем станут, видно уже сейчас 182
  сообразительные — им нужно смириться 142
  подросткового возраста 101
  воздействие на них компаний 113–114
  если уходят из дома 115, 119
  отношения между старшими и младшими 112, 145
  как приучать их к молитве 168, 173–174
  необходимо их причащать 107, 197
  умственно отсталые 258–259
  болезнь ребёнка 92, 132
  как воспринимают смерть родных 136–137
  смерть ребёнка с точки зрения вечной жизни 136, 287–291
  должны заботиться о престарелых родителях 151–154

деторождение *см. также*
рождение человека
доверять Богу в отношении
деторождения   71, 75–76
некоторые причины
бесплодия   75, 77
диавол
устраивает искушения в
праздники   177–178
его злобные нападения
очищают человека   219
внушает помыслы   22, 61,
181, 285, 290
добродетели
как их возделывать в
семейной жизни   166
дружба
между юношей и девушкой
34–35
влияние дурных компаний
114
духовник
и дети   141, 197
и молодые люди   23, 30
в семье   41, 59, 70, 77, 171
ошибки некоторых
духовников   73

Е

Евангелие
ежедневное обращение к
Евангелию   255
читать, чтобы
умиротвориться   187
читать беременной
женщине   92
европейцы   85, 142

Ж

жена *см. также* **женщина;**
семейная жизнь
верная, терпеливая   51, 53,
55–57
«да боится своего мужа»
45
женщина *см. также*
мужчина и женщина
в женском естестве
заложена любовь   89–90
женская выносливость   90
как растрачивает своё
сердце по пустякам
95–96
жертва
ради выздоровления
ближнего   248–250
жертвенность
между супругами   47
в многодетных семьях   80
матери   87
жизненный путь
выбор между браком и
монашеством   20–21, 24,
27–28
довериться Богу, выбирая
свой путь   22, 25, 28
не торопиться с выбором
22, 28–31
не тянуть долго с выбором
25–26
самостоятельный выбор
пути   23
освятить свой жизненный
путь   20
выбор профессии   181

жизнь иная (будущая)
    туда возьмём только свои дела 192
    за терпение испытаний там будет награда 209–210, 215–216, 303
    за терпение болезней там будет награда 230, 257, 259, 261
    чем там занимаются 305
    там все будут одного возраста, роста 306

З

законы духовные 264
    подобны законам природы 264
    действуют сразу или впоследствии 268–270
    до каких пор действуют 270–271
    изменяются, если мы каемся 264–265

И

исповедь
    детей 141
испытания (скорби, страдания)
    почему Бог попускает испытания 211, 213–215, 218, 220, 222
    признак Божьего посещения 212
    не всегда по воле Божией 219
    небесная награда за терпение испытаний 210–211, 215–216, 303
    принимая их духовно — приносят радость 217
    смотреть на бо́льшие испытания других людей 223–224
    праведных — вразумление и утешение грешным 220, 224
    претерпеваемые от людей — как к ним относиться 225–226

К

католики
    их ошибочное учение о Богородице 68
коливо
    за усопших и в честь святых 298
крест
    Крест Христов по сравнению с нашими крестами 209
крещение
    благодать новокрещёных 133
    при крещении даётся ангел-хранитель 100, 130
    необходимость крещения детей 134, 136, 247
    воздушное крещение 132–133

Л

Литургия Преждеосвященных Даров
    в три часа пополудни 198

любовь
  какая должна быть между мужем и женой 47–48, 146
  родителей к детям 106–107
  родителей должна быть благоразумной 122–124
  прирождённая, естественная 113
  заложенная в женскую природу 86

любочестие
  необходимо для преуспеяния 20

М

материнство
  жертвенность и любовь матери 86–87, 91
  беременность 92
  кормление грудью 92–93
  работа или забота о детях дома 93–95, 97, 106
  молитва матери освящает детей 98–99
  молитва матери очень плодотворна 116
  мать должна учить детей молиться 173
  благословение матери — великое дело 154–155
  ответственность матери на Страшном Суде 108

милостыня
  экономить, чтобы оказывать милостыню 163
  приносить себя в жертву 164

младенец
  воспитание младенца 92, 102
  видит своего ангела-хранителя 129
  ангел-хранитель оберегает малыша 131
  страдающие от болезней младенцы 247
  как молиться о тяжело больном младенце 250
  посмертная участь крещёного младенца 136, 247
  смерть и участь некрещёного младенца 133–134

молитва
  перед молитвой полезно духовное чтение 167
  как детей приучать к молитве 168, 173
  сила детской молитвы 173
  общая молитва в семье 169–170
  за усопших — как им помогает 297

молитва Иисусова
  миряне в ней преуспевают 167
  беременной женщины 92
  учащегося 31
  потерявшего зрение 256
  во время работ по дому 98
  когда ближний в гневе 52
  ночью 84

монах
  его назначение 19

сострадает людям и помогает им молитвой 302
должен иметь терпение 54
если имел крестника в миру 135

монашество (монашеская жизнь)
путь к совершенству, не для всех 24
Христос заронил искру монашества 24
в сопоставлении с семейной 19, 69

мужчина и женщина
их различные дарования 44
особенности их духовной жизни 171–172
возможно ли их равенство 45
их естественная тяга друг к другу 68, 146
после грехопадения 67
их отношение к «красивому» 96
сильное тело и сильное сердце 90
как ведут себя при болезни ребёнка 92

мусульманство
по сравнению с христианской верой 148

мученики
имели семьи 28
от любви ко Христу забывали боль 238

мытарства 282

Н

наказание
нужно ли бить ребёнка 117–118
за грех — отменяется, если человек кается 267
если согрешивший просит себе наказания 266–267
молниеносное вразумление от Бога 268

наследство
родителей и отношение к нему детей 126

неверующий
его печальная участь в этой и той жизни 216

О

отец
отцовская любовь по сравнению с материнской 87–88

П

плотское мудрование 70

помысел добрый
включать его в работу 36, 53
внушать его детям 56

послушание
жены мужу 46, 54, 104
детей родителям 140
старшему брату 145

пост (аскеза, подвижничество)
совершается от любви ко Христу 199, 203
орудие в борьбе с диаволом 193

сегодня отодвинут на
  задний план 194–195
в зависимости от здоровья
  и сил 199–200
совершаемый со смирением
  подкрепляется Богом
  201–202
с гордым помыслом — идёт
  насмарку 203
почему постящийся
  превращается в зверя
  203
пост детей 197–198
миряне, освятившиеся от
  аскезы 195–197
праведники
почему подвергались
  страданиям, испытаниям
  214, 220–221
праздники
благодать и искушения в
  праздники 177–178
Причастие
исцеляет болезни 246
необходимо смертельно
  больному 282
необходимо детям 108,
  198, 246
приготовление к нему 69,
  197
искушения перед
  Причастием 177
Псалтирь
когда читать 145-й псалом
  246

Р

работа *см. также* **труд**
выбор профессии 182–183
как освящать свой труд
  188–189
свою работу нужно любить
  180, 184–186
выполнять её со смирением
  184
если работа тяжёлая или
  грязная 190
не приносить домой
  проблемы с работы 187
чтобы преуспеть, надо
  работать головой 188
радость
рождается от горечи 218
жить и радость умереть
  280
о суетных вещах 305
рай *см. также* **жизнь иная**
воздаяние за страдания в
  жизни иной 230
часть райской радости
  иметь в душе 161, 302
о состоянии пребывающих
  в раю 306–307
ревность
у маленьких детей 112–113
родители
пример своим детям
  104–105
должны доверять своих
  детей Богу 101–102
должны духовно
  возрождать детей
  102–103
их любовь к своим детям
  106–107
как должны вести себя с
  детьми 107, 115–116,
  120–121

ограничивают ребёнка по
  любви 140
их чрезмерное
  принуждение детей 120
их нерассудительная
  любовь 122–124
должны позаботиться о
  наследстве детям 125
у которых умственно
  отсталые дети 257, 263
смерть родителей 136–137
рождение человека *см.
также* **деторождение**
зависит от Бога и от
  человека 76, 81, 100
каким Бог его замыслил, а
  каким стало после
  грехопадения 67
ропот
что это и как его прогнать
  159–161
Россия
удержалась благодаря
  матерям 87
нуждающиеся люди в
  России 163

С

самоубийство
из-за эгоизма 285
о самоубийцах Церковь не
  молится 285
мы должны молиться о
  самоубийцах 286
Свет нетварный
его видят благочестивые
  миряне 48

свобода
Бог чтит свободу человека
  23
ограничивать свободу
  ребёнка 140–141
семейная жизнь *см. также*
**деторождение; терпение в
семейной жизни**
в сопоставлении с
  монашеской 19, 69
духовное преуспеяние в
  семейной жизни 20, 167
духовные проблемы
  супругов 170–172
духовник в семье 41, 59
её начало: выбор невесты
  39–40
трудности новобрачных
  40, 147
разные характеры 42–44
цель её — деторождение 72,
  74
уважение и любовь в семье
  146
супружеская близость
  69–70
муж и жена: что дарят друг
  другу 46
как жена должна «бояться»
  своего мужа 45
обвинять себя, а не супруга
  59–62
скорби некоторых жён и
  матерей 50–51
преимущества многодетной
  семьи 80–81
отец работает, а мать сидит
  дома с детьми 94

упростить материальную сторону жизни   94, 96, 162
важность общей трапезы   170
любовь супругов к родителям   146–148

скорби, страдания   *см.* **испытания**

смерть
память смертная   275–278
отношение к своей смерти   278, 280
правильное отношение к смерти близких   292–294
Бог забирает в наиболее подходящее время   288
в юном возрасте — по Промыслу Божию   136, 287–291
говорить ли обречённому больному о смерти   281–282
исход души — у всех по-разному   280–284

спасение
в зависимости от терпения   52
как достичь состояния первозданного человека   304

старость
смиряет человека   148, 150, 276
напоминает о грядущей смерти   276–277
забота о старых имеет великую мзду   151

страсть
передаётся от родителей детям   70, 110
отсекать в юности, к старости крепчает   147
между мужчиной и женщиной   67

Страшный Суд
отодвигается в ожидании нашего исправления   296
после всеобщего воскресения   305
как будет проходить   304–305
после него вечная участь неизменяема   298

Т

терпение
в семейной жизни   51–53, 55–56
необходимо, когда твой ближний в гневе   52
с чего начинается   52
какое размышление помогает терпеть   54

трапеза
общая трапеза в семье   170

труд   *см. также* **работа**
радость от труда   179–180
здоровье от труда   180–181

У

усопший (умерший)
если его останки не разложились   275
ребёнок может являться людям   287

убитый имеет смягчающие вину обстоятельства   293
сразу осознаёт свою вину, но бесполезно   295–296
проходит ли его душа мытарства   282
до и после Страшного Суда   296, 298
нуждается в молитвах больше, чем живой   298, 301
получает облегчение
– от заупокойных служб   298–299
– от нашей милостыни   299
– от молитвы духовных людей   299
– от нашей доброй духовной жизни   301
молиться не только за одного, но за многих усопших   299–300, 303

утешение Божественное
в скорбях   216

учёба
сначала учёба — потом выбор жизненного пути   29–31, 33
как совмещать с духовным деланием   31, 142
заниматься как следует   31–33

учитель
как ему освящать свой труд   189

Х

Христос
Его жертва за наши грехи, Его терпение   54
не использовал для Себя Божественной силы   209
может исцелить неисцелимую болезнь   245
услаждает горечь жизни   25
Третий в жизни супругов   40
не учил монашеству, но заронил его искру   24

Ч

человек   *см. также*
   рождение человека
образ Божий   178
сотворён свободным   23
должен был рождаться бесстрастно   67
жизнь его начинается с зачатия   84
его назначение — освятить свою жизнь   20
должен использовать своё дарование во благо   186
добрый может стать злобным   114
в наши дни — дешевле собаки   73

чревоугодие
как отсечь привычку много есть   204

чтение духовное
полезно перед молитвой   167

Э

эгоизм *см. также* **гордость**
   причина самоубийства 285
   мешает достичь райской радости 161
   препятствует Божественной помощи 203, 263
   ребёнка 121
   женский эгоизм 70, 171
   причина супружеского бесплодия 76

Ю

юные *см. также* **дети**
   должны получить образование 29–30
   им нужен духовник 30
   дружба юноши и девушки 34–35
   должны беречь целомудрие 35–36
   живущие во грехе — несчастны 111
   их бесчинства и падения 115
   отсекать страсти в юности 147
   им полезен труд, армия 180
   как им выбрать профессию 181–182
   не имеют память смертную 277

УКАЗАТЕЛЬ ССЫЛОК НА СВЯЩЕННОЕ ПИСАНИЕ

Ветхий Завет

Бытие
1:31 68
2:23 45
27 154

Левит
18:21 108
20:2-5 108

Второзаконие
1:17 112

Четвёртая книга Царств
23:10 108

Псалтирь
65:12 209
89:10 279
103 109
145:4 306
145:9 137

Книга Притчей Соломоновых
1:7 45
3:12 213

Книга пророка Исаии
53:9 236

Книга пророка Иеремии
48:10 199

Новый Завет

Евангелие от Матфея
2:16 . . . . 216, 247
3:2 296
4:2 200
5:11 225
6:4 167
6:10 76
6:33 162
7:7 251
10:22 52
11:12 162
18:10 129
19:17-21 24
22:30 20
23:12 264
25:12 252
26:52 265
27:34 199

Евангелие от Марка
4:31-32 161
11:24 251
15:36 199

Евангелие от Луки
4:2 200
10:41 98

11:10 251
17:21 161
18:14 264
21:19 235
23:32-33 296
23:36 199
23:39-43 296
23:41 220

Евангелие от Иоанна
6:5-15 199
13:4-14 190
16:24 251
19:29 199

Деяния святых Апостол
5:6-10 277

Первое послание Петра
2:11 10

Первое послание Иоанна
5:3 13

Первое послание
к Коринфянам
3:17 194

12:6 14
12:9 229
15:42 298

Послание к Ефесянам
5:23 45
5:33 45

Послание к Филиппийцам
1:8 9

Первое послание
к Фессалоникийцам
4:13 . . . . 287, 294

Первое послание к Тимофею
1:9 103
6:12 13

Второе послание к Тимофею
3:13 269

Послание к Евреям
10:36 234
12:6-11 144

Для заметок

Для заметок

Другие книги издательства «Орфограф»

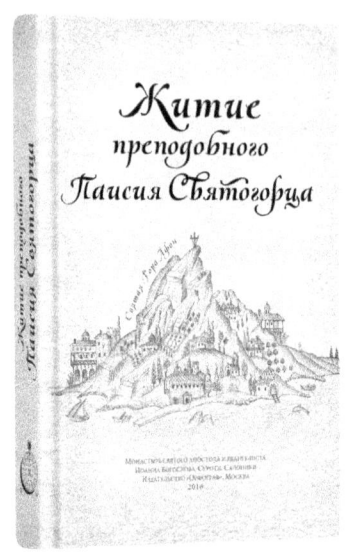

Житие преподобного Паисия Святогорца

М.: Орфограф, 2016. — 592 с., ил.

Житие преподобного Паисия Святогорца (1924–1994), афонского монаха, известного всему миру и торжественно причисленного к лику святых в 2015 году, переносит читателя в атмосферу духовного подвига, пламенного устремления к Богу и самоотверженной любви к ближнему, которые были характерны для святого Паисия с раннего детства и до самой его преподобнической кончины.

Немало встречается на страницах жития сверхъестественных событий и чудес, но основное внимание в книге уделено именно человеческим усилиям старца Паисия: его непоколебимому упованию на Бога и Матерь Божию, его молитвенным трудам, его смиренному служению ближним, его терпению в скорбях и тяжёлых болезнях. С любовью и тщательностью описанные детали жития преподобного делают его близким и родным читателю, вдохновляя разумно подражать подвигам святого.

Книга составлена сёстрами обители святого апостола Иоанна Богослова, находящейся в Греции недалеко от Салоник. Преподобный Паисий заботился об основании этой обители и часто её посещал, наставлял, утешал и вдохновлял сестёр, а ныне почивает в этой обители своими святыми мощами.

Новый Афонский патерик

В 3 томах

Более 30 лет один афонский старец собирал и систематизировал повествования и изречения, отражающие аскетическое и исихастское предание Святой Афонской Горы. Его восьмисотстраничная книга, вышедшая на Афоне в 2011 году, выдержала несколько переизданий.

Русский перевод выходит в трёх томах:

Том I. Жизнеописания. М. : Орфограф, 2013. — 352 с., ил.

В этот том патерика вошли ранее не публиковавшиеся жития 25 афонских подвижников, по большей части наших старших современников, угождавших Богу в середине XX века.

Том II. Сказания о подвижничестве. М. : Орфограф, 2015. — 352 с., ил.

Второй том патерика содержит краткие истории об афонских монахах XX века и их яркие высказывания. Этот том весьма напоминает по своему духу классическое произведение древней монашеской литературы — «Достопамятные сказания о подвижничестве святых и блаженных отцов».

Том III. Рассказы старца Паисия и других святогорцев. М. : Орфограф, 2018. — 272 с., ил.

Третий том содержит глубокие и образные изречения преподобного Паисия Святогорца (в большинстве своём ранее не издававшиеся) и назидательные истории о подвижническом духе афонитов.

Духовно-просветительское издание
Для читателей старше 12 лет

Преподобный Паисий Святогорец
СЛОВА
Том IV
СЕМЕЙНАЯ ЖИЗНЬ
Перевод с греческого
Пятое издание

Ἱερὸν Ἡσυχαστήριον Μοναζουσῶν "Εὐαγγελιστὴς Ἰωάννης ὁ Θεολόγος"
570 06 Βασιλικὰ Θεσσαλονίκης
тел. +30 23960 41320, факс +30 23960 41594

Общество с ограниченной ответственностью
«Электронное Издательство „Орфограф"»
109316, Москва, Волгоградский проспект, д. 47
Email: orfograf.com@yandex.ru
Телефон: +7 (495) 642-24-54
Сайт издательства: www.orfograf.com
Книги преподобного Паисия Святогорца
по ценам издательства: старецпаисий.рф

Подписано в печать 15.03.2021. Формат 60×100/16
Печать офсетная. Гарнитура Minion Pro.
Усл. печ. л. 21. Доп. тираж 2 500 экз.
Заказ №

www.ingramcontent.com/pod-product-compliance
Lightning Source LLC
LaVergne TN
LVHW012033070526
838202LV00056B/5480